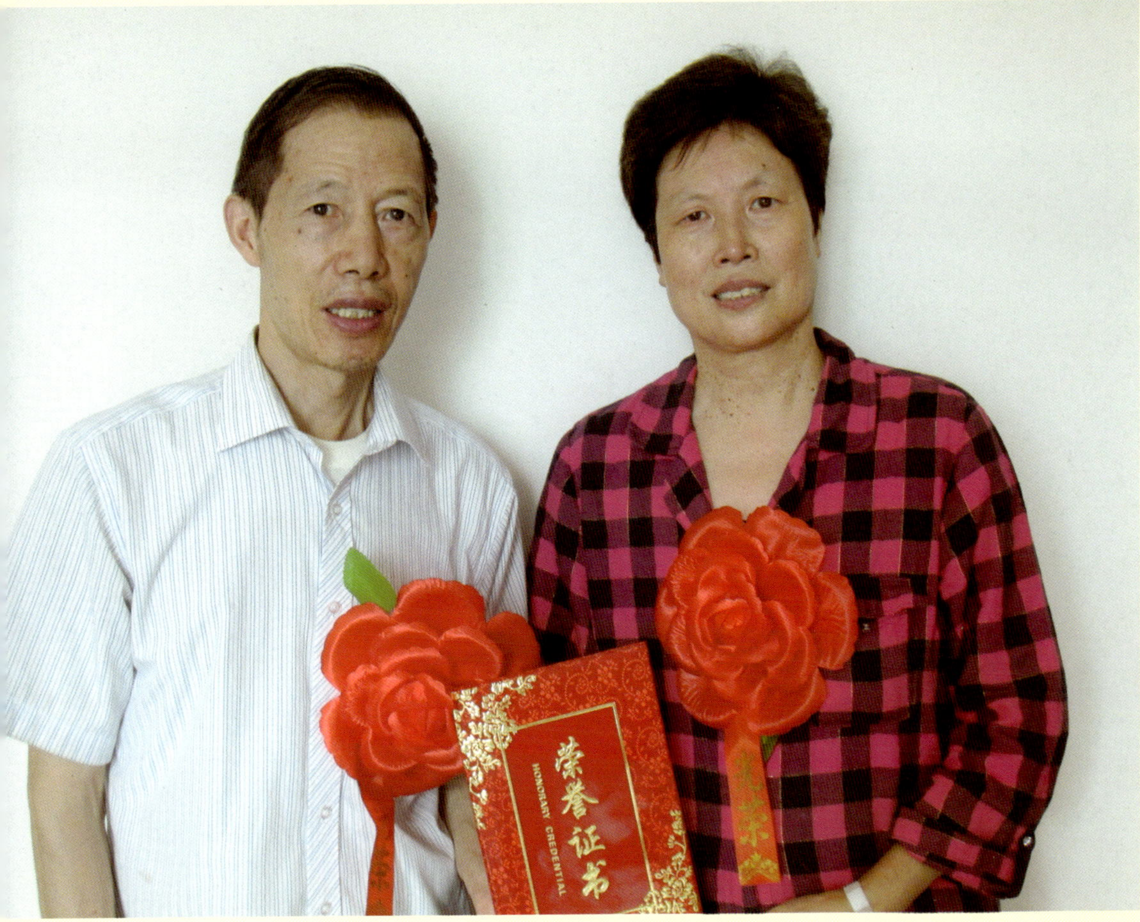

◎ 作者夫妇在洛阳市市委宣传部、市精神文明办公室举行的“最美家庭”颁奖典礼上的合影

◎ 作者的儿子和女儿在学校获得的部分荣誉证书

荣誉证书

授予许道成家庭：

洛阳市“工行杯”最美家庭系列之教子有方家庭荣誉称号。

中共洛阳市委宣传部　洛阳市文明办　洛阳市妇女联合会

二〇一五年五月

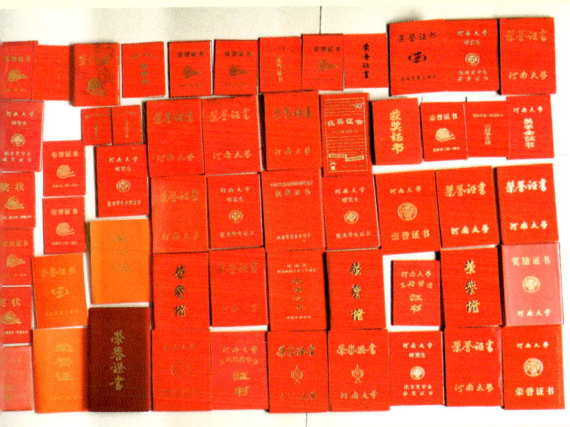

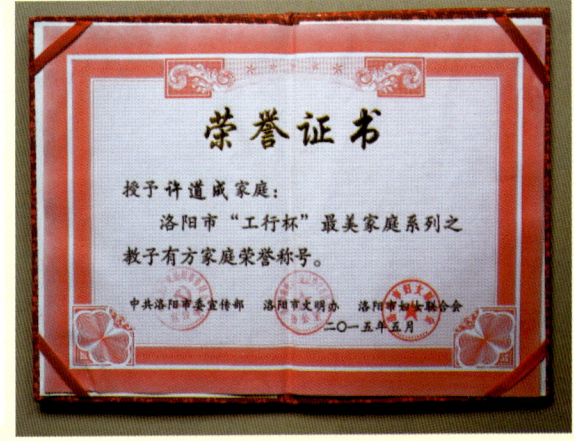

◎ 洛阳市“最美家庭之教子有方家庭”荣誉证书

◎ 1990年5月，著名作家、儿童文学创作委员会主任金波为作者女儿题词鼓励

◎ 1990年5月11日，第九届全国政协常委、民进中央副主席叶至善在北京家中与作者女儿和她的同学见面，并与他们合影留念

◎ 作者的女儿、女婿的博士毕业照

◎ 作者的儿子在美国华盛顿大学毕业典礼上与校长交谈

◎ 作者夫妇应美国华盛顿大学邀请，参加儿子的硕士毕业典礼

◎ 作者的儿子毕业时与导师的合影

◎ 作者夫妇在美国国会山前的留影

◎ 作者全家福

——中华家风家教书系——

好家风成就好孩子

普通家庭的孩子如何成才

许道成 ◎ 著

·北京·

图书在版编目（CIP）数据

好家风成就好孩子：普通家庭的孩子如何成才/许道成著.
北京：中国经济出版社，2017.6
ISBN 978-7-5136-4718-2

Ⅰ.①孩… Ⅱ.①许… Ⅲ.①家庭教育 Ⅳ.①G78

中国版本图书馆 CIP 数据核字（2017）第 109543 号

责任编辑	张 博
责任印制	马小宾
封面绘画	谭铃颖
封面设计	任燕飞装帧设计工作室

出版发行	中国经济出版社
印 刷 者	北京柏力行彩印有限公司
经 销 者	各地新华书店
开 本	710mm×1000mm 1/16
印 张	16.25
字 数	237 千字
版 次	2017 年 6 月第 1 版
印 次	2017 年 6 月第 1 次
定 价	39.80 元

广告经营许可证 京西工商广字第 8179 号

中国经济出版社 网址 www.economyph.com 社址 北京市西城区百万庄北街 3 号 邮编 100037
本版图书如存在印装质量问题，请与本社发行中心联系调换（联系电话：010-68330607）

版权所有 盗版必究（举报电话：010-68355416 010-68319282）
国家版权局反盗版举报中心（举报电话：12390） 服务热线：010-88386794

前　言

2015年5月，我的家庭被中共洛阳市委宣传部、洛阳市文明办、洛阳市妇联授予"洛阳市最美家庭之教子有方家庭"的消息经新闻媒体报道以后，我先后应邀参加了十多场公益宣讲活动。活动中，经常有孩子家长同我交流，他们说，现在这个社会，时时处处都要"拼爹"，而草根家庭却缺乏"拼"的本钱——家长没多少文化，家里经济条件一般，既不能亲自辅导孩子，也不能高价请名师。再加上孩子智商平平，实在看不到成才的希望。每当这个时候，我都直言不讳地告诉他们：我也是在自己温饱问题都没解决的情况下，开始重视家庭教育的。家庭教育，有良好的经济条件和文化背景做基础，自然锦上添花；但是，没有这些条件，只要方法、方式得当、科学，照样可以培养儿女"成龙、成凤"。而且一旦成功，草根家庭就能打一个漂亮的翻身仗，彻底摆脱贫困、无知的局面，孩子更知道上进、奋斗、感恩。看着这些和我一样来自草根家庭的父母渴望的眼神，我产生了一种强烈的责任感：我要把自己的经历和经验写下来，帮助更多的家庭打好亲子教育这一仗，使寒门走出更多的"贵子"。

然而，理想很丰满，现实很骨感。在著书立说之前，我曾经犹豫过。第一，我的教子经验是否过时？我今年已经63岁，离孩子们的童年已过去近20年。20年前的教子经验是否适合当今的家庭？第二，我本人文化程度和理论水平有限，虽然没有间断学习，但与经过系统训练的"正规军"相比，我的文字是否会显得缺乏深度？第三，我是一个"电脑盲"，至今打字还靠"一指禅"。再加上老花眼和颈椎病，几十万字书稿的巨大工程

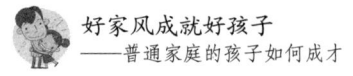

能否完成?

犹豫之间,我的儿子和女儿给了我极大鼓励。他们帮我分析利弊,最终让我意识到:第一,时代在进步,社会在发展。变化的是人们达到目标的手段,而人的本性、期望达到的目标却未曾变化。"仁义礼智信"依然是当代社会认可的品质,正直、友善、勤勉、勇敢依然是大家追求的目标。从相同的起点出发,达到相同的目的,不过是中间的过程换个形式罢了。所以,20年前我在教子过程中遇到的问题,可能会变换形式出现在今天的生活中,而核心思想没有变。当今的家长只要领会核心要义,灵活运用借鉴,也能达到好的教子效果。

第二,缺乏理论深度是现实,但同时也是优势。没有高深的理论说教,只有一个个小故事记录生活中的桩桩件件,可以更贴近现实,让读者运用起来更具有可操作性;没有华丽的辞藻,以"素颜"方式呈现,更通俗易懂,让那些"草根"出身的父母减少阅读的压力,汲取更多的养分。"从实践中来,到实践中去"恰是本书的特点。

第三,著书立说虽然是一个艰巨的工程,但功在当代,利在千秋。从大处说,通过我的抛砖引玉,我的育子方法、经验、教训可以给那些没有教子经验的草根父母们以借鉴、启发,使他们在亲子教育中少走弯路,引导他们探索和创造出适合自己家庭的教子方法;从小处说,这本书中贯穿的勤奋做事、俭省持家、诚实做人、孝敬老人、夫妻恩爱、感恩社会的家风,也可以成为我们家族的传家宝,世代流传,泽被后世。至少,它还能作为一个"历史见证者"——当我的儿女们人至暮年,成为垂垂老者,他们在一个午后的阳光中捧起这本书,想起幼年与父母共同生活的一幕幕,也许心中会略过一阵温暖,嘴角浮现一丝微笑,在天堂的我也会倍感欣慰吧。

这本书撰写手稿历时九个月,电子稿整理录入历时三个月。期间多次因为颈椎病头晕、恶心而不得不中断。付梓之际,心中满满的成就感让我觉得一切付出都是值得的。

感谢中国经济出版社的张博编辑,他在看到初稿后给予我的认可和鼓励是我完成这部书的强大动力,他对书稿的精心编校、全情付出,保证了这本书最终得以问世。

穷家情浓。感谢我的妻子陈建玲,四十年的相知相伴怎是一个"爱"字可以表达。在我穷困潦倒时和人生的关键处,相濡以沫、不离不弃;特别在我撰写书稿和参加家庭教育公益宣讲活动期间,承担了大部分家务,给了我大力支持。那一幕幕将永远定格在我的记忆中,这本书就是我送给你的爱的纪念。如果有来生,希望依然与你携手同行。

感谢我的孩子们,因为你们,我的生命才充满了惊喜和感动,愿父亲的爱永远陪伴着你们。

许道成

于 2016 年 5 月 15 日国际家庭日

许父家风金句 20 条

1. 无论你未来的理想有多么远大、多么宏伟，但必须把握今天，把握当下，从一笔一画开始认真写，从一言一行开始努力做，这才是做事最实在的态度和成功的必由之路。

2. 很多有成就的人并没有受过很高的教育，但并不等于你不用功读书，就一定可以成功。你学到的知识，就是你拥有的武器。人，可以白手起家，但不可以手无寸铁！

3. 学习中遇到困难、失败时，不要把它当包袱背着，失败只能代表过去，不能证明未来，一定要将失败当激励前行的动力骑着。

4. 一个人成就的大小，有天时地利人和的因素，更取决于自己能否持久地努力——能力有限，努力无限。

5. 贫穷和困难不是不幸，而消沉和等待才是真正的不幸。

6. 愚者坐等机会，智者造就机会；弱者坐失机遇，强者抢抓机遇。

7. 一个人的前途不可预卜，所以，过上了安逸的生活也不能停止脚步，见过了美景也不要忘了前行。

8. 做任何事情，特别是大事，都要三思而行。一旦自己做出了选择，就要尽力。自己决定的事，流着泪也要把它做完；自己选择的路，跪着也要把它走完——你的前途你选择，你的选择你负责。

9. 笨人,在自己已经摔过跤的地方再次跌倒;聪明人,在自己摔过跤的地方不再跌倒;更聪明的人,在别人摔过跤的地方自己不跌倒。

10. 要想交到优秀的朋友,首先自己必须积极向上;要想交到大度的朋友,首先自己必须包容谦让;要想交到真心的朋友,首先自己必须老实诚恳。

11. 不要光想着去征服别人,战胜自己比征服他人更为艰巨,包容和尊重别人才能真正赢得人心。

12. 人生"不如意事常八九",但不要逆来顺受,要学会积极面对。你左右不了天气,但可以预防不测;你改变不了出身,但可以选择道路;你不能预知将来,但可以把握现在;你不能样样顺利,但可以事事努力。

13. 社会没有绝对公平,人生没有不受屈辱的时候,遇到不公、委屈,要学会冷静、忍耐。只有拔去嫉妒、仇恨别人的刺,才能慰藉自己的心,免伤自己的身。

14. 如果别人朝你扔石头,不要扔回去,最好留下垫脚,或者留着做你建高楼的基石。

15. 要做个老实人,知道什么事情自己能做,什么事情不能做;还要做个聪明人,知道什么事情自己敢做,什么事情不敢做。

16. 机灵的猴子手伸进笼子偷苹果被猎人捕住的原因,是因为对大于笼子口的苹果不肯放手。因此,一个智慧的人不仅能把握机会知道什么时候该出手,更应该知道什么情况下放手。拿得来是聪明,放得下是智慧。

17. 在学校肯认真勤快做值日的人,不是他老实,而是他知道遵纪、守则;在团队里能包容谦让队友的人,不是他天生就笨,而是他明理、智慧;在家里愿埋头苦干做家务的人,不是他没能耐,而是他懂得爱家、担当;在社会上肯吃亏受累、做分外事的人,不是他傻，而是他眼光长、志向远。

18. 新潮事物层出不穷，时尚永远追不完。不要为某种潮流而放弃自己坚守的信念和良好的习惯，不要被外因绑架，要敢于摈弃虚荣，拒绝诱惑，做独一无二的自己。

19. 常言说"君子常错，小人无过"。在学校里一旦和同学发生矛盾，要先从自己身上找原因。要知道"反思"，守住"自知"，学会"认错"，懂得"道歉"。当你不满意别人对待你的态度的时候，不如先反省一下自己的言行，这样你就会受人尊重。

20. 少年时期，你在学校里想要交结好朋友，记住三句话：要多看人长处，要常助人难处，要牢记人好处。青年时期，你在团队里要想落个好人缘，也记住三句话：有自己的个性还要合群，有自己的能耐还要谦逊，有自己的意图还要顾人。

目 录

第一章 草根家庭的翻身仗 / 001

一、草根家庭为什么要首选投资教育 / 003
    影帝是如何炼成的 / 005
    被枪决的将门子弟 / 005
    他，戴着刑具为母亲送葬 / 007

二、草根家庭不可不知的育子经 / 011
    花有重开日，人无再少年 / 012
    家风犹存，门风不败 / 013
    谁为犯错的孩子买单 / 014
    父爱不可"淡出" / 015
    飞机不可少一翼 / 018
    巧与孩子"掏心窝" / 019
    道路不平绕开"坑" / 022

第二章 家风，隐形的财富 / 025

一、苦难教育，动力源泉 / 028
    偷吃"牛草"的高干子弟 / 028
    拼命干活的小童工 / 029
    被"罢官"的有志青年 / 030
    苦难是笔财富 / 033

二、开源节流，聚沙成塔 / 034
　　第二职业只为钱？ / 035
　　一辈子的"吝啬鬼" / 036

三、要做事，先做人 / 038
　　做老实人，占大便宜 / 038
　　百善孝为先 / 039

四、"糊涂"夫妻一世情 / 041
　　金首饰丢失以后 / 042
　　房产证上的爱 / 045
　　务实不务虚 / 046

五、有舍有得，教育为先 / 048
　　曾经，大学梦触手可及 / 048
　　草根家庭的"金柜子" / 050

六、规范自身行为，身教重于言传 / 053
　　爱好可弃，秉性可移 / 053
　　如果孟母不能"三迁" / 057

第三章　家教，来自生活的启蒙 / 063

一、家长学历低，如何营造家庭的文化氛围 / 065
　　孩子给我当老师 / 065
　　读书明理悟人生 / 068
　　手若巧，心则灵 / 078

二、不进早教班的启蒙教育 / 083
　　玩中学 / 085
　　水果中的学问 / 088
　　加、减、混、联、扩、缩、变 / 090

三、从"要我学"到"我要学" / 093
　　激发兴趣何需"班" / 093

思维的翅膀 / 097

四、我的孩子不是天才 / 101

　　学好课本就够了 / 102

　　好习惯胜过好名次 / 104

　　他用榔头砸死母亲 / 106

　　门门通，还是一门精 / 108

第四章　心育，健康人格的起点 / 117

一、心理纠偏，疏堵结合 / 120

　　当孩子面对班里的"×二代" / 120

　　"勇敢"的一跳 / 122

二、孩子，我们听你说 / 125

　　发自己的光，不吹灭别人的灯 / 126

　　家庭民主生活会 / 129

三、好爸爸也是好朋友 / 138

　　考场上的小纸条 / 139

　　发怒的入党积极分子 / 141

四、好孩子是表扬出来的 / 146

　　南风效应 / 147

　　"比"的技巧 / 149

五、犯错惩罚有讲究 / 151

　　养不教，谁之过 / 151

　　惩罚的三原则八策略 / 154

　　惩罚的步骤和要点 / 155

第五章　德育，学做人、成为人 / 159

一、品德培养，赢在起点 / 163

　　细微之处养习性 / 163

学规矩，成方圆 / 168

小肩膀，大责任 / 172

诚与信 / 177

二、穷家的孩子有钱花 / 181

旅游就要去农村 / 183

不做四肢健全的"残疾人" / 190

三、限制是为了自由 / 196

孩子们的"金钟罩" / 197

"高压手段"为哪般 / 201

四、我教孩子"会花钱" / 202

给零花钱的"度"与"道" / 202

理财，从今天开始 / 207

钻进钱"眼里"的娃 / 208

家庭银行 / 211

五、交友交心不交财 / 213

朋友可以这样交 / 214

女儿的"脏"伙伴 / 216

制造仇人，还是化敌为友 / 217

球迷也是好朋友 / 220

六、能吃亏，敢维权 / 221

常吃亏者不吃亏 / 222

别人打过来，你如何打回去 / 227

七、爱的传递 / 234

父亲也可以很"温柔" / 234

我的爱需要"回报" / 236

天堂与地狱 / 240

第一章

草根家庭的翻身仗

第一章 草根家庭的翻身仗

一、草根家庭为什么要首选投资教育

寒门，没有雄厚的经济基础为孩子请名师、进名校；没有高深的教育背景为孩子答疑解惑，没有明星父母为孩子"搭梯"，更没有强大的政治背景为孩子做靠山，寒门能否出贵子？孩子输在了起点，能否赢在终点？关于这一话题的争论一直热度不减。在我看来，寒门可以出贵子，孩子输在起点，照样可以赢在终点。但前提是，父母一定要创造优良的家庭教育氛围，将亲子教育当作首要任务来抓，舍得投入"精神资本"。家长一定要在家风建设、家教方法、学习习惯、心理疏导、德育培养方面多用心思，找好办法，帮助孩子练好"内功"。人生"先天"条件不足，不能坐以待毙，"后天"一定要创造条件弥补，为改变而努力，为生存而奋斗。

家庭教育的核心是教育孩子学做人。无数事实证明，积极向上的家庭教育氛围，对孩子的智力开发、能力提高、习惯养成有重大影响，尤其对孩子伦理道德、素质修养、心理健康的培育有着无法替代的作用，对我们这些没有特殊背景的一般家庭来说，显得尤为重要。

家庭教育氛围不但直接关系到下一代人的素质和修养，也与家庭长远的幸福美满、社会的安定和谐密不可分：

第一，从子女个人层面而言，淳厚正派的家风和科学的家庭教育可以使其养成良好的道德修养，人生少走弯路和错路，为个人的成长和发展，为最终赢在人生的终点，奠定良好的基础。

第二，从家庭层面而言，家和万事兴，崇德向善的家风会世代相传，形成良性循环。子女高品位的思想素质可以让长辈省心、放心、安心，能给家庭成员带来愉悦，家庭生活质量会更加优越美满。孩子拥有好前程，不仅自己衣食无忧，还可以反哺家庭，让草根家庭打一个漂亮的翻身仗。

第三，从社会层面而言，家庭是社会高塔的"累土"。民族富强的基础在人才，人才的基础在教育，教育的基础在家庭。家是最小国，国是千万家，家是组成整个社会不可缺少的"细胞"，只有"家"这个小"细胞"健康，社会这个大"肌体"才能够强壮。中华文明生生不息，传统与现代一脉相承。几千年来，我国千千万万普通家庭培育出来的优秀儿女，他们勤劳勇敢、明礼诚信、遵纪守法，是中华民族生生不息、永远屹立在世界民族之林的中流砥柱。即便这些普通的劳动者称不上英雄模范，也是一个个为祖国建设添砖加瓦的合格公民，这些"优秀基石"对社会的发展，对民族的昌盛进步起到了至关重要的作用。家庭教育关联着整个社会的安定和谐与民族的兴衰发展——"一家仁，一国兴仁"（《大学》中语）。

第四，从国家层面来讲，中华民族的家国情怀的基础在于家风的涵养，家教的养成。因此，从中央到地方同声相应，都高度重视家风建设和家庭教育。习近平总书记强调"以千千万万家庭的好家风支撑起全社会的好风气。"2016年11月，全国妇联、教育部、文化部、国家新闻出版广电总局等9部门共同印发《关于指导推进家庭教育的五年规划（2016—2020年）》，要大力搭建覆盖城乡、传统媒体与新媒体深度融合的家庭教育信息共享服务平台，并将启动家庭教育法的研究工作，形成立法草案。

所以，重视亲子教育，努力创造良好的家庭教育氛围，既利己、利家，又贡献社会，利于民族、利于国家。

好家风，可以造就家族成员良好的素质和涵养；

好家教，可以直接影响孩子优秀道德品质的形成；

好孩子，可以彻底改变一个家庭的前途和命运。

许多世代贫穷落后的草根家庭，最终都是因为教育子女成才，而彻底改变了家庭的面貌。

第一章 草根家庭的翻身仗

☀ 影帝是如何炼成的

2010年9月，著名的影视演员孙红雷，在第八届中国金鹰电视艺术节上，连获"最佳艺术表演奖""最佳人气奖""观众喜爱的男演员奖"三项大奖，为世人瞩目。当孙红雷激动万分举起奖杯时，他面对各大媒体的记者，含着两眼热泪说："感谢我那天堂里的母亲。"这一句发自肺腑的话，使台下嘉宾无不为之动容。

原来，孙红雷的妈妈是依靠捡破烂卖钱为生的。然而，孙红雷的妈妈伟大之处，就在于虽然她社会地位低微，生活艰难，但她却非常重视对孙红雷的培养教育。孙红雷13岁时，妈妈就带着他到街上捡破烂，让他体会生活的艰辛，让他懂得每一分钱的来之不易，激励他发奋学习，用知识改变命运。

有一天，孙红雷跟着妈妈捡破烂时，看到一家书店门前有几张破牛皮纸，他刚捡起来，店里的老板吼道："滚，叫花子。"这时候妈妈淡然地一笑，教育孙红雷说："人家看不起我们不要紧，自己要看得起自己……"教育孙红雷要自信、自强。

在良好的家教氛围里，在妈妈的言传身教下，孙红雷从中体味到了朴素的美德和平凡的操守，从此发奋图强，以优异的成绩考取了中戏。2004年8月，已经跻身一线演员的孙红雷为母亲在北京买了一套好房子，让捡破烂大半生的母亲安居北京享清福——一个微乎其微的草根家庭，因为有一位目光远大的母亲，培养出了一个优秀的儿子，从此彻底改变了整个家庭的命运。

事实再次证明，父母不一定显赫，不一定腾达，但必须具备做家长的资格，具备认真的生活态度，用优良的人格影响孩子的人生，特别是我们这些输在起点的孩子，与其让他们在贫寒中叹息愤恨、听天由命，不如下本钱培养他们与之抗争，去获取生命尊荣。

☀ 被枪决的将门子弟

当然，现实生活中也不尽是阳光。在我国历史上和近现代，又有多少

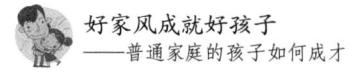

富甲天下、名震四海的"千里之堤",由于轻视家庭教育,最终毁于"败家子"这个"蚁穴"上的,也屡见不鲜。

1979年11月14日,杭州市中级人民法院在杭州市举行了有6000多人参加的公判大会。会上,审判长宣布:判处27岁的孪生兄弟熊紫平、熊北平死刑。熊紫平被五花大绑,押赴刑场,执行枪决;熊北平缓期二年执行,押回监狱劳动改造。审判长宣判的话音刚落,全场响起了雷鸣般的掌声,杭州市广大民众为除掉恶霸"二熊"击掌庆贺。

这一案件当时引起极大轰动,中共中央纪律检查委员会为此专门通报全国,《人民日报》也为此连发几篇评论员文章。这一案件为什么会引起上至中央下至百姓如此大的反响?原因是,熊紫平、熊北平二犯的父亲是一位开国将军,曾任南京军区副司令员,同时兼任浙江省军区司令员和20军军长。

熊将军早年参加革命,经历过长征、抗日战争、解放战争,戎马一生,战功赫赫。《人民日报》曾经这样评价这位老将军"作战英勇顽强,任劳任怨,公道正派,廉洁奉公……始终保持了我党我军艰苦奋斗的优良传统和老红军本色"。就是这样一位德高望重的老将军,在枪林弹雨中不曾被吓退、被打倒的铮铮好汉,万万没有想到,自己的一世英名竟会毁在"养不教,父之过"的家庭教育问题上。

原来,熊将军每日工作繁忙,很少有时间管理和教育自己的儿子,加上熊夫人将两个宝贝儿子视为掌上明珠,从小娇生惯养,百般袒护,有求必应。"二熊"从小养成了放荡不羁、为所欲为的恶习。在学校里不但经常偷窃、打骂同学,还多次打骂老师,学校领导敢怒而不敢言。他们长到十七八岁时,经常欺压百姓、敲诈群众,成了当地祸害一方的恶霸。

毕业后,弟兄俩倚仗权势参军入伍,在部队酗酒滋事,违犯军纪,强奸女战士,有恃无恐。他们退伍参加工作后,在单位耍流氓、搞破坏,多次险些酿成重大事故。弟兄俩居住在位于杭州西湖边省军区旁的一幢二层别墅里,外有高墙铁丝网,内有战士持枪站岗。"二熊"把这里当作淫窝,诱骗轮奸了47名女青年。常言说,多行不义必自毙,法网恢恢疏而不漏。

第一章 草根家庭的翻身仗

最终，两个高干子弟走向了不归之路，一个被枪决，一个死在监狱。

古人在《增广贤文》中说"富若不教子，钱谷必消之；贵若不教子，衣冠受不长"。德国教育家福禄贝尔也曾经总结说："国家的命运与其说是掌握在当权者的手中，倒不如说是掌握在母亲的手中。"许多失败的家庭教育事件，让人触目惊心，发人深省——你纵然勤奋一生，积累下金山银山富甲天下，也填不满子孙后代无度的欲壑；你纵然辛劳半世，经历过枪林弹雨功盖天下，也抵不住子孙后代瞬间的玷污；你纵然苦熬多年，艺术才能举世无双万人追捧，也弥补不了你在教育孩子问题上的失败。所以，对一个家庭来说，没有任何一项事情比培养一个优秀的孩子更重要、更伟大。一个人要想老有所依、老有所养、老有所福，将来使家族和睦，事业兴旺，一定要将眼光放长远，早期"投资"于家庭教育这一项功在家庭、利在民族的"希望工程"之中。

☀ 他，戴着刑具为母亲送葬

家教不良造成恶果，不仅出现在故事中，更频频出现在我们身边。

我的亲姐姐出生和成长在一个高级干部的家庭里（注：我也是在那个副省级干部家里出生的，在我3个月大时，因父母婚变，而被遗弃到农村一个落后、贫穷的家庭里。）姐姐天生漂亮，父母有职有权，家庭生活富有，青少年时期是在"蜜罐"里长大的。她大学毕业参加工作后，父母给她介绍了一个高干子弟做男朋友，而她却偏偏爱上了同单位的一个农民家的孩子，父母竭力反对这桩门不当户不对的婚事。可我姐姐违抗父母之命偷偷和这个农家孩子领了结婚证，父母在恼怒之下，与其断绝了关系，将我姐姐逐出了家门。

年轻的夫妻俩无钱无家，没了着落，他们就在郊区租了一间只能放一张床的5平米的小屋过起了艰辛的生活。第二年，他们的儿子呱呱坠地，孩子又没奶吃，真是雪上加霜，生活过得非常凄苦。但穷日子有穷日子的幸福，夫妻俩下班后在小家里做做饭、洗洗衣、逗逗孩子，到郊外遛遛，清贫中其乐融融。

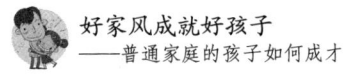
好家风成就好孩子
——普通家庭的孩子如何成才

20世纪70年代初期，姐姐和姐夫为了摆脱家庭困境，使孩子将来能过上好生活，在孩子刚满3岁时，他俩停薪留职，将姐夫老家的旧宅子卖了3千元钱当本钱，下海做起了生意，为一家起重机配件厂做产品代理销售。由于姐姐有文化，头脑灵活、肯吃苦，姐夫老实听话、身体好、能出力，夫妻俩的生意做得风生水起，不到两年时间就成了万元户。后来的7年时间里，他们的生意越做越大，注册了公司，先后在4个省开了6家规模相当大的门店。

功夫不负苦心人，将近20年的苦心经营后，家里经济状况天翻地覆，大为改观。做生意的运输工具，由起步初期的脚踏三轮车，换成了面包车和大型货车；代步的交通工具，由起步初期的两轮摩托车，先换成了"桑塔纳"轿车，后来买了"宝马"；住房由起初的一间出租屋，先换成了精装修的两室一厅，后来在新区买了300多平方米的三层小别墅。用"红红火火"来形容他们当时的日子一点不为过。

他们拼命挣钱使腰包鼓了起来，满以为最初的愿望可以实现了：孩子可以吃穿不愁，过上幸福生活；他们到老的时候可以儿孙绕膝，丰衣足食，安度晚年了。可万万没有料到，愿望是美好的，而现实却是残酷的。就是因为只顾"拼命赚钱"，没有时间培养教育自己的"宝贝儿子"，疏忽了亲子教育和家庭氛围对孩子成长的重要性，从而埋下了隐患，招致妻离子散、家破人亡之祸。

姐姐刚开始做生意时，由于生活拮据，雇不起保姆，孩子3岁时，只好每月出150元钱，将孩子寄养在姐夫农村的一个亲戚家里。寄养的地方离城里40多公里，他们每半个月去探望一次，送些营养品。因为生意太忙，他们每次都匆匆去匆匆回，只看孩子没病没灾就行，其他也顾不了太多。孩子在那里，人家为了不落埋怨，他犯错不敢打、不敢骂，只养不教，孩子学得任性、无礼、强势、没有规矩。

一年半后，姐姐和姐夫在生意上赚了点钱，手头上宽裕了一些，孩子快5岁的时候，就将其接进了城，送进了一家全托幼儿园。由于孩子没有受过家庭教育和纪律约束，孩子刚进幼儿园就显示出了他的"个性"，哭

第一章 草根家庭的翻身仗

闹、打人、争玩具、强夺小朋友们的零食。第一个周末姐姐去接孩子，幼儿园的阿姨就反映他儿子"力气大、不合群、下手快，一周内打了三个小朋友"。

孩子送幼儿园的第二个月没过几天，姐姐、姐夫正在外地筹备分店开业剪彩，突然接到幼儿园电话，她儿子在幼儿园滑梯上和小朋友争先后顺序，将一个小女孩从滑梯上推下来，小女孩头上摔了一个包，被送进了医院，要求家长马上来解决问题。

当姐姐风风火火赶到幼儿园时，看见其他的小朋友都在院子里欢天喜地地玩，唯有自己的儿子孤零零地在教室的墙角站着，一种本能的"护犊"之感涌上心头，难过得掉下了眼泪。她到医院看望了受伤的小女孩，又说好话又赔不是，付了医疗费、营养费，当天拉上自己的儿子赶到了外地。

从此，姐姐、姐夫每天忙生意，无暇再送孩子进幼儿园，孩子每天吃、住在商店里，玩耍在街市上。孩子饿了，自己随便拿点钱，想买什么就去买什么；孩子想玩，就顺手偷点钱，约上其他做生意家的孩子疯到天昏地暗。家里钱多了，父母也不在乎他花那点小钱。一来二去，孩子每天唯一的需求就是钱、钱、钱。

姐姐、姐夫和孩子像生活在同一个屋檐下的"房客"，偶尔有时间陪伴孩子，也顾不得问及孩子的品行问题，几乎唯一的关注点都放在孩子的学习成绩上。孩子学习成绩又不好，他们夫妻俩仅有的一点亲子共处时间，都花在了"批评、数落"孩子上面。孩子最初惧怕、躲避与他们交谈，后来形成叛逆、对抗。每当家庭矛盾激化，他们心里总觉得亏欠孩子，舍不得下手打孩子，又怕张扬出去被人笑话，夫妻俩总以"忍气退让"而终结"家庭战争"。

孩子初中毕业，由于成绩太差，没有高中录取他，姐姐、姐夫看儿子四肢发达、体质好，就找熟人托关系，将儿子送进了一所体校学打篮球。

在体校学习的第三年的一天晚上，他和几个同学跑到校外的啤酒摊喝酒，因一点小事和人发生争执，后来双方矛盾激化，打群架致人受伤。他和另外三个同学受到派出所罚款处理后，又因屡屡违反校规被开除了

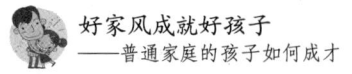

学籍。

　　从此,他瞒着家长,开始混迹于社会。他将爸妈每月给的学费、生活费都耗在了歌舞厅、酒吧、夜总会。学费、生活费用完,就以各种借口欺骗家长向他账上打钱。直到 7 个月后的一天,派出所通知我姐姐、姐夫,到拘留所为他的儿子送洗漱用具和换洗衣服,他们才知道孩子已经被学校开除许久了,这次因为在歌舞厅吸食毒品被警方抓获。姐姐当时如遭五雷轰顶,吓得坐在床边半天都没缓过神,去拘留所的路上双腿发软。

　　姐姐的儿子从强制戒毒所释放出来后,他们开始让儿子跟着运货、押车、要账、做生意。可她儿子恶习不改,不但复吸毒品,还染上了打麻将赌博的坏毛病。为了筹措吸毒和赌博的钱款,他开始不断偷卖家里的货物,有一次竟将收回的一笔 16 万元的货款"丢失"。姐姐、姐夫发现家里做生意周转的资金越来越紧张,可支配的进货款越来越少,觉察到了问题的严重性,引起了警觉,开始不让儿子插手家里的生意,想断了他毒资的来源。有一次,她儿子毒瘾发作,竟然拿菜刀以自杀要挟,威逼他俩打开保险柜,强行取走了里面的 7 万元现金。

　　姐姐、姐夫万念俱灰,在万般无奈的情况下,开始准备退路。他们变卖了家里值钱的东西,还了银行的贷款和厂家的货款,关闭了所有门店,停止了生意。

　　可万万没想到,8 个月后,他们人在家中坐,祸从天上降,家里突然先后来了两拨人,拿着他儿子写的高利贷欠条上门讨债。其中一笔 29 万元的高利贷借款,是他儿子将家里的三层小别墅的房产证偷出做了抵押。姐姐、姐夫这时候目瞪口呆,哭天天不应,叫地地不灵,两个人都已经将近 60 岁了,逼得他们开始过起了四处躲藏的日子。

　　姐姐当年有钱的时候,看到我们家里可怜,生活拮据,曾经资助过我们;加之我被父母抛弃后,我们姐弟骨肉亲情分离 40 多年后才相认,我们之间感情一直很好。所以,她躲债的第一站,就跑到了我家里。没想到,当年容貌、身材一流的姐姐,竟然愁得头发花白,满脸憔悴,整夜失眠,依靠我从医院买的"安定片"来镇静大脑。姐夫一个一米八的男子汉,经常坐着流泪发呆。

当时我们已经有了第一个孩子，我姐姐经常把我的孩子拉到怀里，反复告诫我："道成啊，一个家里，再没有比教育孩子的事情大，我的教训是切肤之痛，你们一定不敢疏忽大意啊！"我看着姐姐、姐夫由一个穿裘皮大衣、坐宝马、住别墅的富翁，变成了一个"串房檐"的躲债者，从那时起就暗下决心：决不能重蹈姐姐、姐夫的覆辙，一定负责任的管好孩子、教好孩子，创造一个良好的家庭教育氛围，配得起"家长"这个名号。

我姐姐东躲西藏5年后，一天夜里，无家可归的她，在一个亲戚家里吞下大量安眠药，从此"长睡不醒"。在她遗体火化那天，她的儿子在监狱狱警的押解下，从监狱出来，送了妈妈最后一程。当他带着刑具跪在妈妈遗体前，头在地上磕得咚咚响，久哭不起时，在场的人员无不动容，泪流满面。

家庭环境决定孩子的品格与命运。人们那满脸的热泪和她儿子悲哀凄惨的哭声，给了我们一个沉痛的警示：小家大事，教子第一，千万不能只为了赚钱和事业，而使家庭的监护、保护、教育、榜样等作用弱化、丧失。"父母之爱子，则为之计深远"，为了孩子成才，为了家庭的幸福，为了民族的未来，做家长的一定要重视孩子童年时期心地的培养、智力的启蒙；少年时期习惯的养成、品行的培育；青年时期志趣的确立、能力的锻炼。一定要用心担当起教育孩子的责任和义务，使自己的孩子"学做人，成为人"。否则，一失"时机"，将会成为千古悔恨！

二、草根家庭不可不知的育子经

家庭教育既是启蒙教育，又是终身教育。家庭教育的本质是对孩子良好生活习惯的养成和健全人格的培养，它是人生教育的根基。草根家庭的亲子教育与富裕家庭相比，既有一些相同点，又有许多不同之处。它具有及时性、连续性、责任性、感染性等特点。

☀ 花有重开日，人无再少年

家庭教育和农民种庄稼一样，具有很强的时效性，但农民种庄稼错过了季节，只是一季歉收，而家庭教育错过了黄金季节，则是孩子一生歉收，正像人们常说的"花有重开日，人无再少年"。所以，家长一定要趁孩子涉世不深，心地依然纯正的时候，及早调教孩子，培养孩子的好习惯，纠正孩子的不良行为于萌芽状态。

古人云"训子须从胎教始，端蒙必自小学初"。孩童时代，是人生中可塑性最高的阶段。在孩子小的时候，不失时机地进行家庭教育，往往能达到事半功倍的良好效果。有研究表明，胎儿在6个月时，大脑细胞的数目已接近成人，各种感觉器官逐步趋于完善，对母体内外的刺激能做出一定的反应，这时如果及时进行胎教，有助于胎儿生理上和心理上的健康发育和成长。

但真正意义上的家庭教育，我认为应该是从孩子出生以后开始的。孩子的婴幼儿和少年时期是行为和生活方式形成的主要阶段，是培养孩子良好习惯和健全人格的最佳时期。特别是孩子在成长过程中，语言表达、智力思维、性格习惯等都有培养关键期，如果家长不失时机地对孩子进行早期教育，孩子将受益终生。

例如，孩子还在襁褓之中的时候，家长每天经常抱抱逗逗孩子，让他多笑笑，四肢用力弹动弹动，有助于孩子性格快乐活泼以及安全感的及时养成。

在孩子哺乳的时候，一定要让孩子"把吃奶的劲都用上"，及时培养孩子注意力集中的好习惯。

在孩子玩耍时，不能让孩子心猿意马，及时培养孩子做事专一、投入的好行为。

孩子刚学走路时，家长一定要及时将摔跤的孩子扶起来和耐心安抚，要在孩子幼小的心灵中埋下亲情、关爱的种子，让孩子懂得，有了困难向亲人求助和倾诉，可以得到无私的帮助，不使初到人间的他们感到孤独、无助和冷漠。

孩子稍大一点懂事后,不小心再摔跤,只要不是摔得太重,无论他哭喊声多大,千万不要轻易扶起他。"自己跌倒自己起,不等别人来拉你",鼓励他们自己爬起来,及时培养他们坚强、勇敢、自立的性格……

家长与孩子朝夕相处,"知子莫若父",孩子的一举一动、一言一行,即使是一个眼神、一个微笑,稍有变化父母就心领神会,能及时掌握此时此刻孩子的心理状态,能第一时间发现其存在的问题。若能及时教育,及时纠偏,不让问题过夜,就会使不良行为和坏习惯消灭在萌芽状态。家长千万不能有"树大自然直,儿大自然懂"的想法,特别是孩子初现的一些陋习,要及时修复,否则"小洞不补,大洞吃苦",会贻误孩子终生。

家庭教育关系到家和国,机不可失,时不再来。特别是草根家庭的父母一定要谨记:现在家里钱不多,以后还可以再挣;今年职位没有升迁,明年可能还有机遇;当下学历不高,来日方长,可以再攻。但是,一旦错过了家庭教育的良机,孩子成长不等人,贻误了孩子,可就再也没有补课的机会了!我们穷一代不可怕,怕的是错失机会而一代代穷下去,那才是最悲哀的。

☀ 家风犹存,门风不败

好家风、好习惯具有连续性。家庭教育就如一座大厦的基础,决定了大厦的质量、风格和高度,而家长就是这座大厦的设计者和奠基人。

孩子出生后,和父母朝夕相处,最先从父母那里得到精神营养,每天耳濡目染的都是父母的思想意识、道德原则、处世方法,这些一旦被孩子认可和接受,他们会终生学习并效仿,好家风会世代连续不断地传承——长辈节约俭省,吃苦耐劳,孩子大多都秉承父母的做法,不铺张奢侈,珍惜劳动成果;家长一生任劳任怨,勤勤恳恳,孩子都会受父母特质熏陶,踏实肯干,艰苦奋斗;父母心地善良,为人正直,子女大多都能上行下效,待人接物友善真诚,谦让包容。所以,家长一定要用仁爱友善的道德品质、积极向上的人生态度去影响孩子,在生活细节上处处做表率,让孩

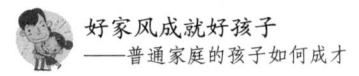

子学习有榜样，效仿有楷模，让好家风持续发扬光大，世代相传。例如，浙江钱家，自五代十国时期至今一千多年，尤其在近代涌现出了钱学森、钱三强、钱钟书等众多精英人物，更见证了优良家风连续传承的力量。

个人爱好、信仰以及职业等具有连续性。家庭教育的连续性往往对人才群体的崛起有着重要影响，许多家庭"子承父业"，有的把祖传的技艺薪火相传，有的把先辈的信仰发扬光大，有的把父母的爱好一脉相承，还有的把祖辈的家业作为家业安身立命。在古今中外的家教史中，许多伟大的科学家、政治家、教育家、文学家都是父子、祖孙言传身教，志同道合，同出一家。例如，我国古代的李冰父子、祖冲之父子、王羲之父子、曹操父子、苏洵父子，等等。英国著名的博物学家查理·达尔文，他在50岁时发表了著名的《物种起源》，被革命导师恩格斯称为"19世纪自然科学的三大发现（生物进化、能量守恒和转换定律、细胞学说）之一，他的家族连续五代都是皇家科学家协会有影响的成员。

时间具有连续性。常言说，十年树木百年树人。培养孩子对家庭来讲，是件连续不断、非常漫长的事业。从孩子出生到长大，甚至结婚生子后，长辈几十年都连续不断在为培养教育子女操劳，有的老人甚至为培养第三代、第四代连续不断地付出。所以，家庭教育这项艰巨而光荣的事业不是一朝一夕的事业，培养孩子良好生活习惯的养成，不能三天打鱼两天晒网，不能有时间管管，没时间拉倒；想起来管管，想不起来束之高阁；高兴了管管，不高兴弃之不闻不问，一定要持之以恒，当作持久的事业来干。

☀ 谁为犯错的孩子买单

家庭是儿童成长的摇篮，父母是孩子出生后的第一责任人，在孩子经济没有独立之前，生活上依赖家长供养，品德上应有家长教育，行为上必有家长管束，这不但是血缘关系决定的，而且也是法律规定的。

我国法律规定："父母对子女有抚养教育的义务""父母或者其他监护人应当以健康的思想、品行和适当的方法教育未成年人，引导未成年人进

第一章 草根家庭的翻身仗

行有益身心健康的活动，预防和制止未成年人吸烟、酗酒、流浪以及聚赌、吸毒、卖淫。"父母有责任和义务按照国家法律和社会公德的要求，采用正确、适当的方法，对子女加以必要的管教、约束，使他们在思想上、品德上得以健康成长，尽职尽责的将一个"自然人"培养成遵纪守法的"社会人"。否则，如果父母对未成年的子女疏于管教，子女一旦违反了法律法规，家长是要承担连带的失职责任和民事赔偿责任的——养不教，父母过，父母应当替未成年子女的行为结果负责，为自己疏于管教的失职买单。

孩子生下来都是纯真无邪的，很多时候，是我们做父母的家庭教育失位在先，才导致孩子的越位犯错在后。在孩子幼年时期，父母的管教责任重大而不可代替。因为这时候父母扮演着双重角色：他们既是孩子人生启蒙的向导，又是孩子安全生存的保护者。现在很多家长忙于赚钱和事业，早出晚归，孩子全交给保姆或阿姨代管，但实际上保姆或阿姨只能代养而不能代管、代教，更无法代替世界上最真的父母与子女的亲情；有的家长将孩子交由奶奶爷爷、姥姥姥爷抚养，这种隔代教育有一定缺陷：首先，由于"隔代亲"的原因，老人对孙辈听之任之，放任娇惯。其次，在孙辈的眼里，老人不具备自己爸爸妈妈的严厉性和权威性，受教育时敢于"打折扣"。所以，隔代教育代替不了父爱母爱中蕴含的教育义务和责任。

无论是亲情方面还是责任方面，家庭教育中父母不可缺位，不可替代！否则，为未成年子女犯错买单的必定是父母。你在教育孩子时偷的懒，将来会加倍让你偿还。

☀ 父爱不可"淡出"

父亲，是孩子思想的奠基者、方向上的决策者、行动的引路人；是孩子的益师良友，是孩子心中最好的范本、模仿的对象。而父爱，是孩子的心理渴求，是他们德、智发展必不可缺少的"催化剂"；是对母爱的一种强化、配合与补充，也是"中和"母爱教育不足的一种有效措施，对孩子人生轨迹的改变有着举足轻重的作用。人们常说，一个好爸爸，胜过一个

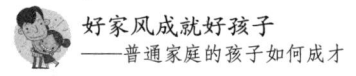

心理专家和教育专家,千万不要把孩子前途的"遥控器"交到别人手里。

然而,在许多草根家庭中,由于受经济条件的制约和影响,男的承担着家庭的责任、事业的追求、金钱的诱惑、激烈的竞争、妻儿的企盼等巨大的生活压力,整天只顾在外边打拼,忙得早出晚归,甚至多日不归,很少关爱孩子,自觉与不自觉地"淡出"了家庭教育。孩子小时候由母亲带大,他们缺少父性之爱,没有父亲阳刚之气的熏陶,往往表现的内向、胆怯、遇事无主张、不果断,举止做派有"娘娘腔"等,长大后出现性情扭曲和心理缺陷,难以应对繁杂的社会现象。所以,现在许多教育专家反复呼吁,希望"父爱回归"。

那么,在亲子教育中父亲如何才能不被"淡出"呢?

第一,家教也是一项事业,不要轻视平凡而又繁杂的家庭教育。父亲要清醒地认识到,为祖国培养一个德才兼备的人才是家庭的光荣;为社会输送一个"庸才""累赘"是家庭的耻辱。世界上没有"要知今日,何必当初"的"后悔药"可买,时光永不倒流,孩子青少年时期父爱缺失,给孩子造成的影响,永远没有机会弥补;父亲在外拼死拼活挣的钱多少总有一个数,但孩子前途的价值不可估量,一旦孩子教育不好,一辈子辛辛苦苦挣的钱,再多也填不满一个"祸坑"。如果父亲能在教育孩子时尽到职责,使孩子在家庭教育中及时获得健康的人格,他们长大后能独立地解决困难,自信地面对挑战,自觉地远离恶习,主动地承担责任,亲善地对待家人,积极地回报社会———总之,成了一个素质过硬的人,成了一个不用你操心,实现了父母梦想的人,父母即使没给孩子留下多少物质财富,那对家庭也是功德无量的事情。

第二,做积极的参与者,不主动"淡出"。在家庭教育中,父亲不仅要做一个监督者,更要成为积极的参与者,要发挥在家庭教育中的重要作用。要抽时间多和孩子在一起,参与他们的生活、学习、娱乐,了解孩子在学习中的思想反映,勤观察孩子在成长中的精神状态,及时疏导孩子的思想难题,与孩子进行心的沟通、情的交流、爱的互动。这样,不但能使孩子从父亲的气质、情感、智力等方面学到刚毅的品质,为自己的体格与心理发育补充"营养",还有助于及时发现孩子的诉求、优缺点以及特长爱好,准确地给以引导,激发孩子的潜能,有利于孩子的长远发展。

第三,科学施爱,不被"淡出"。"父威"必须建立在爱的基础上,要尊重孩子的人格,平时多褒奖,少批评,采用刚柔并济、疏堵结合的方法,既做父亲,更做朋友。而不能单一采用封建的家长制,不能靠压制、强求、主观臆断去解决孩子出现的问题。否则,往往压而不服,孩子容易产生逆反心理,更容易与父亲顶牛,成为死结。然而,在现实生活中,有的父亲推崇"严父慈母"的观念,在家里板着面孔"树威信",很少和子女亲近、沟通,动辄训斥打骂,导致孩子心理上对父亲冷漠、畏惧,行动上与父亲疏远、对抗。所以,爸爸在亲子教育中不仅需要"刚直不阿"的决心,还需要表现出"柔情似水"的施爱耐心,让孩子乐意接受自己的训导,不被孩子"淡出"。

第四,"己身正,则子身正"是亲子教育的大前提。做"严父"不是一味地威严于色,威严于儿女,而是对自己严格要求。要想培养教育出好孩子,自己必须做个积极向上的好爸爸。自己应有良好的思想意识、健全的心理品质、积极与他人合作的精神、吃苦耐劳的做事态度,事事处处给孩子树楷模。

家长一无所有不可怕,可怕的是家长在孩子眼里一无是处。如果做父亲的没一点家庭观念,每天下班后打牌、喝酒,儿子耳濡目染,放学后岂不背着书包在游戏厅"忙"到深更半夜;如果做父亲的没一点素质修养,每天忙于进出舞厅、泡妞、约情人,女儿见怪不怪,放学后岂能不背着书包和情哥"忙"到天昏地暗。如果父亲自己平时言语粗俗,不读书不看报,人前人后搬弄是非,偷鸡摸狗贪占私利,孩子会认为人和人之间这些行为都是正常的,岂不效仿照做。这时,即使自己教育起孩子口若悬河,道理讲得再生动都无济于事,都显得空洞乏力。因为父亲本身是一滩烂泥,永远筑不起孩子心灵的大厦。

亲情如山,父爱无价。父亲的角色不可或缺,一定用自己的言行感染孩子,用正能量去鼓舞孩子。要让孩子感觉到自己的家里经济虽不富有,

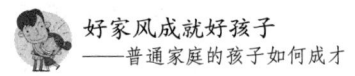

但家中的"顶梁柱"是可依可靠的,是最值得学习的好榜样,乐意让父亲走进自己的心中,并能在同学、朋友面前为有这样的好父亲而引以为豪和受到鼓舞。

☀ 飞机不可少一翼

家庭是孩子生命的摇篮,人生的第一所素质教育学校,是培养孩子做人的最佳场所。美国心理学家诺尔蒂曾经就家庭环境对孩子生活习惯的养成有过精辟的论述:如果孩子生活在批评的环境中,他就学会指责;如果孩子生活在敌意的环境中,他就学会打架;如果孩子生活在嘲笑的环境中,他就学会难为情;如果孩子生活在羞辱的环境中,他就学会内疚;如果孩子生活在忍受的环境中,他就学会忍耐;如果孩子生活在鼓励的环境中,他就学会自信;如果孩子生活在赞扬的环境中,他就学会抬高自己的身份;如果孩子生活在公平的环境中,他就学会正义;如果孩子生活在安全的环境中,他就学会信任他人;如果孩子生活在赞许的环境中,他就学会自爱;如果孩子生活在互相承认和友好的环境中,他就学会在这个世界上去付出和寻找爱。

良好的家庭环境是培养高素质子女的必备条件。夫妻恩爱,是孩子成长进步和人格形成的助长剂,能促进孩子的身心健康成长。但日常生活中,夫妻难免对一些问题有各自的看法和见解,特别是一些建立时间不久,家庭成员之间没有经过长时间磨合的家庭,夫妻之间、姑嫂之间、婆媳之间难免有些磕磕碰碰。如果孩子在场,千万不要争执,更不要相互指责、谩骂或大打出手。第一,每一个家庭成员都是孩子心目中最亲的人,在孩子心中,亲人之间应该有互相支持、互相爱护、互相团结、光明磊落的手足之情,而不应该是互相攻击、互相拆台、背后下绊子的对手。任何一方都不要受到伤害,伤害了任何一方,孩子都是伤心的。第二,亲人之间面红耳赤、声嘶力竭的语调会使孩子没有安全感,产生恐惧、害怕心理,影响孩子的心理健康。第三,父母经常干仗,会影响孩子性格的形成,孩子会效仿着去做,在家不尊重父母和亲人,在外遇事不冷静、不宽容,好与人争斗,轻则不合群无人缘,重则打架斗殴,伤人闯祸,成为家庭的负担。第四,久而久之,孩子会利用夫妻之间的矛盾,在接受家庭教育时"打折扣"、找空隙,使夫妻的亲子目的落空,教育目的化为乌有。

夫妻俩教子的方法、理念、态度一致与否,决定教子的成败,夫妻千万不要在孩子面前批判或指责对方,强势的一方不要一言不合就大发雷霆,不要在孩子面前埋怨另一半的无能。如果刻意玷污对方,就算你是胜者,你在孩子心中也留下了不大度、没协调及管理水平的烙印;同时,败方在孩子心中也落下了受伤、弱势、可悲及没能力的印象。夫妻"二虎相斗",两败俱伤,在孩子心中的威信、地位会荡然无存。

一个家庭,既无钱又缺情,就会出现危机。夫妻一定谨记两点:

第一,家庭,是感情投入的地方,不是辨别谁是谁非、说理较真的场合;父母,如同飞机的两翼,少了任何一边,飞机都难以起飞,只有合力教子,比翼双飞,理想才能成为现实。

第二,在子女面前,夫妻间的尊重,不是在闲情逸致时,而是在观点相左时,所以,亲情间不管出现的问题有多复杂,双方要学会给彼此留尊严、留空间;不管遇到的矛盾多严重,都不要在孩子面前爆发,应该采取宽容、退让,私下进行沟通,息事宁人的措施,表现出自己的理性和涵养。一个成功者,不是你强势地吵赢了家中你所爱的人,而在于你的包容,你的担当赢得了家人的尊重和信任。这才是草根家庭亲子教育的最佳法宝。

☀ 巧与孩子"掏心窝"

孩子不是单一的钱囊饭袋,他们在成长过程中是有情感需求的。他们无论近在咫尺、远在天涯,无论顺境逆境、成功失败,往往第一想求助、想倾诉、想分享的,就是最可信赖的、最亲近的父母。

我们都从青少年时代走过,深知孩子在成长的过程中,会遇到很多困难、挫折、迷茫和困惑,特别是伴随着改革开放和社会进步,社会上鱼龙混杂、泥沙俱下,涉世不深的孩子遇到的社会问题错综复杂,压力越来越

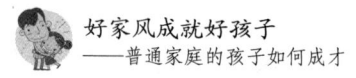

大,心理问题越来越多,与父母的交流沟通显得尤为重要。这时家长如果能正确引导孩子与自己"掏心窝子",家长以过来人的身份,将自己成功的经验、失败的教训传授给孩子,紧紧把握好孩子前进的方向盘,掌握好航舵,使孩子在成长中明确生活目标,坚定生活信念,顺利迈过道道人生的"沟沟坎坎",渡过条条成长途中的"险滩急流"。

家长想要得到孩子的信任,愿意与自己敞开心扉,一定要注意以下几点:

第一,人生关键处就那么几步,在孩子成长过程中的每个重要转折时期,家长一定要把亲子交流沟通当作孩子成长中的助力器。通过卓有成效的促膝谈心,了解孩子的心理状况、学习动态,以及内心最真实的渴望,并站在孩子的立场去想问题、考虑问题、处理问题,给孩子营造一个愉快、宽松、向上的家庭气氛和心情愉悦、积极向上的成长环境。

同时,亲子交流沟通要及时。家长要针对孩子在不同成长时期、不同环境、不同因素中暴露出的心理、思想问题,及时进行谈心疏导。与孩子之间的交流沟通,最好是从孩子懂事时就开始,因为,在孩子的不同年龄段,想法、做法、需求各不相同,所要采取的方式方法、语言的轻重缓急、奖罚的轻重程度都是不一样的。千万不要等到孩子长大后性格已经形成,或者毛病、问题已经堆积凸显,过了教育开导的最佳时期,再去谈心补救,试图改变孩子已经形成的固有模式和习惯为时已晚。

第二,父母与孩子相互之间的平等、理解和信任,是孩子能否与你"掏心窝子"的前提。每当孩子试图想与你打开心扉的时候,家长千万不要把在外面遇到的坏心情和夫妻之间的负面情绪,带到和孩子交流之中,千万不能把孩子当成"出气筒"和倾泻负面情绪的"垃圾桶",不要把工作的压力、夫妻之间的分歧借机发泄到孩子身上,要控制自己的情绪,不随便对孩子发脾气,不喜怒无常。如果哪天自身情绪上有问题,就先解决好自身的情绪或择期再谈。

第三,家长在与孩子的交流过程中,应该诱导孩子无拘无束地把心里话倾吐出来,然后,再把自己高于孩子的见解作为一份礼物回赠给孩子。

通过家长和孩子之间的思想互动,使孩子受到教诲和启迪。单纯的家长讲、孩子听,没有反馈切磋,不能算是真正的交流沟通。要转换自己的角色,要多站在孩子的角度去理解和思考问题。给孩子营造一种已经长大成人的气氛,让孩子享受大人的部分权利,同时引导孩子自觉地履行大人的义务。

第四,亲子交流过程中,如果双方对某些问题存在明显分歧的时候,不要一开始就批评孩子,或反驳孩子的意见,那样会将气氛搞僵,会将双方的观点对立起来,接下来自己说什么孩子都可能说"不"。如果家长对不同的看法能心平气和、和风细雨和孩子交谈,允许孩子表达其不同意见,孩子接受教育的过程也是愉快的,往往事半功倍,效果更好。

交流沟通开始时,应尝试先谈论一些自己可以和孩子达成共识的话题、孩子特别感兴趣的话题,营造和谐愉快的谈话氛围,以一种具体的问话,通过鼓励的方式,循序渐进地与孩子沟通,让孩子在温和的情绪中,从心理上接受父母。一旦孩子从心理上接受了父母,对父母的观点就会认同和接受,在此基础上再逐渐过渡到双方存在分歧的话题上。此时,有了前边的谈话氛围和心理定式做基础,孩子对于父母有分歧的问题反应就不可能太强烈,双方的交流就容易进行下去。这样,孩子与父母的共同语言就多了,交流和沟通自然就更容易。时间一长,孩子就会什么都告诉你,父母和孩子就会成为无话不谈的忘年交。

第五,学会包容孩子。随着孩子知识的不断丰富和年龄的增长,他们的荣辱感、自尊心越来越强,家长要以一种理解和包容的态度,对待孩子成长中所犯的错误。交流前,家长一定要做个有心人,要了解孩子,掌握他最近在学校中的思想反映,在家里的精神状态,对社会上感兴趣的东西等。交流中除了原则问题,对小是小非要大度、谦让,不要过于咄咄逼人,给孩子创造一个反思改过的机会。

父母要学会和孩子交朋友,放下父母的架子,敞开自己的胸怀,尊重孩子的观点。特别要注意与孩子沟通要多一些讨论和商量,少一些训斥或唠叨,多一些倾听和引导,少一些反感和专制。让孩子能够最直观地感受到，家庭成员的交谈初衷是积极向上的，态度是诚恳的，是心与心的真诚沟通，是情感的交流，乐意与父母"掏心窝子"。

☀ 道路不平绕开"坑"

现在充斥于社会的非价值取向、家庭情感危机、安全诚信问题、不良文化因素等等，对我们这些一般家庭中涉世不深的孩子的身心健康，构成严重影响和冲击，使孩子自觉与不自觉地受到不同程度的伤害。特别当孩子进入初、高中阶段，对事物有了初步的判断识别能力后，面对物欲横流、贪占成风、功利为上的社会负面影响，孩子感到很迷茫，会经常流露出对人的一种恐惧、不信任感，对社会的一种危机、不安全感。

我们作为一个普通百姓，是无力改变这个大环境、大气候的。但是，社会负面因素对孩子的影响和伤害，家长又不能视而不见，不能不管，不得不防。这时候，我们要担当起孩子人生导师的角色，在关键时刻为他们分析利弊，指引方向，采取一些方法来引导教育，使孩子绕过这些暗流涌动的"坑"。

第一，采取抵消法。经常给孩子灌输社会的积极面，以多压少，以正压邪，抵消孩子心中对社会的偏颇看法。在家里，经常给孩子灌输社会上的积极因素，用好人好事、英雄模范人物的先进事迹和道德观念，用民族的进步、国家的发展等正能量，来滋润孩子的心智，浇灌孩子的心田。

第二，采用分析法。每当孩子向我们诉说他们看到的社会负面现象时，我们注重正确引导孩子，及时同孩子分析解剖这些个别丑恶现象的来龙去脉，让孩子知道，社会上的许多不正之风，不是社会制度问题，而是那些道德品质低下、人生观扭曲的人的个人行为，不是社会的主流。让孩子了解社会，培养他们对社会现象是非、真伪、善恶、美丑的鉴别力、判断力，教他们学会筛选、过滤社会信息，增强自身的判断力和免疫功能。

第三，自我约束法。教育孩子从自我做起，管不了他人，可以管住自己；改变不了别人，可以改变自己；改变不了大环境，可以改变自己家庭的小环境。坚守自己的道德底线，坚守诚实守信的良好品质，不该说的不

第一章 草根家庭的翻身仗

说，违背道德、法律的事自己坚决不做。在约束自己不去效仿那些不好东西的同时，还要在自己能力范围之内，不随波逐流，自觉抵制不良现象。

第四，激将鼓励法。我们告诉孩子，从中央领导到平民百姓都痛恨不正之风，都迫切希望改变社会的不公，铲除不良现象。但中国有中国的国情，很难一蹴而就。毛主席说："世界是你们的，也是我们的，但归根结底是你们的。"作为有志气的当代青年，面对社会的不正常现象，不要怨天尤人，更要激励自己努力学习，发愤图强向上，掌握更多的本领，将来为"净化空气"有所作为，为推动社会进步尽一份当代青年应尽的社会责任。

第二章
家风，隐形的财富

第二章 家风，隐形的财富

什么是家风？家风是指一个家庭在繁衍、生存的过程中，逐渐约定俗成的较为稳定的生活方式、传统习惯、家庭道德，为人处世的风气、风格和精神风貌，是一个家庭的精神内核，也是一个社会的价值缩影。家风如同无言的教诲、无声的力量，影响着当代和后代。好的家风让一家人充满积极向上的正能量，助人立德立言，成人成才；坏的家风则给个人和家庭以负能量，消极、内耗，最终"富不过三代"，导致家族衰败。

家风是世风之基。我们中华民族几千年的传统文化、礼仪道德博大精深，特别是许多优良、文明的家风家规，为世人推崇。晚清时，曾国藩被誉为清代"中兴第一名臣"，他生活俭朴，勤政自律，他的成长得益于他父亲"有子孙有田园，家风半耕半读，但以箕裘承祖泽"的家庭熏陶。后来，曾国藩曾经权管四省，位列三公，拜相封侯，可谓权高位重。但做父亲以后，又以严明的家风管教子女，对子女"爱之以其道"。他教育儿子曾纪泽："世家子弟，最易犯一奢字、一傲字。不必锦衣玉食而后谓之奢也，但使皮袍呢褂俯拾即是，与马仆从习惯为常……京师子弟之坏，未有不由于骄奢二字者，尔与诸弟其戒之，至嘱，至嘱。"他还为子女立下家规："吾家男子于看、读、写、作四字缺一不可。女子于衣、食、粗、细四字缺一不可。家勤则兴，人勤则健；能勤能俭，永不贫贱。"

他的儿女们在良好的家庭教育下，儿子曾纪泽诗文书画俱佳，又自学精通英文，成为清朝的第一个外交官，驻英国大使；另一个儿子曾纪鸿不幸早死，但在研究古算学方面也取得相当成就。好的家风代代相传，不仅

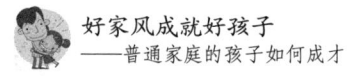

曾国藩的儿子个个成才,孙辈曾广均成为著名的诗人,曾孙辈曾宝荪、曾约农都成为著名的教育家和学者,至今连续五代人都秉承了好的家风。

所以,一个家庭的好家风形成以后,不仅对现有的家庭成员有深刻的影响,而且会代代相传——家风犹存,门风不败。我们在现实生活中经常可以看到,家庭中老一辈人行善积德,晚辈心地善良;老一辈勤奋持家,晚辈俭省节约;老一辈重视家教,晚辈知书达理;老一辈踏实肯干,晚辈吃苦耐劳;老一辈待人和气,晚辈彬彬有礼……同理,老一辈奸诈狡猾,晚辈心术不正;老一辈好吃懒做,晚辈怨天尤人;老一辈脾气暴躁,晚辈打妻骂娘……因此,在我们老家孟津民间,闺女选婆家,儿子挑媳妇,考虑的首要因素,不是长相,不是贫富,而是门风。老辈人常讲:女孩子长相再好不能当饭吃,丑闺女大多是好媳妇;男孩子家里再穷不要怕,穷家的孩子大多知道过日子;但门风不好别往里面跳:白布进去,拉出黑条。足以见得民间对家风的重视程度非同一般。

一、苦难教育,动力源泉

☀ 偷吃"牛草"的高干子弟

我的幼年和青少年时期命运多舛,是在艰难困苦中度过的。我原本出生于一个高干家庭,但出生3个月因父母婚变即被遗弃到一个极度贫穷的农家里,是靠好心的养父养母用米汤和面糊将我喂大的。当时家里子女多,生活条件恶劣,在我幼年的记忆里,为了争一块黑馍吃,曾经被打得遍体鳞伤,唯一能吃一顿饱饭的时候,就是逢年过节到亲戚家里串门。

在寒冷的冬天里,我身上穿的衣服单薄、破烂不堪,不能遮体挡风,就将麦秸搓成绳子系在腰里面御寒。我5岁时,养父在"政治运动中"因受亲戚家的事情牵连,蒙冤而死,留下我们孤儿寡母在"黄连"中度日。养父死后,住在同一个院子里的同姓族人,依仗人多势众,经常寻衅闹事，欺凌我家。

我7岁那年冬天，饿得面黄肌瘦实在难耐，偷了生产队饲养室里喂牛的干萝卜缨子回家吃，被住在同院的婶婶告发，年终生产队分粮时被扣去3斤玉米。当时我年少气盛，拿着铁锨就同婶婶拼命。结果，我被他们一家围起来打得皮开肉绽。那天下着大雪，我在外边躲了一天，夜里饥寒交迫的我见大门从里面紧闭，就从东边邻家翻墙回到家里，刚刚脱衣钻进被窝，又被一生胆小怕事的养母扯掉被子，痛打一顿，新伤撂旧痕，我几天爬不起床来，一瘸一拐半个多月。

我11岁时，为了多挣工分，到县直机关给生产队挑大粪时，与相邻生产队的队长发生争执，他骂我"野种""私生子"。此后，我知道了自己是被亲生父母遗弃的，联想到自己在家中的遭遇，幼小心灵里受到的伤害，比平时身上被打得伤痕更苦、更痛。

后来，我养母改嫁，招夫养子。我继父性情古怪，在家里和我养母两天一吵三天一打，搞得家里鸡飞狗跳。继父挣的钱大都贴补给了自己的亲生子女，我们家里吃盐经常到左邻右舍去讨借。我和姐姐、妈妈在生产队劳苦一年，年终分了20多元工分钱，也被继父强行要去，老实本分的养母只能忍气吞声。

我上学的第六年，因交不起学杂费，每天上课都被老师撵出教室。有一天，到了学校规定的最后交费期限，我被老师罚站在教室外的雪地里，因为穿得单薄，加上布鞋被融化的雪水浸透，冻得浑身发抖，没等放学，我强行跑回了家，爬上煤火台烤脚。当时不懂得冻伤的双脚只能用雪反复搓，不能用热火烤，结果落下了终身毛病，几十年来，每逢冬天，双脚的老冻疮就发痒、溃烂。那次从学校逃跑后，成了我此生最后一次上学，为我的学生生涯画上了句号。

☀ 拼命干活的小童工

从12岁开始，我成了生产队的一个壮劳力，当时在生产队劳动实行的是"同工同酬"，你要想每天挣10个工分，就必须干完与成年人相同的劳

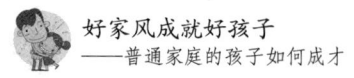

动。尽管我年龄小，个子矮，但劳动时不惜力。用架子车向农田运粪，无论过地磅还是用尺子量，我装运的粪同壮劳力都一样多；当时在"大寨田"劳动，中间休息时，全生产队的人只有我一个在筑土、装车；别人都收工了，我一直要干到天黑，因为我要完成10个工分的劳动量。当时只有一个念头，拼命干活，多挣工分，争取吃饱饭。

我在生产队劳动了4年。16岁那年夏天，在为生产队割麦子时，我跑到一个偏僻处解大便，县里棉麻公司一个叫郑文选的"驻队社教干部"同时也来那个土崖下解小手。他看见我拉的屎上有许多鲜血，惊讶地问我怎么了？我告诉他，干活太累累出了痔疮，这些天割麦累得痔疮破裂，拉血好多天了。郑干部常年在我们生产队"包队"，从生产队干部那里知道我的出身和家境，他一直认为我很懂事，平时特别喜欢我。他特意走近我拉的大便前，用小树枝扒拉了几下，回头弯腰摸了摸我两只破鞋里面那被麦茬扎得鲜血直流的双脚，两眼里含满泪水，盯着我看了半天。

过了几天，在上工割麦前，郑干部递给我一双他的半旧解放鞋，虽然我穿上大出了半截，但免去了麦茬扎脚之苦。我穿上鞋后，他把我拉到一边，递给我一封信后悄悄说："道成呀，你看你屁股上出血这么多天了，一直流不止，你再这样不惜力地干下去，非累死不可，出去当工人吧。我已经托人给你办好了手续，介绍信就在这信封里面，你今天下工后，记着到村边池塘里洗洗澡，明天到大队开个证明，背个被子去县国营朝阳棉花加工厂当工人吧。"当时一个农家的孩子经历少，不懂礼节，只是高兴得傻笑，我连一句谢谢的话都没有说。

尽管当时我被招的是国营厂矿的"合同工"，吃的不是"商品粮"，但从跨进县棉花加工厂那一天开始，我实现了人生的第一个梦想——吃上了一半是玉米面一半是白面的大蒸馍，填饱了肚子。

☀ 被"罢官"的有志青年

在孟津县朝阳棉花加工厂工作了3年，1972年10月1日"国庆节"工厂放假时，我到发小好友商洪勇家里玩。他的父亲商金坤在县武装部当

第二章 家风,隐形的财富

部长,还兼任县委常委,因我小时候经常到他家里玩,商部长对我很好。在他家吃过饭,商部长把我叫到他屋里面说:"现在武装部正在征兵,根据你的心劲和能耐,到部队锻炼锻炼,说不定能提干当军官,你愿意不愿意去当兵?"当时国家对复原退伍军人有优厚的待遇,可以安排进工厂当工人,吃"商品粮"。所以,当兵对农民家的孩子来说,那是求之不得的天大好事,我不假思索,马上应允。商部长当即给县征兵办公室的主任打了一个电话。而后告诉我说:"你去体检一下身体,到征兵办领服装和背包,当兵去吧!"当时我高兴得不知道是怎么回到家里的。

半个月后,年满19岁的我,第一次坐上火车,来到山东青岛北海舰队,当上了一名光荣的海军战士。我们部队的性质是海军工程兵,为祖国的潜艇挖"军营"。当时部队提干不看学历,只要你在工地里肯埋头苦干、有干劲就行,我虽然不识多少字,但我一个农家孩子只要给吃饱饭,干活有的是力气:施工前,我主动到炊事班挑两桶开水到工地,供战友们干活时喝;收工后,我们个个累得筋疲力尽,而我把战友们放得凌乱的工具码得整整齐齐;回到营房后,我把大家汗水浸透的工装挂在太阳下晒干收好;休班时帮帮厨,扫扫厕所,出出猪粪,两手总是不闲地干活。因为我肯卖力,不怕吃亏,落了个人缘好,新兵老兵都喜欢同我共事。

我在部队服役的第9个月就光荣入了党;3年服役期还不满,就被团党委任命为"代理排长";家里的母亲3年收到了部队寄来的4份"嘉奖"喜报;3年服役期满的第1个月,团政治部就正式下命令去掉了我的"代理"二字,实现了我人生的第二个梦想:提干当了军官。

当时部队按照规定,将我提干的消息通知了县武装部和公社、大队,让我家里享受"军官待遇"。我"提干吃商品粮,成为国家干部"的这一消息,对一个世世代代面对黄土背朝天的农家来说,不亚于世界上"原子弹爆炸"的威力,不亚于国家出了新"皇帝"的喜庆,含辛茹苦把我拉扯长大的养母、同我共患难的姐姐,在人面前腰也直了许多,说话也不再觉得低人一等,家里终于盼来了翻身的"曙光"。她们很快将这一喜庆消息传遍了整个生产队和亲朋家里。

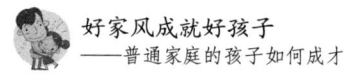
好家风成就好孩子
——普通家庭的孩子如何成才

常言说，天有不测风云，人有旦夕祸福。我人生的第二个梦想刚刚实现了2个月，就突然破灭了。和我同一个生产队、一起参军、同在一个连队的老乡"大义灭亲"，向部队政治部写信，举报我"隐瞒家庭社会关系"：我的姑父新中国成立前当过3个月的"伪保长"，我隐瞒不报。

老乡举报的完全是事实，当团政治部主任找我谈话时，我辩解了为什么在我的"入伍登记表"和"提干政审表"上，没有向组织坦白我姑父当过"伪保长"这一事实真相。我告诉政治部主任，我姑父是1949年新中国成立前夕携家外逃的，我是1953年出生在一个父母参加过长征、抗日战争、解放战争的革命家庭，而后被现在这个"贫农成分"的家庭抱养的，我提干时间是1976年，这件事情已经过去了27年之久。加之从1949年他潜逃至今，不知是在台湾还是在大陆，不知是死是活，杳无音信。我出生至今与他从未谋过面、来往过，没任何关联。27年时间，我根本就不知道这一历史的真相是什么，在事实上已经同他划清了"阶级界限"，我"根红苗正"觉得没必要向组织交代，我也真的交代不清楚。

政治部主任找我谈话一个星期后，一位政治部干事奉命在连队晚点名时，宣布撤销了我的"提干令"，恢复了"代理排长"；撤销了我的军官"工资"待遇，恢复成战士"津贴"；收回了我的四个兜的"军干装"，恢复了两个兜的"士兵服"。晚点名结束，我送走政治部干事，万念俱灰，在茫茫的夜雾里我完全迷失了方向，一个人漫无目地地徘徊在青岛波涛汹涌的大海边，心里只有一个念头：我明天怎么面对江东父老？怎么写信向母亲、商叔叔、岳父岳母交代？

我在大海边一直呆坐到天微微发亮，一轮红日慢慢从海上升起时，听到军营里嘀嗒的起床号，我才如梦初醒：知足吧，现在起码每顿饭都有大米饭、白蒸馍，可以放量吃个饱，不用再偷牛草充饥；知足吧，尽管是"代理排长"，可我高喊一声"立正"，全排40多个兄弟，没一个敢"稍息"。一个生下来就"多余"的农家穷孩子，该知足了！

回到营房，我洗了把脸，带领我的几十号战友，钻进了工地。

从那以后，我一个月体重瘦了12斤；我开始失眠，大把地掉头发；在

第二章 家风，隐形的财富

施工现场，我常常走神发呆，几次险些被矿车撞下坑道。当时军营里流行着两句话："好男儿志在四方""是金子在哪里都会发光"。可我当时心里有两个不同的念头：世界这么大，唯一能容留我的是养父死后遗留下的5间四面透风的土坯房；时势造英雄，我在部队的"时势"已尽，就算你是块"金子"，也没了再次发光的余地和可能——换个地方重新奋斗！

半年后，我谢绝了团政委"耐心等待组织调查"的多次挽留，怀揣78元战士退伍金，从起点又回到了原点，根据国家政策"复工复职"，到孟津县汽车站当起了"合同工"。后来，在岳父岳母的大力鼎助下，我转正调入了城市，成为正式职工，最终圆了我吃"商品粮"的梦。

☀ 苦难是笔财富

进城里工作温饱问题解决后，我心想：决不能安于现状而空空老去，决心实现新的人生梦想——教育、培养好下一代，让孩子们读点书，有文化、有修养，彻底改变原生家庭质量，摆脱"愚昧""落后"的缠绕。

我闲暇下来，经常将我的苦难和亲身经历当"家史"讲给孩子们听，我的目的并不是抱怨什么，我只是想在后代面前晒晒我收获的"财富"：

第一，不幸既是一笔"精神财富"，更是前行的动力。在我人生最艰难的时候，我的养父养母收留了我，驻队干部郑文选、县武装部部长商叔叔、我的岳父岳母都及时伸出援手来关心、帮助我。几十年来，那一幕幕都历历在目，他们是一种动力，激励着我努力做事，始终不敢懈怠，不停奋斗。我心里总怀着一个念头：人生无法改变过去，但可以选择创造辉煌的未来，一定要干出个模样，为他们争气，为社会做点贡献，不辜负他们的期望，不使他们的心血付之东流，对得起每一个关心过我的人。

第二，苦难能磨炼意志，铸就不屈不挠的性格。我始终坚信一个道理，人生会有许多意想不到的坎坷，遇到再大的困难，都不要退缩，任凭累死牛，不让车回头。只要敢于抗争，一切梦想都有成为现实的可能；即使社会给我们再低俗、下贱的活，都不要抱怨，不要觉得丢人现眼，只要凭自己的血汗能挣钱养家糊口，就算能耐。

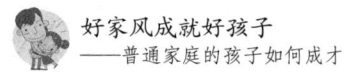

第三，家和万事兴，男人要把爱家当责任背负。不幸的遭遇使我更知道珍惜。几十年来，为了这个家，我起早贪黑，干在前，吃在后，无怨无悔地担当，我爱我的孩子，爱我的妻子，更珍惜来之不易的家庭。

第四，苦难更容易使人有幸福感和满足感。现在，儿女们经常不理解地吵我说："现在家里富足了，你为什么还是那么刻薄自己，自己不知道心疼自己，安度晚年？"可我每每想起我童年偷吃干萝卜缨子挨打的那件事，再看看现在，幸福的泪水夺眶而出，我现在没有奢求、奢望，只有满足、幸福——感谢时代的变迁，感恩社会的进步。

第五，一个人的成功，不在于战胜过多少人，而在于你设法帮助过多少人脱离了苦难。苦难的经历告诉我要无私奉献，尽力帮助那些有困难的弱者。常言说："渴时一滴赛甘露，饥时一米胜宴席"，弱者最需要人们的帮助。我和爱人在生活还不很富裕的时候，就开始用我们辛苦挣来的微薄收入，资助了农村处在贫困之中的五个亲戚家的孩子，资助他们读书、做生意，想方设法为他们安排工作。在我人生的巅峰时期，为了他们的前途，我曾经做出了最大牺牲。现在看着这五个孩子一个个成才、成家，生活富足幸福，我总觉得由衷高兴——他人危难的时候伸一下援手，做一点善事，胜造七级浮屠。这也是对那些在我最困难的时候给予我鼎力相助的人们的一种回报、感恩和精神传承。

不忘过去，珍惜现在，奋斗未来。我常常用上述五条人生感悟激励自己，启迪孩子。

二、开源节流，聚沙成塔

父母，是孩子第一任且永不卸任的老师。《论语》中这样写道：其身正，不令而行；其身不正，虽令不从。家长不能只做孩子物质的供给者，不能只做各种培训班的输送者，要想培养孩子成为一个踏实勤奋的人，一定要把一些优秀的精神传承给孩子，让孩子亲身感受父母努力、认真、勤

第二章 家风，隐形的财富

奋的精神境界，做孩子品德的引领者。这既是对孩子真正的爱，也是为人父母不可推卸的责任。

☀ 第二职业只为钱？

我们夫妻由于家庭的特殊原因，完全是白手起家，刚成立家庭时经济基础很差，有一段时间生活非常窘迫。特别是我的工作单位效益不好，经常开不了工资，加上我爱人又内退下岗，工资收入减少很多。人们常讲"嚼得草根，百事可做"，在极度困难的情况下，我们俩人不靠天不靠地，把自己命运的"缰绳"掌控在自己的手里，用双手、汗水、智慧与命运抗争。在我心中，只有干净的钱，没有下贱的活，我们俩为了养家糊口，很多苦、累、脏活都干过。

我曾经利用午间下班休息的时间，为几个中学生送过一年多的盒饭。夏天中午时分，骄阳似火，马路上沥青都晒化了，我头顶烈日，蹬着自行车奔波在马路上。冬天下大雪，路上结厚厚一层冰，好多天都不融化，滑的不能骑自行车，为了不使盒饭变凉，我就扛着一箱盒饭一路小跑往学校奔，大冬天累得大汗淋漓，湿透内衣，经风一吹，浑身冰冷冰冷的。

我还利用周六周日的休息时间，替"面的"和中巴车司机卖车票。当时由于路况不好，跑一天车后颠得头昏脑涨，满身灰尘，吐出的痰都是黑黄色，但当每天将挣的一点钱交到妻子手里，去为孩子们买米买面时，心里有说不尽的欣慰和喜悦。

有一段时间，我白天上班，晚上下班回来兼职为别人描图绘画，我在两年零九个月的时间里，一直坚持每天描图到夜里子夜一点，直到眼睛看图纸模模糊糊，才肯停下手中的活。第二天早上照样早早起床，做好早饭，唤醒妻儿们起床吃饭。我觉得，一个男人对家庭的担当体现在哪里，不是在大话里、承诺里，而是在妻儿有困难、有需求的时候，少说多做、不怕吃苦，舍己为他们遮挡风雨的细小作为之中。

有一年冬天，我帮师范学院的老师誊写书稿时（当时没有电脑，老师

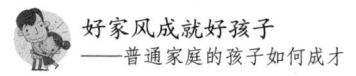

们出书全凭手写），大拇指冻伤皲裂，后来洗菜做饭遇水而感染化脓，当时疼痛难忍，捏笔非常困难，但也舍不得放弃这份收入不菲的兼职。我让爱人帮我把拇指里的脓汁挤出来，吃几片止痛药继续写。由于那次良好的合作，接下来经过口口相传，连续为师范学院四个老师誊写和修改过书稿。

我妻子内退后，虽然单位照发工资，但她没有舍得在家休息过一天。白天她出去为私营企业老板当营业员站柜台，晚上回家为人织毛衣、绣门帘挣钱。白天站柜台时，为了能完成老板规定的营业额，她不辞劳苦，主动延长工作时间，每天的工作时间都在 10 个小时以上。有时下班回来，累得躺在床上连饭都不想吃，我就为她揉腰捶腿，减轻一点痛苦，夫妻深情在一揉一捶中得以体现，在同甘共苦中携手共进。

榜样的力量是无穷的，坐而言，不如起而行。为父母者不一定是高官巨贾、文人学士，也不一定非要建立丰功伟绩或积聚家财万贯。但可以营造一个善良、向上、负责任的好家风影响孩子，给孩子以正能量；可以勤勤恳恳地做事，老老实实地做人，用行动感染孩子，做孩子的好榜样。

我们努力拼搏、辛勤劳作的举动，无声胜有声，从小为孩子们灌输了一个理念：靠天靠地，不如靠自己；人生中遇到经济上的贫穷不可怕，可怕的是你不努力、不拼搏，怨天尤人，坐以待毙的"心穷"。

☀ 一辈子的"吝啬鬼"

一个人的成功，不但要有智商和情商，不可缺少财商，不但要会创造财富，还要能驾驭和管理财富。因为，家庭财富的积累，一半是挣来的，一半是省来的。不要说我们这些经济不很富裕的家庭，就是那些顶尖的世界首富也不例外：李嘉诚穿的皮鞋破了，修补多次再穿；台塑集团王永庆一条毛巾使用 20 多年；世界船王包玉刚一张白纸 5 次用。不是他们没钱，而是他们有着王者般的理念——辛苦赚来的钱，如果你不注意从分分厘厘节省，花钱大手大脚，那就像聚宝盆下开了一个漏洞，哗哗流出的不仅是过去辛勤付出的汗水，更是将来富足的希望。

第二章 家风，隐形的财富

我们全家人非常崇尚勤俭节约这一传统美德，在日常生活消费中，坚守激情与理性兼顾的原则，即：遇到该花钱的大事急事，不惜一切代价，成千上万地花也不要吝啬；遇到不该花的钱，一分钱也不能随意乱花，遇到可节约的东西，哪怕一滴水一粒米、剩菜剩饭绝不轻易抛掉。

我们家一切开支都最小化，能俭省的决不浪费。我爱人经常在傍晚去市场买便宜处理菜。我们一家人还养成了水再利用和随手关灯的习惯。我妻子的侄儿放暑假来我们家住了一段时间，回家后，还建议他父母学习我们家节约用水用电的做法。

孩子们长高以后，女儿留下来的旧衣服，特别是衬衣、秋衣、秋裤，我爱人都缝缝补补自己继续穿。我儿子穿小的旧鞋、旧校服，只要合身，我洗干净接着穿。很多时候，不是家里没钱买不起，而是我们舍不得丢掉那些都是用血汗换来的旧东西，舍不得丢掉祖祖辈辈传下来的好习惯、好品质。

随着时代的发展，很多人不但先后买了寻呼机、小灵通、大哥大，这些东西，我们夫妻俩一样都没赶时髦购买使用过。后来，手机几乎很普及了，有些家里连上初、高中的学生也用上手机了，而我们俩始终没有舍得买一部手机。一直到我女儿因为工作需要更换了一部多功能的手机，我们俩才共同拥有了一部女儿淘汰的旧手机，这部旧手机一直伴随着我们使用到现在。因为这部旧手机只有接收电话和发短信的功能，不能上网，不能上QQ聊天，不能照相、视频和发微博与微信，所以，女儿、女婿、儿子无数次要为我们买一部"苹果"手机，我们都以"玩不转那洋玩意"坚决拒绝了。

我们老两口对勤俭与铺张有自己的原则，我们始终认为，新生事物层出不穷，时代潮流永难赶上，对物质需要不能无度地渴求。否则，看似得到了有形的、有限的、有价的实物，而失去的则是无形的、无限的、无价的精神。

"俭能立名成业，侈必堕落自败"（司马光语）。我们的举动在孩子们的心中留下了勤俭为荣的意识，艰苦朴素的良好生活习惯和美德伴随他们

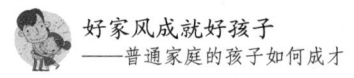
好家风成就好孩子
——普通家庭的孩子如何成才

一路成长。现在，虽然他们都生活在一流的国际大都市，每月都有可观的收入，可他们始终不为灯红酒绿而心动，简朴已经成了自觉行动。只要家长及时在孩子们幼小的心灵中播下"勤俭"的种子，浇灌下"节约"的雨露，孩子们将来无论走到天涯海角，都将收获"积累财富"的硕果，享受"衣食无忧"的快乐——"物质传家宝"有值，"精神传家宝"无价。

三、要做事，先做人

18世纪法国伟大的启蒙思想家、哲学家、教育家卢梭在著名的《爱弥儿》里这样写道："你要记住，在敢于担当培养一个人的任务以前，自己就必须先要造就一个人，自己就必须是一个值得推崇的模范。"父母和孩子接触时间最早、机会最多，父母的一举一动是一种无言的教育，无声的力量，对子女有潜移默化的影响，是孩子学习最直接、最具体的榜样。父母若想成功地教育好自己的子女，必须以身垂范，首先自己把"人"字写正。

☀ 做老实人，占大便宜

我和爱人原来在单位做的都是最底层的工作，但我们都兢兢业业、认认真真做好每一件事。我爱人虽然常年有病，但一直带病坚持上班，每个月都超额完成上级下达的任务。她连续6年在基层工作，天天和群众打交道，她做到手勤、腿勤、嘴勤，热情为群众服务，单位评选先进，她连续4年榜上有名。

我在担任医院住院部主任时，为了提高病房的卫生质量，每天查完房就和清洁工一起劳动，使病房的脏乱差现象很快得以改善。我在担任办公室主任和工会主席时，为了减少医院的费用和开支，我不局限于分内的管理工作，常常到库房搬运药品，以至于医药公司的供货人员一直误把我当成医院的搬运工。

第二章 家风，隐形的财富

我在兼职编撰《洛阳市瀍河回族区卫生志》时，由于时间紧、任务重、经费少，我常常夜里撰稿至天亮。当时电脑还没有普及，十多万字的志稿全凭手写，而且是五易其稿，由于右手过度劳累，手腕患腱鞘囊肿，长出一个大枣一样的包块，疼痛难忍。到后来，每天只有打完封闭针止痛后，才能继续写作。最后，经过3年努力，我编撰的《洛阳市瀍河回族区卫生志》，参加河南省优秀地方志评选，获得省级三等奖。

天道酬勤。我所在的卫生系统选举人大代表，当时名额少，而选区内专家、学者和名医众多，我虽然学历不高、职级低微，但工作积极、吃苦耐劳、成绩突出，被群众认可，一连三届以最高票当选洛阳市瀍河回族区人大代表。在长达9年的人大代表任期内，我利用休息时间热情为群众服务，曾经两次被评为"模范人大代表"。洛阳市瀍河回族区人大曾将我的事迹作为典型，发文件予以表彰。"一个人只要付出了，得到了周围人的认可，你就算最成功的了。"我时常这样提醒自己。

忠厚传家久，诗书继世长。为人父母，我们不奢望孩子将来大富大贵，出将入相，但我们希望孩子长大后有知识、懂礼貌、知书达理；我们不苛求孩子将来出人头地、光宗耀祖，但我们企盼孩子将来老老实实做人、勤勤恳恳做事、自食其力，不成为家庭和社会的负担。我们夫妻俩做事勤奋认真的品格，似一本无字书，悄无声息地传递给了子女、影响着子女、教育着子女。

☀ 百善孝为先

家长，是孩子们的一面镜子，父母的一言一行都在潜移默化地影响着孩子。在善良、孝顺、注重礼节的环境下熏陶出来的孩子，大多能够被感染，能萌发尊重他人的真诚愿望，模仿着尊重长辈、尊重老师、尊重朋友，与人和平相处，养成关爱他人的良好品德。

在我小时候，妈妈给我讲过一个故事，至今虽然已经过去50多年，我仍然记忆犹新。

有一个叫李四的人，长大娶妻生子后，夫妇俩忤逆不孝，嫌弃年迈的

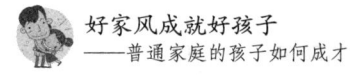

老母亲，把她当奴隶使唤，脏活累活都让老妈去做。而夫妻俩则把儿子视为心头肉，含在口里怕化了，捧在手里怕掉了，无比疼爱。

有一天，李四夫妻逼迫年老体弱的老母亲上山砍柴，老母亲因脚下石头滑落，不慎从山上摔下来，瘫痪在床不能活动。他们把老母亲当累赘，每天用破碗给老母亲一点糠糊糊吃，盼望着老母亲早一天饿死，免得伺候。多亏李四五岁的小儿子，每天趁父母不注意，把自己好吃的东西偷偷送点给奶奶，老人才没被饿死。

李四夫妇俩看老母亲饿不死，商量着要把她送进深山喂狼。一天傍晚，俩人把老母亲抬上荆芭，欺骗说是要拉她去邻村看戏。拉到离家十多里的深山里后，他们丢下老母亲，扛着荆芭回到了家。

李四的儿子看见父母回来了，而可怜的奶奶不见了，连忙跑到跟前说："爹，娘，你们把那破碗和这荆芭保存好，小心风刮日晒坏掉了！"

李四夫妇不解地问："保存破碗、荆芭干啥用？"

儿子一本正经地答道："把它们当作传家宝，等我长大后你们给我娶了媳妇，我们就用破碗喂爹，用荆芭拉娘。"

儿子的话如一声惊雷，夫妻俩吓得魂飞魄散，拉上荆芭向山里飞奔。幸好老母亲还没被狼吃掉，两人把老母亲抬上荆芭拉回家里，从此精心伺候起了老母亲，重新做人，为儿子树立起了新榜样。

这就是人们常说的：人在做，天在看；长辈在做，儿女在仿。

百善孝为先。我和妻子双方家庭因历史特殊原因，造成关系复杂，应该和不应该伺候的老人较多，我们对每位老人，不管与我们有无血缘关系，都关爱照护。我爱人很小的时候父母离异，生母改嫁后没有再尽过抚养责任，我爱人从小跟着爷爷奶奶长大。她的生母改嫁到一个很贫穷的山村里，加上丈夫很早去世，一个孤寡老太太生活很困难。我们两人结婚后尽力照顾帮助她。尽管那时我们上有老下有小，经济上也很窘迫，可我们经常节省下粮票，买些大米、细粮送给她。只要有顺路回乡的人，每次都捆一箱食品捎回去，逢年过节总给她买衣服寄钱。她每次生病，我们总把她接到洛阳，出钱给她检查治疗，精心照顾调养。老太太经常当着众人夸奖我，她不止一次对人讲："我就待见（注：北方方言，即喜欢）这个女婿。"

1980年冬天，我母亲患食道癌，我们将她从农村接到城里，当时我们刚结婚不久，家里一贫如洗，加上我的工作单位效益不好，经常一个月只发半个月的工资。但我们夫妻不惜一切代价，四处借钱为母亲治病，后来借不到钱，我就到单位写申请，预支了半年的工资为母亲付医疗费。因为母亲行动不便，持续5个多月的放疗、化疗每次都要有人陪伴，当时我爱人已有6个多月的身孕，行动也很不方便，但我因工作太忙离不开，我妻子经常挺着大肚子在医院跑前跑后照顾母亲。后来，放疗室的医生多次提醒说：孕妇经常进出放疗室，这里面的射线对母子都不好。我爱人当时也明白放射线的危害，但为了老人，她一直坚持服侍我母亲放疗结束。

为了避免"孝敬长辈不足，疼爱孩子有余"的"道德不等式"出现在家里，有了孩子以后，我俩不断给孩子灌输"长者优先"的意识，让下一辈懂得尊老敬老。双方家里的老人无论谁来到我家，我和妻子都细心照料，家里有了好吃好喝的都以老人为先，为老人洗脸洗脚、洗衣做饭，我们夫妻以自己的实际行动和道德人格影响着孩子们。孩子们看在眼里记在心里，知道"孝道"是做人的根本。"种瓜得瓜、种豆得豆"，如今，我们的女儿、女婿、儿子一个比一个孝顺，对我们关心得无微不至，使我们老俩口吃穿不愁，无忧无虑，幸福无比。我们家先后六次被洛阳市精神文明办公室、老城区委、西关办事处评为"五好家庭"。

四、"糊涂"夫妻一世情

罗素在《婚姻革命》中说："如果想让孩子长成一个快乐、大度、无畏的人，那这孩子就需要从周围的环境中得到温暖，而这种温暖只能来自父母的爱情。"一个家庭中如果夫妻恩爱、相敬如宾，子女生活在温馨和

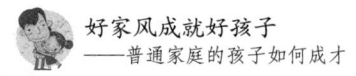

睦的家庭氛围中，会得到关心、爱护和尊重，从而身心健康，幸福愉快。长大后，他会爱自己、爱父母、爱别人，与社会和平相处；反之，夫妻每天横眉冷对、同床异梦，话不投机便大动干戈，会给孩子性格造成负面影响，不利于子女将来的成长发展，甚至会毁掉子女一生的幸福。

☀ 金首饰丢失以后

常言说：夫妻一条心，黄土变成金。我和爱人的相识，是由岳母牵线搭桥喜结良缘的。我们没有像现在的年轻人那样轰轰烈烈地谈过恋爱。我俩事先互不认识，对方的性情、脾气、习惯、爱好彼此一点也不了解。而且，当时我家在农村，家里几间土坯房子四面透风。我在部队当兵，每月只有7元钱的生活津贴，每月寄5元回家，家境真的是一贫如洗。而我爱人当时已经是"吃商品粮"的正式工人，在一家国营大厂工作，每月有28元的工资。后来她又被工厂保送，当上了工农兵大学生，毕业后成了国家干部。因为我们的感情基础差，个人经济条件悬殊，相处的距离又很远，所以当时很多人都不看好我们的婚姻。然而，就是在这样一种情况下，我们夫妻俩相濡以沫、恩恩爱爱相伴40年，成了远近闻名的五好家庭。

我们两个相处的诀窍是：夫妻之间需要智慧的"糊涂"，小是小非贵在聪明的"退让"。家庭是投入感情的地方，不是较真说理的场所，夫妻相处之道，要知道体贴，懂得进退。在家庭里面，如果夫妻俩遇事互不谦让，互不包容，互不服气，互相猜忌，非要争个输赢高下，那就算吵赢了，又能怎样？岂不是赢了道理，却输了亲情！争了上风，却丢了温情！最终只能是越争论道理越说不清辨不明，越强势越伤和气伤感情。这样长此以往，家里没了温馨，不是避风遮雨的港湾，而成了横眉冷对的擂台，成了硝烟弥漫的战场。父母是孩子们心中的标杆，通常，普通孩子成长为优秀人才的背后，总能找到温馨和谐家庭的影子；同样，一个人不健全的人格，总可以从其家庭中找到充满冲突和矛盾的因素。所以，夫妻恩爱团结，第一个受益的是孩子；同样，夫妻较劲分崩离析，孩子首当其冲

第二章 家风，隐形的财富

受害。

我们夫妻之间相处的"糊涂"，表现在方方面面。

首先，是金钱上的"糊涂"，我们家的"经济大权"是俩人争着不管，我不想管，妻子不愿管。外人问起来，我说妻子是掌柜，妻子说我是一家之主。我每月领了工资，分文不留如数上交妻子；妻子发了工资，连工资条一齐塞到我手里。我们把它合在一起，留下必用的，谁有空谁到银行存钱。每每给双方家庭的钱和物，我们从来不去计较给谁家的多给谁家的少，谁家沾光谁家吃亏，只以需要为标尺。

逢年过节，每次给我家里送钱购物，都由我妻子去操办，花了多少钱我从不过问。给我父母买衣服都由妻子决定，我从来不指手画脚。我妻子从小在农村跟着奶奶爷爷长大，祖辈为抚养她吃苦受累，每次给奶奶爷爷送钱，都由我做主操办，尽可能地多给。我每次给奶奶爷爷买营养品，都很舍得花钱，在能力可承受的范围内挑上档次的买，每次花费都会超出妻子的预期很多。每次去探望岳父岳母，我都是"糊糊涂涂"地多买些东西，常常给妻子脸上添光增彩。夫妻在家庭经济上的"糊涂"，增进了相互之间的感情和信任，减少了生活中的许多烦恼，避免了不必要的纷争——失去了金钱上的"小"，换得了家庭和睦的"大"。

其次，我们夫妻之间处事"糊涂"。我们结婚时，由于家里太穷，我没有给妻子买过一件定亲首饰，这成了我难以抹去的一块心病。20世纪80年代初，洛阳市政府在中州东路上建设瀍河大桥，瀍河两岸拆迁了许多房子。这时候我发现，拆迁工地里面扒下的许多旧砖可以再利用。我和三个朋友商定，每到周日去工地扒旧砖，而后铲干净码成堆，再用架子车拉到郊区，以新砖一半的价格卖给准备建房的菜农。当时国家规定周一到周六上班，只有周日休息一天。每周仅仅休息这一天，我又去扒旧砖卖钱，妻子看我大热天出去干活，心疼我太辛苦，曾多次阻止，但丝毫没能动摇我完成心愿的决心。

最后，我们几个连续干了半年，转战五个工地，四人共挣了将近六千块钱（当时这是一笔不小的款项）。我用分到的钱，一下为妻子买了一条

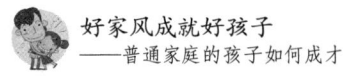

金项链、一副金手链、一只金戒指。我妻子见我一下为她买了三样这么贵重的金首饰，高兴得没等星期日就回娘家炫耀了一番。

后来，妻子舍不得戴这些首饰，精心的用一块旧报纸包住，为了防止受潮，她又用一只旧医用橡胶手套将旧报纸裹严，藏在了家里的抽屉里。

可谁也没想到，三年后发生了一件意外的事情。一个星期天，我妻子在家打扫卫生，在整理抽屉时发现一团旧报纸黏糊糊地沾满了灰尘，顺手将它扔进了垃圾篓，下楼倒进了清洁工收集垃圾的架子车内。几天后，我妻子准备戴上首饰去参加同学聚会，才突然意识到自己扔掉的黏糊糊的旧报纸，里面包的是自己三件心爱的首饰。原来，那时我家住的是顶楼，夏天又没空调，室内温度有时达到四五十度，包首饰用的医用橡胶手套，经过三个夏天的高温，融化在旧报纸上沾满了灰，因为经过了几年时间，我妻子忘记了旧报纸里面包的是三样珍贵的首饰，顺手当垃圾丢弃了。

她当时意识到自己闯下了大祸，不单单是因为这三件金首饰当时是我家唯一的最值钱的东西，而且，它们包含着我在工地扒砖头半年的血汗及无价的心意。我下班回到家见妻子当时吓得脸色都变了，她讲述事情的经过时，两眼目不转睛地盯着我。我听后当时心里也"咯噔"一沉，但我清楚地意识到，覆水难收，她失掉了自己心爱的东西已经很伤心了，我绝不能火上浇油。我马上逗趣说："破财消灾，财去人安。只要你不把我扔进垃圾车，不把我抛弃了，一切问题都不是问题。"我看妻子还是闷闷不乐，一边把孩子和妻子拥进怀里，一边学着苏联影片《列宁在1918》中瓦西里的腔调说："面包会有的，牛奶会有的，一切都会有的。"妻子当时看着我没有丝毫责怪的样子，激动得满眼热泪，搂着孩子久久地偎依在我怀里。

事后孩子告诉我：妈妈原以为，她弄丢的东西那么值钱，而且是你用大量的汗水换来的，里面包含着你无尽的情意，丢了后你会大发雷霆的，没想到你"恁憨"，连半句埋怨话都没说。

第二章　家风，隐形的财富

听了女儿的话后，我说："良言一句三冬暖，恶语伤人六月寒。我岂能不心疼那些好东西，但我知道，现在我发再大的火也于事无补。处理家务事，除了感情以外，其余的事都可以清楚不了，糊涂拉倒。"我接着教育孩子说："希望你长大以后，平和地对待生活中的每一件事情，友善地对待你周围的每一个人。"

☀ 房产证上的爱

在我们夫妻俩的共同努力下，我家的经济状况日益好转，住房条件也逐步得到了改善，由原来租住农民家的一间小平房，到住进两间公房的大杂院里，再到搬进我爱人单位的筒子楼。后来，我们俩开始攒钱自己买房。现在我家已经拥有了三套自己的私有房产。

买这三套房子都是我跑前跑后亲自办理的购房手续，然而，这三套房子的房产证上，都是写的我妻子和儿子的名字。我的做法，不但我的几个"铁哥们"觉得我"这事做得不靠谱"，就连售楼部的工作人员也反复确认，要不要在"共有项"下写上你本人的名字。有一天，妻子当着女儿和儿子的面跟我开玩笑说："你看别人家，为了房产证上能写上个名字，往往闹得不欢而散，甚至分崩离析。而咱家里所有的存折都是我的名字，家里所有的房产证都是我的名字，你不怕我哪天高兴了，去外边找一个年轻的帅哥，那时你可不是净身出户，你可是要裸身出户了。"我听后答道："居家过日子，人心换人心，我憨憨地把身和心都完完全全交给你了，你要是啥时候再找一个漂亮的好老公，千万别忘了带上我这老糊涂，咱'买一送一'，我也跟着你去享享福。"我的一席话，逗得一家人笑得前仰后合。

我始终认为，一个男人在家肯吃亏敢包容，肯让步敢妥协，他的内心是强大的，是一种自信；而那些每天和自己最亲的人无谓地争长论短、计较输赢的男人，其内心是狭隘的，是一种自卑。到头来，即使目的达到了，你的时间、精力、情感成本却会一去不复返。

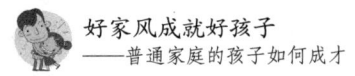
好家风成就好孩子
——普通家庭的孩子如何成才

☀ 务实不务虚

我们夫妻之间的感情，一直是多务实，少务虚，不做表面文章。

"不注重特定日子，过好平常日子"是我们的共识。我们俩不把"爱的功夫"下在结婚纪念日、生日等某个特定的日子里，而是把它浸润在天长日久的平淡生活中。40年里，我没有给妻子送过一次鲜花，没有请妻子单独下过一次馆子。我们俩没有拍过婚纱照，没有互相庆祝过生日。结婚纪念日更是稀里糊涂地过了许久才回想起来。在有些人看来，我俩是一对糊涂虫、吝啬鬼，我们的日子过得一点都不浪漫、不时尚。可在我的亲戚朋友眼里，在左邻右舍的眼里，在我妻子单位女伴的眼里，我妻子是"世界上最幸福的人"。我妻子不止一次自豪地和她的闺蜜讲："我慧眼识珠，这一生做得最正确的选择就是当年跟了这个'三等残废'（个子矮）的穷光蛋。如果有来世，还会'我没意见'（我们初次见面时，她向我表白的话）地嫁给他。"

几十年来，在家里，如果妻子深更半夜饿了，无论天气多么寒冷，我都会起床为她做上一碗热饭。每天中午，妻子和孩子们午休，我都拿一本书守候在她们床边，一边撵蚊蝇，一边按时叫醒她们，打发她们上班上学。无论盛夏寒冬，早晨，我总第一个起床为孩子们做饭；夜里，照护全家人都睡了，我才关好门窗封好煤炉，最后安然进入梦乡。一个男人也许一生做不了伟大的事业，但他可以负责任的干些细微小事，做孩子们的脊梁和妻子可依靠的肩膀。

妻子从来不让我一个大男人洗衣服，而家里稍微需要出力的事情，如往楼上搬煤球、扛煤气罐我都不让妻子沾边。家里有了好吃的，总是她留给我，我推给她，让来让去，最终还是留给了老人和孩子。

有一年植树节，妻子单位分给她挖3个树坑的任务，我知道她干不动这力气活。我下夜班后和妻子骑上自行车，带上儿子，跑了20多里路到龙门山上替她挖树坑。她单位的同事看我们妇唱夫随，一家人其乐融融，她的同事们故意跟我开玩笑，有的说我"惧内"，有的竖起

第二章 家风,隐形的财富

大拇指,夸奖我是"五好丈夫",妻子完全沉浸在幸福之中。我儿子抬头问我:"爸爸,啥叫'惧内'?"我红着脸答:"就是听话。"儿子拍着手笑着喊:"我长大了也'惧内',我长大了也'惧内'!"逗得满场人捧腹大笑。

互敬双收。每次回到农村我老家,特别是在我的父母面前,妻子非常善听我的安排,贤惠温顺地给我留足面子。她当着我家人的面总是说,"执行领导的旨意不受气"。而我平时更是尊重妻子,特别在孩子和妻子家人面前,我总是表现得非常顺从,低调、殷勤地讨好她,我经常说:"怕老婆有饭吃,气管炎(妻管严)有衣穿"。孩子们偶尔惹他母亲生气,我是妻子"保驾护航"的急先锋,我经常半开玩笑半认真地告诉孩子们:"爸爸你们可以打,但妈妈不可以气,她是我唯一的心上人。"我主动树起了妻子在家里绝对受宠的地位。

我的工作比较忙,每次加班回来晚了,妻子总是扯着孩子,站在楼下的路口翘首等啊等,等我下班回来后,妻子推着我的自行车,我背上孩子,楼梯上就会留下我们一家甜甜的笑声——夫妻间有了谦让、尊重,生命才显得伟大;家庭里有了理解、信任,生活才有意义。

我妻子从年轻时到现在身体一直多病,长年累月吃药,我伺候照料妻子几十年无怨无悔。我妻子有一年7个月住了6次医院,做过两次大手术,当时儿子在美国回不来,女儿带的研究生正处在毕业答辩关键阶段,暂时没办法回来帮忙。儿子怕我累坏身体,多次寄钱回来让我雇护工,但我不放心,一人担当起了照顾妻子的全部责任。白天给妻子喂吃喂喝,不停地翻身按摩,夜里守候在她旁边,输液换药,倒屎倒尿,夫妻间的恩爱,虽然没有表现在花前月下那一时,却体现在了大难临头那一刻,凡是和我妻子同病房的病友都羡慕不已,无不夸奖我们两人是"真正的老伴侣"。我认为,在家这个世界里,感情和爱从来不相信激情四射的眼泪,只相信互相帮助关心的汗水。

爱,将我们全家人紧紧地结合在一起,情,将我们一家人的心灵融为一体。我的两个子女在这样的家庭环境和氛围中,不但视家庭为生活的保

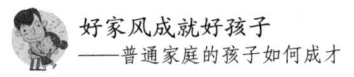

障与避风港,还养成了谦让、包容亲人、关爱他人的良好性格。美国作家盖伊·博尔顿那句"爱,就得把所爱的人的幸福置于自己的幸福之上"的话,在我的家庭里得以诠释。

五、有舍有得,教育为先

家庭,是孩子永远眷恋且永不停课的学校,是每个人踏入社会、接触人生的起点和基点。孩子最早接触的是家庭,从他们出生那天起,家庭给子女身心成长所打上的烙印,终生难以磨灭,一定要用"正能量"来滋养孩子们的心灵。我们从有孩子开始,就暗自下定决心,当好"第一任老师",用自己的切实行动做一个合格的、令孩子仰视的好家长。

☀ 曾经,大学梦触手可及

由于读书少、文化水平低,我在医院办公室搞行政工作的时候很费力。尤其医院是一个专业技术性质很强的单位,我一个门外汉,每次为医院起草文件、为领导拟定半年和年终工作报告都费尽周折,有一次曾经七易其稿,才勉强达到领导满意。特别是每月一期的《工作简报》和为上级各主管部门报送的资料,都要求言简意赅,为写好这些东西我吃尽了苦头。为此,我极为渴望能有机会再踏入高等学府进修深造,提高自己的专业知识水平。

暑去寒来,经过两年的苦钻苦学,我终于通过专业知识考试,被河南医学院开办的5年制本科班录取。当我接到梦寐以求的录取通知书时,我这个半文盲简直像"范进中举",高兴得要发疯了。

可当我兴冲冲地回到家里,看着因病躺在床上的妻子和快满一岁的女儿,我犹豫了——当时,我家既没有经济实力请保姆,又没有合适的长辈可求助。如若我离家到郑州上5年学,得到了一张梦寐以求的大学文凭,事业可以辉煌,职位可以升迁,但是,正好错失了女儿

第二章 家风，隐形的财富

最佳教育期。我的前程是很重要，但比起女儿的未来，孰轻孰重我心里很清楚、很明白——不能让下辈人重蹈"没文化"的覆辙，孩子们的前途难以估量。

为了孩子为了家，最终，我毅然决然放弃了上大学深造的机会，含着热泪珍藏起了那张大学录取通知书。孩子成才，成为我唯一的企盼。工作之余，我把全部精力都投入到了照顾妻子和培养孩子上面。

虽然后来我经过刻苦努力的自学，先后考取了医士、医师和住院部主任的任职资格，但终因没能达到"本科以上学历"的评定标准，直至退休都被挡在副高、正高技术职称之外，工资待遇受到很大影响，事业和仕途双双遭到了"牺牲"。尤其每次同学、战友在一块聚会，看着人家一个个光彩照人，事业日上，总觉得自己矮人一截，每每都挑一个僻静的角落坐下，事后一连几天都黯然伤神。

然而，没想到"皇帝轮流做，今日到我家"，三十多年后的今天，那些从岗位上退下来的老同学、老战友每每聚会，我反而成了大家聚焦的对象。这个称赞我当年有眼光"舍己为家"，决定英明；那个表扬我的女儿能干，在大学当教授，承担国家的科研项目；这个夸奖我儿子能挣钱，在世界500强企业当高级咨询师；那个羡慕我每年都在美国住住，到欧洲游游，尽享异国风情。这时候，我嘴里虽然不敢说大话，但心里真的比喝蜜都甜。

现在，我和老伴每当闲暇，站在孩子们穿着硕士、博士服的照片前，目不转睛地仔细端详着他们，次次都会高兴得像"范进中举"；每当孩子给我们报喜，知道他们获得了国家级、部级、上海市的科研成果奖、教学奖，我们夫妻都会兴高采烈地炒几个小菜，弄瓶好酒，自斟自饮，一

◎ 作者夫妇在美国白宫前的留影

醉方休；每次收到孩子们从荷兰和大洋彼岸的美国寄回的营养品和美元时，我次次都激动得含着两眼热泪，心里总不停地念叨着：值、值、值，昔日放弃了"高学历"，当今收获了"满家福"；每当我们老两口手拉手徜徉在美国纽约时代广场，在白宫前、国会山旁流连忘返的时候，就觉得真正活出了完美的人生。

☀ 草根家庭的"金柜子"

伴随着孩子们一天天长大，他们的求知欲一天天强烈，这时我们发现，只教他们"12345"，仅给他们讲"小马过河""猴子捞月亮""孔融让梨"已经不行了。

◎ 作者夫妇在美国纽约自由女神像前的留影

他们已经能将"杯弓蛇影""农夫和蛇""东郭先生和狼"背得滚瓜烂熟了。他们开始向我们提出许多"为什么"，我们仅有的一点知识已被"掏空"，已经不能满足孩子们对知识的需求了，必须加强积累和学习新知识，用源源不断的文化泉水，浇灌孩子们渴求知识的心田。当时，电脑还没有普及，当孩子们向我们提出疑问时，不可能像现在"百度"一下全知道。加上我们两人成家时是真正的"裸婚"，生活非常拮据，虽然一本书只要两三毛钱，但对当时的我们来说，经常买书读却是一种奢望。

剪出来的"传家宝"

困难中怎么满足孩子们的求知欲呢？因地制宜，就地取材。我发现各种报纸上经常刊登一些知识，上至天文，下至地理，从历史到现代，从生活常识到军事科技，五花八门的知识都有，从报纸上为孩子们积累知识是条好途径。于是，我跟随一个收废品的人，找到了一个废品收购站，买回来许多旧报纸，我逐张认真翻看查找，把上面有价值的知识剪下来，分门别类粘贴在旧杂志上。从此，我开始为孩子们剪报贴报。每剪完一批，将不用的捆好卖掉，再买一批。这样，付出了很少的钱，积攒了很多孩子们需要的学习知识。

我热衷于剪报贴报，一发不可收拾，一下坚持了30年，直到我家里买了电脑，查找资料方便快捷后才停止。尽管屡次搬家将"剪报集"扔了一部分，现在床下还仍然留下5大纸箱。前几年我儿子去美国读研究生时，特别叮嘱："老爸，床下几个大纸箱里装的剪报集，再搬新家时千万不要丢弃了，它蕴含着父母为我们创造良好家庭学习环境付出的血汗，它是我们的传家宝。"

在剪报贴报的同时，我和妻子还四处为孩子们借书读。我曾经骑车跑30多公里到战友家借过书，我妻子也到单位好多同事家借过书。

后来，我们单位的党支部书记看我四处为孩子借书看很作难，就托关系为我在洛阳市图书馆办了一张"借书证"，这一下为全家人读书提供了机会，确实帮了我们的大忙。

抄出来的"百科书"

我从市图书馆借的书，都有借阅时间的限制，在规定的时间内必须归还，逾期轻则罚款，次数多了要没收借书证。当时社会上的打印机、复印机、摄像机等高科技设备还不普及，每次借到一本好书，全凭脑子去记忆是力不从心的。怎么办呢？——我开始为孩子们抄书。每借到一本书，因为借期所限，我抢时间先粗略地看一遍，将有用的知识点和文章的重点页夹上纸条，而后，利用休息时间狂抄。有的书借一次抄不完，我第二次借回来再继续抄。

为了抄书，一连几个寒冬，我的双手上都长满冻疮，刚懂事的小儿子看着我双手冻得满是小血口子，多次把我的双手夹在他的小腋窝里，暖呀暖。这时，我既感动又兴奋，两眼噙满热泪。有人说，读书是站在巨人肩头,我为孩子们"抄书、剪报",在当时家庭经济极度困难的条件和背景下,确实为孩子们的学习奠了基石,提供了成长的"食粮",基本满足了回答孩子们的"为什么"。

伴随着高科技的飞速发展,我那几十万字的"手抄书"成了新"古董",但孩子们一直视它为"金书柜",一笔无价的"精神财富",成为激励他们刻苦学习、勤奋工作的动力。

买出来的"书贩子"

一个家庭,只有不停地追求更高的目标,才能见识更广阔的世界。家庭经济状况稍微改善以后,我们夫妻俩为了给孩子们创造优越的家庭学习环境,最舍得花钱的地方就是为孩子们买书。我们夫妻穿的可以旧一些,吃的可以差一些,但只要孩子们想要的学习用具和书籍,一定毫不吝啬地买回来。那些年,我们家与几位兄弟姐妹家相比,唯有我家住房面积较小,唯有我家的家具最旧,摆设最落后。然而,唯有我家买书最多。

因为家里买的书多,还闹过两次笑话。

在我们第二次搬家时,搬家公司的老板起初认为我家卧室不大,东西不多,没要很多的搬家费。但当他们开始搬后,才发现我家整个壁柜里装的不是衣服,而是沉重的书籍,而且看不见的床下一层层摞满了书,知道运价要的少了,于是罢运。后来,经过讨价还价,我给搬家公司加了运费,他们才开始干活。

在我们第三次搬家时,当搬家公司将我家的东西从大卡车上卸下来后,门卫王师傅看了我家搬来的东西,跟他老伴说:"新搬来的这一家,一定是书贩子,可能是贩书贩赔了,把书都砸在手里了。"我爱人正好路过门卫室听到,回家把这话讲给我们听,我们一家人笑得直不起腰。

笑完后,非常懂事的女儿对弟弟说:"我们两个一定要刻苦学习,努力打拼。将来千万不能没有技能,找不到工作,最后砸到老爸这个'书贩子'手里。"

第二章 家风，隐形的财富

六、规范自身行为，身教重于言传

☀ 爱好可弃，秉性可移

孩子绝大部分时间生活在家庭里，家庭环境对他们有潜移默化的教育作用。孩子模仿性强的特点决定了家庭环境对孩子性格、爱好、品行有着重要影响，而孩子模仿最多的就是父母。常言说，孩子的心灵是一张白纸，关键是看父母在白纸上写了什么，染于苍则苍，染于黄则黄。

"乌鸦窝里飞不出金凤凰"，孩子是家长的翻版，孩子身上的问题其实是父母身上问题的体现。如果做父亲的天天教导孩子考试要拿第一，事事要出类拔萃，而自己没一点责任心，整天浑浑噩噩，不注意学习，不努力工作，每天在酒桌上喝得醉醺醺，回到家里吐得满地污物，又砸东西又骂娘；如果做妈妈的没有一点涵养，经常教导孩子不许打游戏，要专心读书，而自己天天在麻将桌上度时光，挥金如土，入不敷出；如果做家长的要求孩子遵守家规校纪，不许谈恋爱，要按时回家，而自己行为不检点，夫妻每每为"小三""情哥"大动干戈……这样的爸妈，言行不一，空洞的说教同孩子们的视觉、认知背道而驰，父母在孩子心中的形象倒置，威信荡然无存，对孩子造成的精神伤害难以估量。

所以，家长是抱着孩子看书，还是抱着孩子打麻将；是抱着孩子看肥皂剧，还是抱着孩子看《百家讲坛》，教育效果有天壤之别——家长的作为、品质终将影响孩子，而且贯穿其一生。为了孩子，家长一定要摒弃不良习气，行得正，做得端，在孩子心中树立起一座永久的丰碑。

一位教育专家经过调查得出这样一个结论：在有问题的学生中（不爱学习、行为不端、违法乱纪），90%以上家庭教育存在着严重问题；在成功的学生中（人格健全，德、智、体全面发展），96%以上都有称职的家长和良好的家庭教育背景。由此可见，一个人为人处事的优劣，道德品质

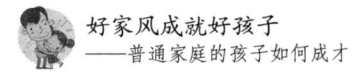

的好坏，基本是由他的成长环境，特别是家庭教育环境决定的。

改一改，柳暗花明

小时候，我因为家庭环境因素的影响，形成了桀骜不驯的性格。以至于我青少年时期，遇到稍不顺心的事情，轻则和人争得面红耳赤，重则和人大动干戈。因为我这样的坏脾气，误过很多事，吃过许多亏，落过许多非议。但"江山易改，禀性难移"，屡屡的碰壁和教训一直没有改掉我的暴躁脾气。

有一天，我和妻子带着孩子从公园回来，在我们楼下买了小贩6斤香蕉，因为找不开钱，我到附近一家商店换零钱，顺便在商店的台秤上复了一下秤，结果香蕉只有5斤1两，小贩竟然坑了我9两多香蕉。我当时火冒三丈，气愤得一下把小贩的秤杆折成两半，非要拉他到工商所不可。后来，我们两人厮打起来，引起很多人围观，一度阻塞了交通。结果，我和小贩都伤痕累累，妻子气得脸色苍白，孩子吓得哇哇大哭不止。

回到家里，妻子数落了我半天，我再看看惊魂未定、满脸泪痕的孩子，第一次体会到了"小不忍则乱大谋"的教训。我冷静下来后，开始了反思：如果我的脾气不改，性格上的缺陷不纠，长期下去，在这样的家庭环境下，势必影响孩子们的性格，对孩子的成长极其不利，我已经因为性格缺陷，经常碰得头破血流，决不能让子女受此影响。从那以后，我痛下决心，要坚决改掉遇事不冷静，爱发脾气的坏毛病。

起初，遇到不顺心的事、不公的事，经常按捺不住心头的火气，我就提醒自己：打架、发脾气、争吵不是唯一解决问题的办法，只能暴露一个人没素质、没修养。自己已经是有家有室的人了，妻子在家等着，孩子在家盼着，他们希望你在外高高兴兴的处事，平平安安的回家。为了妻子、为了孩子、为了家，胸襟要放宽，能忍则忍，能让则让，千万要克制，不要旧病复发。

后来，为了警示自己，我把"猝然临之而不惊，无辜加之而不怒""退一步海阔天空，忍一忍柳岸花明"等名句写成条幅，压在我办公桌的玻璃板下，逐步学着掌控情绪，提高自己的涵养。渐渐地，我改掉了火爆的性格和爱发脾气的坏习性，学会了客观地看待问题，学会了包容、谦让。把与人争高下的能耐，都用了宽心做人，努力做事上。30多年时间，我再没有因为一些非原则问题和人斗气，影响家庭正常生活，一家人每天都生活在安定、欢乐的氛围中。后来，我妻子问我："都说江山易改，禀性难移，你现在的性格和以前判若两人，真不容易。"我告诉妻子说：一个男人，只要认定的事情，只要把家装在心里，把孩子的成长放在首位，就没有克服不掉的毛病，改不掉的陋习。

不赶新潮流的"榆木疙瘩"

我女儿12岁时，正值各大电视台热播《戏说乾隆》，当时的电视还没有回放功能，错过了播放时间就很难再看到。我们在单位听同事们对《戏说乾隆》的观后评论，很想看看此剧。可是电视台播放《戏说乾隆》的时间正是女儿晚上学习和做作业的时候。当时由于居住条件差，家里供孩子单独学习的空间很小，如果我们两人在看电视，让女儿去写作业是不可能的，一则噪声影响孩子，孩子静不下心来学习，再则孩子年龄小，自控能力差，看不到影像，可以听声音。而且家长在玩、在消遣，而让孩子夜里加班学习，会给孩子心理上造成一种不公平。最终，我们俩还是压下看电视的强烈欲望，给女儿晚上学习提供了一个安静的环境。

从孩子们上小学开始，只要孩子们在读书、学习、写作业，我们从来不开电视影响他们。无论孩子学习到什么时候，我们也看报看书到什么时候，孩子学习完，我们一家人才欢欢喜喜地一块看电视、下棋、做游戏，为孩子们营造出了优良的家庭学习氛围。

我们年轻时，正值社会上流行跳交际舞，一到晚上，许多年轻夫妻留下孩子结伴外出跳舞。刚开始，我们俩也曾为新潮流而心动，也商量着晚饭后，到舞池里面搂着腰、挽着手，在轻盈的音乐伴奏下享受享受。可是后来发现，心智还不成熟的孩子在家不能自控。父母双双外出寻求欢乐，留下孩子在家没人管，他们就在家玩耍、打游戏、看电视，不学习，有时

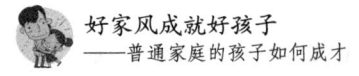

还出现一些安全问题。所以,我们夫妻俩很快达成共识:跳交际舞和其他的习惯一样,会上瘾,为了防止上瘾,我们就不要去涉足舞场,不去赶那时髦,不学习那些技艺。至今,我们俩都没能学会跳交际舞,有时在众人面前感觉不时尚,有点尴尬,但也不觉得逊人多少,丢多少面子。长期以来,只要孩子们在家学习,我们从不出去跳舞、看电影,单独把孩子们留在家里学习。

有一段时间,我们两个都学会了打麻将。刚学会时,觉得很新奇,有点入迷。因为我们家住的离我妻子工作的单位很近,中午下班休息时,她就约上几个单位的好朋友来我家打麻将。她的朋友们一下班,在街上买点凉菜、熟食,我们共同一吃,免得费事做饭,饭后便开始打麻将。后来我发现,我们在快乐的同时,不自觉地伤害了孩子。中午孩子在"哗啦啦"的洗牌声中不能正常午休,下午到校听课时瞌睡打盹,回家不会写作业。有一天,老师打电话问我们:"你家一贯优秀的孩子最近怎么了?"这时候我心里很自责,不是孩子"怎么了",而是家长"怎么了"!从此,我们再没有邀同事到我们家打过麻将。虽然至今我打麻将的水平还停留在"原始阶段",但儿女们的学习成绩都提升到了一个新水平。

孩子们小的时候,我已经在单位踏入了领导岗位。当时我妻子看到社会上许多人为了升迁,经常陪着领导喝酒、跳舞,她就提醒我说:"你别太'榆木疙瘩'了,平时也学着点疏通疏通关系,和上级部门的有关人员经常联络联络感情,请他们也来家里喝喝酒,打打牌"。我也不傻,深知其中的奥秘和潜规则。我也开始学着别人,隔三岔五地请人来家里喝喝酒,凑凑热闹。后来我发现,每次家里来人喝酒,孩子们总是围着酒桌不愿离去,吆三喝四的酒令使正在学习的孩子们心神不宁。特别是有人喝醉酒,闹到深更半夜,不但影响邻里关系,更影响孩子们第二天上学。这时候我开始反思,是陪人喝酒、打牌,还是陪孩子看书、学习?是自己的升迁重要,还是孩子们成才重要?自己心里要有一杆秤。后来,我没有再为妻子的"教导"所动,没有再为自己的前途所虑,很少深更半夜外出交友喝酒,很少请领导到家里喝酒、K歌、闹腾,再没有影响过孩子们的学习、休息。

我们家经济条件虽然差，空间虽然小，但我们主动消除人为因素，改掉家长的毛病和不良习气，给孩子们创造了温馨的家庭氛围，为他们良好学习习惯的形成铺就了根基。现在，每当我看到两个孩子事业有成，生活充实，心中总想，如若不是中青年时期做了某些方面的牺牲，到了老年还在为子女的吃穿发愁，还在打工为孩子们补贴，那才是欲哭无泪呀！只有舍了，才有得。

☀ 如果孟母不能"三迁"

良好的邻里环境不仅指居住硬环境，更重要的是指邻里之间和谐的人际关系、积极健康的生活状态。古代曾有"孟母三迁"，从"其舍近墓"到"迁居市旁"，最后徙居"学官之旁"，终于使孟轲在学官的影响下成为学者。现代的陕西省清涧县袁家沟是一个只有500多户人家的小山村，由于那里的民风正，人们重视教育和人文环境，一个小山村里接连走出了4位省委书记：山东原省委第一书记白如冰，江西原省委第一书记白栋材，陕西原省委书记白治民等。这些都说明，居住环境和邻里关系对孩子的成长有不可忽视的影响。

然而，随着现在房价上涨，任意选择生活环境变得并不特别容易，草根家庭更没有太多财力选择邻里和居住环境。那么，如果孟母没有条件迁居"学官之旁"，如何才能教育孟轲成才呢？我认为，在"硬件"不足的情况下，家长更要身体力行，为孩子创建良好的"软环境"。其中，邻里氛围尤为重要，家长要特别重视孩子成长的居住环境中人际关系氛围、文化氛围、品德操行氛围、儿童娱乐氛围等的影响，尽可能为孩子创造一个健康、安全、向上的邻里关系。

大杂院里管闲事

人生中许多客观条件是不能按照自己的意愿来转移的，但"山不过来，我就过去"，可以设法努力用自己的主观因素去改变它。

我们家最初住的房子是两间共二十多平方米的公房，在这个大杂院里，邻居都是房管局根据住房需要随机安排的，想要像"孟母三迁"那样选择邻居是不可能的。大杂院里居住着十多户人家，人多事杂。特别是共用一个水管，水费是根据每家人口的多少平均分摊的，因为没人愿意管理，采取"吃大锅饭"的方式，大家都不注意节省，浪费很大，矛盾凸显；大家共用一个厕所，厕所是郊区农民为了积肥，不定期来打扫清运的，厕所里肮脏不堪，造成麻烦不断；大杂院有限的公用空间被一些强势的家庭搭成储煤间，拥挤不堪；小孩玩耍时打架，经常有家长吵架护短；到了夏天，有些家门口笼子里喂养的鸡，粪便不及时清扫，臭气熏天……

居住在这样一种环境里，我们意识到如果不改变现状，势必影响孩子的成长，但如果刻意去纠正他人，势必造成邻里矛盾。我和爱人商量再三，统一了认识：你不能左右他人，但可以掌控自己，首先自己家人做表率，约束和改变自己家人的不良习惯，用正能量去影响和带动邻里。

夏天，我们一家人为了省水，每次冲澡和洗脚都带一个洗脸盆，一盆水洗脏再接一盆，避免大水漫流。我们每次洗菜，都带两个盆子，洗完第一种菜后如果水不太脏，利用盆里的水洗第二种菜。过去，每到冬天，为了防止水管结冰上冻，夜里不敢把大院里的水管关严，造成细水长流。我们住进大院后第一个冬天，我找了一些麦秸厚厚的把水管包上，外边用水泥糊牢，防止了水资源的无端浪费。

农忙时节农民家里事情多，不能按时进城打扫我们大杂院的厕所，有时厕所苍蝇太多，蛆虫乱爬。我见状跑到"爱卫会"，要来"六六粉"定期撒药。只要我发现公厕里面太脏，就主动冲刷清扫。开始，我们这样"管闲事"的时候，孩子们不太理解和支持，后来看着邻里家家效仿，慢慢的都注意了节约用水，而且院里几个退休的老人，也主动承担起农忙时打扫厕所卫生和院落卫生的任务，门外院内干净整洁了许多，孩子们也逐渐理解了我们的做法，并学着我们的做法，去为大杂院做些有益的事情。

贫居闹市"有人问"

常言说"远亲不如近邻"，我们为了同邻里搞好关系，发现谁家有了困难，我们总是主动热情相助。谁家孩子大人有了小病小灾，我就利用在医院工作的便利条件，帮助买药打针，提供方便。

当年，我们大院里居住着洛阳市豫剧团一个很有名气的演员。一次演出时，他突然患脑中风倒在了舞台上，后经治疗落下半身不遂的后遗症，需要长期扎针理疗。因为他体胖，加上他的孩子们工作忙，老伴年龄大，每天上医院理疗很困难。我得知这一情况后，就专门拜我们医院理疗科的针灸大夫为师，利用空闲时间学习技艺。我边跟师学艺边在自己身上练习，体会针感。学习3个月后，我利用上班前和下班后的时间，担当起了这位著名演员的针灸理疗任务。这样，几年时间里，我们两家亲如一家。虽然后来洛阳市文化局为这位著名演员安排了宽敞明亮的新居而搬走，我们两家居住的远了，但时至今日已经三十多年，他家的孩子们逢年过节总来看望我。后来，我女儿在作文里这样写道：送人玫瑰，手留余香，我从爸爸的行动里懂得了"助人为乐"一词的真正含义。

退让一步又何妨

邻里关系相处的好坏，直接影响孩子们学"为人"。所以，邻里之间不可逞强"压人一头"，在小是小非上不要斤斤计较，要能忍则忍，能让则让，学会严于律己，宽以待人。

20世纪80年代初，我们一家搬进妻子单位分配的一套30多平方米的一室一厅，虽然是筒子楼，面积小，位置在一楼，但和以前的大杂院相比，居住环境一下改善了好多。可是住进新房不久，就和对门邻居发生了一件意想不到的不愉快。

一天，我4岁的女儿正在楼梯口端着碗吃肉羹，对门邻居家3岁多的小男孩跑出来玩，他一边玩一边不时地瞅着我女儿吃肉羹。后来索性站在我女儿面前眼巴巴地往碗里看。我见状，马上回屋里面取了一个小碗盛了肉羹给小男孩吃。当时物资紧缺，我女儿见别人分享她的美食，还有点不乐意，可我为了搞好邻里关系，还是盛了些给小男孩。小男孩

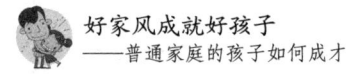

正吃着,正巧他的奶奶从外边买菜回来,看见自己的小孙子在吃肉羹,竟勃然大怒,夺下孙儿手里的碗用力向地上一撒,拉上孙儿就走。我女儿当时吓得"哇"的一声哭着跑回屋里,我一时不知所措,呆了半天没回过神来。

当我回屋取煤渣和笤帚清扫门口地上撒的肉羹时,女儿哭着说:对门奶奶无故找事欺负人,爸爸软弱无能不敢吭声。我当时冷静地想了想,邻里之间和为贵,我们两家都是刚搬来的新邻居,各自的脾气互相不了解,决不能开始就结冤仇。我教育女儿说:"老奶奶这样做可能有什么原因,得饶人处且饶人,先把事情放放再说,不能火上浇油,心浮气躁时一定要保持冷静理性。"果不其然,事后才知道,老奶奶家是回族,信仰伊斯兰教,老奶奶看见我们给她孙子吃非清真食品,一时恼怒。虽然人们常说,不知者不为过,但毕竟我们是违反了回族兄弟的忌讳。

第二天,我主动登门向邻居赔不是,求得邻居的谅解,并保证再不发生类似事件。邻居一家人看我们这样诚恳友好,老奶奶的儿子代表老奶奶向我们道歉,说他母亲年龄大,脾气不好,请我们多包涵。就这样,"忍一忍海阔天空,退一步柳岸花明",邻里间的一场矛盾冰释前嫌。

因为我们两家门对门,伙房紧挨,烟气互通,为了尊重少数民族兄弟的生活习惯,从那天开始,我们家再没有在厨房里炒过猪肉。当年吃肉,每月凭票供应,汉族群众不供应牛羊肉票。邻居看我们这样尊重他们的风俗习惯,很受感动,每月主动节省一些牛羊肉票给我们使用。

我们两家在筒子楼里门对门一起住了3年,团结的像一家人一样。门口公用的小空间我们首先不去占用,还每天都主动打扫干净。我们订阅的学习报刊,主动分发给邻家孩子看。邻居家每逢过开斋节,家里有了好吃的总要送许多给我们分享。邻居家的大人有时太忙,我们主动帮助他们接送孩子上学。几个孩子上学一起走,放学都聚到我家写作业、做游戏,有时就住在我家。邻居家的大人出远门参加外地清真寺活动,干脆一连几天就把上学的孩子寄养在我家。偶尔两家的孩子们闹点意见,我们从不护短,都主动教育自己的孩子包容谦让,往往是家长们见状一笑了之。人心都是肉长的,我们邻里相敬如宾,两个不同的民族生活在一个屋檐下,和睦的像亲兄弟。

大杂院、筒子楼虽然住的条件艰苦,有时也杂乱无章,但只要家风正、习惯好,邻里心地善良,大度包容,团结和谐,也不失为教育孩子、培养孩子学做人、学处事的好场合。

第三章

家教,来自生活的启蒙

第三章 家教,来自生活的启蒙

培养孩子成才是一个系统工程,它包括正确的家庭教育方法、和谐的邻里关系、优越的学校环境、善良向上的社会风气等多方面。但是,在这几方面中,正确的家庭教育方法是培养孩子成才的关键和基础。家长在培养孩子的过程中,只有掌握正确的家庭教育方式、方法,采取科学的计划、理性的措施,才能最终实现其"亲子教育"的初衷和目的。

一、家长学历低,如何营造家庭的文化氛围

☀ 孩子给我当老师

一个合格的家长,不但要具备良好的思想素质、心理素质和身体素质,还必须要有一定的文化素质,这些都是相辅相成,缺一不可的。但丁在《神曲》中说:人不能象走兽那样活着,应该追求知识和美德。家长只有不断提升自己的文化素养,才能适应飞速发展的社会新变化,有效地运用正确的教育方式、方法,开发子女的智力、培养孩子的学习兴趣,才能具备引导孩子追求新知识、探究新科技的能力。

我们夫妻俩小时候都生长在偏僻落后的农村,当时家庭生活极度困难,不重视知识,都没读过多少书。我上了不到六年学,妻子上了五年学,后来都辍学务农。加上当时农村小学教学质量低劣,学到的知识有限,辍学后又一直在生产队劳动,仅有的一点知识忘了大半。我是在长大

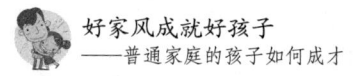

参军到部队后,妻子是在参加工作到工厂后,才又多少看了几本书,自学了一点点文化知识。有了孩子后,我们俩达成共识:只有成长自己,才能成就孩子,一定要提升个人的文化素养,营造浓厚的家庭学习氛围,为孩子们的成长、进步助力。

根据当时我们自身的情况、家庭经济条件,在上有老下有小的困境下,要离职脱产去学习深造是没有可能的。但我们又不甘心坐以待毙,安于现状;不甘心让落后的家庭文化氛围和低俗的家长文化素养影响孩子们的成长进步。我们就一边抓住生活中的空隙勤奋自学,一边充分利用身边的学习资源——拜孩子们为老师,让孩子们将在学校学到的知识传授给我们,父子共同进步,母女共同成长。

从孩子上一年级开始,我们跟着孩子学 a-o-e。因为我们从小在农村长大,说一口河南方言,特别是对拼音 z-c-s 和 zh-ch-sh 的发音分不清楚,我们跟孩子学习起拼音来很困难。孩子们一遍又一遍地教我们,而我们还担心家长的错误发音把孩子引入歧途,所以我们夫妻在跟着孩子们学习的基础上,就互相提问,互相纠正,反复熟读,加强记忆。当时我们住的是大杂院,我们有时候一边做饭一边念拼音,邻居听得清清楚楚。他们跟我开玩笑,说我是"负一年级的老学生",笑得我肚子都疼了。

三十以后仍学艺

常言说,三十以后不学艺。年龄大了,记忆力和理解能力都差,我们跟着孩子学习小学课本上的唐诗,例如"鹅,鹅,鹅,曲项向天歌""床前明月光""离离原上草"等,孩子们放学后将老师在课堂上讲的给我们复述复述、解释解释,我们基本都能理解和熟背。但到了孩子上五六年级的时候,数学上的"追击问题""鸡兔同笼问题"等,我们学习起来很费力。为了补上这一短板,孩子们晚上睡觉后,我把他们的数学书和数学作业本从书包里掏出来,照着他们的做法反复琢磨、练习,一直到弄懂为止。当时费尽艰辛,心里只有一个念头:没有父母的成长,就没有孩子的提高。尽管我们不是天才,只要肯下功夫与孩子一起成长,就可能成为"准天才"的父母。

孩子上初中后，我们不但跟着他们背唐诗、宋词，还跟着他们学习政治、历史和地理课程，这些课程让我大开眼界。特别是，我最喜欢听孩子们给我讲历史课本中的古代史、现代史、世界史。

当年我在部队虽然也读过一些历史故事，但是没经过系统学习，知道的也是些凤毛麟角，而且读过的历史故事好多都是"戏说"，同史实有很大区别。跟着孩子们系统、连贯地学习，我从中知道了"焚书坑儒""贞观之治""杯酒释兵权"和"三民主义""卢沟桥事变""三大战役"等的来龙去脉、演变发展。但令人遗憾至今的是，孩子们从初中一年级开始学英语，我当时眼光短浅，觉得自己普通话还说不好，英语对自己来说根本派不上一点用场，没有跟着孩子们学习英语。没想到现在每年都要在美国住上半年，因为我们老俩口不懂一点英语，在美国生活造成了极大不便，追悔莫及。

孩子们从开始上学到初中毕业一直是我们的老师。家长和孩子共同静心学习，教学相长，一举两得。对孩子来说，是一件非常幸福快乐的事，他们每天做完作业，把一天学到的重点讲给我们听，有一种受重视的感觉，并有了成就感和责任感——上课必须认真学、专心听，不然回家没办法教家长，也增加了学习兴趣和动力；对家长来说，不但学到了知识，提高了自身修养和自身素质，同时，父母好学的行为和虚心求教的态度，既在孩子心中树立了榜样，又拉近亲子间的距离，增进亲子之间的感情，构筑了和睦的家庭关系。

半文盲写"论文"

孩子们上高中后，由于学习任务繁重，天天从早上起床学习到深夜，没有精力再为我们讲课，我们和孩子的"师生关系"就此结束。但我不肯罢休，仍然借助他们的课本自学世界历史、政治经济学、世界地理等。我特别喜欢阅读高中语文课本，跟着书中讲的具体方法，学习议论文的写作。

我每次写好一篇议论文，都会把孩子在学校写的同题作文拿出来对比，学习他们在文章中怎样立论点，怎样找论据，怎样进行论证。毕竟我

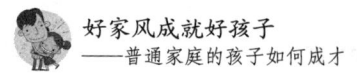

从小没有经过系统学习和训练，基础差，反应慢，跟着孩子学习写议论文很吃力，经常是写了改，改了再写，捣鼓至半夜自己看看还是"四不像"。以至于晚上做梦经常梦见自己在考场上写的文章太差挨老师批评，被罚站、驱出教室而惊醒。

儿子高考结束后，我把学写的23篇议论文拿出来让他修改，儿子逐篇文章认真看了后，被我的刻苦精神深深打动。他跟我开玩笑说："如果今年老爸跟我一起报名参加高考，说不准能上个'三本'院校。"

我能否考上"三本"院校不好说，但从2015年5月25日我家被中共洛阳市委宣传部、洛阳市文明办、洛阳市妇联授予"最美家庭之教子有方家庭"荣誉称号后，我应邀参加了一些大型公益"亲子教育宣讲会"，每次不同题材的发言稿都是我亲自撰写，并且得到了听众的一致好评，每场中都会被听众的掌声打断几次。可以说，我由一个"草根"家庭出来的"半文盲"，今天能写上万字的发言稿，多亏了当年和孩子们一块学习成长，不断自我完善，自我提升。

孩子们，老爸老妈由衷谢谢你们！

☀ 读书明理悟人生

大作家秦牧小时候是个调皮鬼，曾经赌过骰子，爬到大树上向路人身上投掷脏东西，偷过家里的食物喂大象。一个"朽木不可雕"的顽童，后来怎么走向了正路？他在《我和图书》一文中说："是知识挽救了我，是书籍唤醒了我。"西汉学者刘向说"书犹药也，善读之可以医愚。"孩子们青少年时期精力旺盛，记忆力强，正是读书的黄金时期。这时候让孩子热爱书、多读书、勤思考是扩大其知识面、增强智慧、辨别善恶、树立正确的人生观、价值观的最佳方法。有了书香的润泽，孩子们的精神世界才能丰盈起来。

为孩子们读书奠定基础

在孩子长到四岁以后，我们就开始教他们认字、数数，为他们逐步看

第三章 家教，来自生活的启蒙

懂幼儿读物奠定基础。我们先教他们一些笔画少、容易记的常用字。每天不教很多，但要让他反复记牢，我们用一个方格本子将学过的字写在上面，知道哪些字已经学过。每次再学新字，先要重复以前学过的老字，这样学一个牢记一个。

我们教孩子认字时，注意采取多样活泼的形式，让孩子在玩耍中识别字义、字形。例如：我们把高低、大小、输赢、正反、上下、左右、前后等反义词做成扑克样的形式和孩子一块来玩，让孩子高高兴兴地边玩边认字。我们把学字与生活相结合，例如：孩子想喝水时，我们让他们一边喝水，一边将"喝"字和"水"字写给

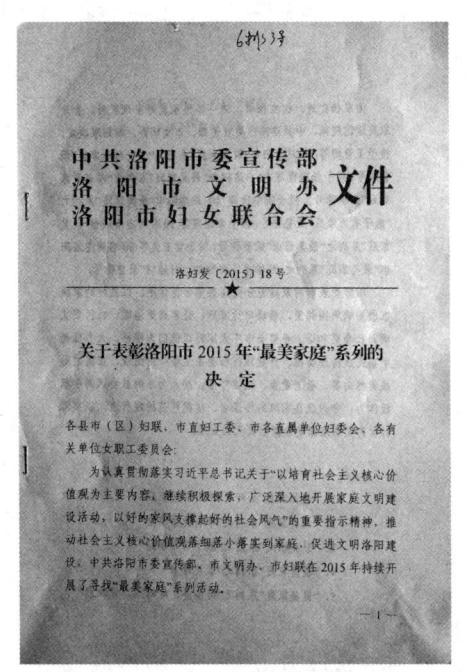

◎ 获洛阳市"最美家庭之教子有方家庭"称号获奖文件

他们看和记；孩子吃糖时，他们一边吃，我们就将"糖""吃"有关的字写给他们知道。我们把床、桌、电视、衣架等实物贴上字，教孩子依物辨字。

我们教孩子认字还注意随机性。我们陪同孩子外出，单位门口挂的牌子、墙上的标语口号、宣传栏里和商店里的广告语，随时都当作教孩子认字的内容。我们傍晚带孩子出去散步，顺便就教他认识停放在路边的车牌号。每次买东西，都让孩子交款，交了多少，剩了多少，让他心算一下，较早地培养他们对数字的概念。这样教孩子认字、学东西既快又牢，而且孩子好学乐学。

当孩子认识了700多个常用字后，我们就把认识的字组成词教他们，而

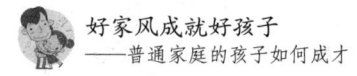

后逐步把词再组成句子让他们读。例如,我们先让他说一个"笑"字,而后扩展成两个字"大笑",再组成三个字"哈哈笑",再组成四个字"眉开眼笑",再组成五个字"皮笑肉不笑",而后组成一个六个字的句子"五十步笑百步",并将这个成语故事讲给他们,逐步让他们在博大精深的民族文化中快乐地学习、进步……后来,孩子们开始学英语字母和单词,也采取这种办法,对提高他们认字的效率很明显。虽然我们教孩子认字较早,但没让孩子太早写字,因为孩子的手指还没发育成熟,不宜过早写字。

在孩子们认识了几百字以后,从他们5岁开始,我们逐渐将汉字的偏旁、部首、笔画等一些简单的知识灌输给孩子们,为他们借助"阅读工具"做些前期准备。我们还有意识地培养其阅读能力,闲暇时我们围坐一圈,让孩子为我们读《童话故事》《动物故事》《神话故事》。在孩子们能独立阅读后,经常会遇到不能理解的字词和内容,凡我们知道的,就耐心给予解释;若遇到我们不懂的内容,就诚实地告诉孩子,鼓励他们借助《小学生字典》等学习工具,来提高阅读能力和理解能力。他们不厌其烦查找、翻阅的过程也是一个很好的学习、进步过程。

让书籍开启孩子们心灵的窗户

常言说,书籍是人类智慧的结晶,多读书就是和智者交朋友,能增长知识,拓宽视野,陶冶情操,启迪人的心灵。孩子们10岁之前,我们经常买一些启蒙书让他们看,如:《数学童话故事》《居里夫人的故事》《草原小姐妹》《皇帝的新装》等。那一本本童话故事和连环画册,成了他们懵懂童年最可口的精神食粮。

我女儿一连将家里的《卖火柴的小姑娘》看了两遍,书中很多故事都烂熟于心,她常常把这些故事讲给邻家弟弟妹妹听,讲给同学们听。那时候,她是孩子堆里的故事王,很受欢迎,许多小朋友常常主动找她玩耍。她六年级时看了《安徒生童话故事》后,"六一"儿童节学校组织文艺演出,她组织几个同班同学,根据书中对安徒生的生平介绍,自编自演了一场小话剧。小话剧大致内容是:安徒生幼年丧父,做洗衣工的母亲改嫁

第三章　家教，来自生活的启蒙

后，他被贫困所折磨，过着颠沛流离的苦难生活，从小没有接受过一天正规教育。但他勤奋自学，一有机会，就废寝忘食地阅读一切能够找到的作品，而后开始模仿写诗歌、剧本、童话，最后成为世界上一名伟大的作家。我和妻子为了支持她们的小话剧演出成功，还专门花钱为她们买了小道具，排练时多次给孩子们送加餐。最终，虽然她们自编自演的小节目很稚嫩，学校还是给予了好评，获得三等奖。

读书，是孩子们净化灵魂、升华人格的一个非常重要的途径。女儿上初中时考上了学校的重点班。由于她上小学时功底扎实，加上自己刻苦努力，成绩一直名列前茅，经常受到老师表扬。时间久了，她在同学们面前表现得飘飘然，目中无人。有一次，她们班主任为了鼓励和激发更多的同学进步，在总结班里一个月的学习情况时，故意表扬了几个名次落后于她的同学，而唯独没有表扬她。为此，她耿耿于怀，一连几天在家埋怨老师做事不公，故意打击好学生的上进心和积极性。发现女儿的异常表现后，我们觉得，人生最容易迷失自我的时候，往往是得志得意、掌声四起那一刻，荣誉感在她心里占据的分量过重，过多的赞扬使她心态有点浮躁、骄傲自满，应该对她进行引导教育。

常言讲，榜样的力量是无穷的。那年寒假，举国上下正在开展向"当代保尔"张海迪学习的活动。张海迪的动人事迹，震撼了成千上万青年人的心灵。等女儿写完寒假作业以后，我首先从市图书馆借来了张海迪的《轮椅上的梦》让女儿看。接着，我和她母亲分头行动，从我们工作单位订阅的《中国青年报》《中国青年》等报纸杂志上收集张海迪的先进事迹让她学习，同时我们还将张海迪获得的国家级的重大奖项一一罗列，抄后拿回家让女儿看。

学以致用。在她阅读《轮椅上的梦》和学习我们收集的张海迪先进事迹前，我们就要求她看完后一定要写一篇读后感。

女儿经过几天的认真阅读和思考后，在她的《读后感》中这样写道："张海迪面对接踵而来的各种荣誉，没有陶醉在光环里，她坦然地说：'20年过去了，现在回想起来，面对媒体我始终非常平静。当你突然面对那么多的闪光灯、笑声、掌声,调整自己最重要,该做什么还是做什么,我的心始终像一泓碧水,那么蓝,那么深'。张海迪的事迹感动了我,教育了我。她让我懂得两点:一是山外有山,天外有天,一个人不能被荣誉绑架。二是对老爸平时说的那句'人生旅途中不能只顾看美景,而忘了前行'理解更深,我奋斗的道路还很漫长,但无论有无荣誉,有无掌声,都要为自己的目标而不懈努力下去。"

从那以后,女儿在学校不骄不躁,宠辱不惊,努力刻苦学习,初中毕业时,以优异的成绩考入了省重点高中。

我和妻子只要干完手头的活,就和孩子们一起看书看报。一家人围坐在不很明亮的电灯下,共同欣赏那带着油墨香的书报,成了孩子们童年最幸福、最美好的记忆。

为了鼓励孩子们读书的积极性,尽管当时我们家经济不宽裕,暑假里我们还是带女儿到杭州栖霞岭南麓拜谒了岳飞庙和岳飞墓。我和妻子坐在岳飞墓前,女儿绘声绘色地给我们重讲"岳母刺字"的故事,给我们背诵岳飞的"满江红",吸引了许多路人驻足观望。

为了孩子们能博览群书,在他们上中学后,家里除了订阅《读者》《文萃报》《文史知识》等杂志外,我们陆续买了《四大名著》《上下五千年》《宋太祖赵匡胤》《李自成》,以及鲁迅的杂文、钱钟书的小说、名人传记……使书香在我们那简陋狭小的居室里氤氲开来,熏陶着孩子们的心田。女儿特别爱看《红楼梦》,虽然书里面有很多生僻字,但女儿每次都是一边翻《中华大词典》一边看书。女儿刚开始看《红楼梦》,整部书看下来并不太懂,对书里的诗词曲赋、错综复杂的人物关系更是一知半解,只是觉得大观园里儿女们的生活挺有情趣,所以引起了她的阅读兴趣。几年下来,她将《红楼梦》读了四遍,基本理解了故事情节,弄懂了人物之间的关系,加深了对封建社会制度的了解。

我儿子上初中后,由于功课繁忙,很少有时间阅读他喜爱的文学和历史书籍,儿子就利用寒暑假阅读《三国演义》《水浒传》《第二次世界大战纪实》等图书,儿子只要打开书就沉醉其中。他看书多了,经常和我彻夜畅谈"温酒斩华雄""智取生辰纲""杯酒释兵权"等历史典故。特别令人惊喜的是,他每次给我讲完故事,都会谈谈他的看法、想法以及哪些经验可以借鉴,哪些教训可以引以为戒。

在孩子读书的时候,我们经常对孩子进行提问,提问有时在阅读前,让孩子带着问题去看、去找、去想;有时在阅读后提问,帮助孩子梳理故事内容,从而促进孩子的思维能力和提高孩子的理解能力。

书籍开启了孩子们心灵的窗户。孩子们以书为友,以书为师,含英咀华,在读书的过程中明白了许多做人的道理。

让书籍给孩子们插上理想的翅膀

人们常说,"书是智慧的钥匙,能打开知识的宝库","只有站上巨人肩头,才能看得更远"。孩子们上中学以后,我们鼓励他们按照"不动笔墨不看书"的古训去做,每逢看书就认真地记读书笔记,从中积累知识,提高能力。每当我们借来好书或者买来新书,他们会如饥似渴地去看。他们在学习繁忙时,会将书中的好段落、好句子做出标记或者告诉我们,我们就利用空闲时间帮他们抄写下来。时间久了,记读书笔记成了他们的习惯。现在,家里还保存着他们的好多本读书笔记,每当翻阅起来,字里行间,孩子们的成长轨迹隐约可见。

当女儿读完《宋庆龄》一书后,她深深为宋庆龄光辉的一生所打动,一连写了5篇读后感,而且篇幅都很长。我们为了加深她的印象和对书中内容的理解,利用暑假专程带她到南京拜谒了中山陵。在中山陵,我们租了一架"120照相机",为女儿拍下了许多张照片,作为对女儿爱读书的一种精神鼓励。

由于孩子们写的读书笔记多了,脑子里背的好句子、好段落多了,对一些好文章的写作方法记得多了,慢慢地,他们记日记、写作文就不发愁为难了。熟能生巧,他们写着写着就逐渐入路了。当他们的第一篇文章在报纸上发表以后,得到了老师的表扬、同学们的羡慕、家长的肯定,他们写作的积极性越来越高,读书写作成为他们的一种乐趣。他们在不停地读

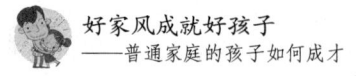

写中努力着、享受着、成长着。

1990年5月，由于女儿勤奋好学，被洛阳市教委、市总工会、团市委、市妇联命名为"读好书弃坏书"活动积极分子，并颁发了证书予以表彰，为学校和家庭争得了荣誉。

1999年10月，我儿子积极参加河南省教委开展的"河南省中小学生庆祝建国50周年读书征文大赛"，全省3万多名中小学生参赛，我儿子脱颖而出，获得一等奖。省教委为了鼓舞孩子们，出资派人带领他们到北京人民大会堂参观，并游览故宫、长城，儿子大开眼界，很受鼓舞，兴奋不已（获奖文章附后）。

女儿初中一年级时参加市教委组织的《赖宁在我心中》读书征文比赛，她的文章经过层层筛选，荣获一等奖，在颁奖仪式上，她还代表获奖者作了大会发言，受到了学校带队老师的好评。

一个人的阅读史，就是她精神的成长史。女儿上大学后，她将高中阶段反复看《红楼梦》和《上下五千年》时写的读书笔记进一步深化、整理，先后在《校报》《心理世界》《人民政协报》等报刊发表了多篇读书心得和评论性的文章。

我们经常教育孩子说，虽然古人说的"书中自有黄金屋、书中自有颜如玉"有些极端，但咱们家和经商人家比，没有人家钱多，不能留给你们挥霍、奢侈；咱们家和当官人家比，没有人家有权，不能使你们当作平台坐享、发达；咱们家和那些"星"们比，爸妈没有一技之长，不能传给你们当作资本炫耀、依靠。读书是唯一跳板，它虽然不能改变你们人生的起点，但一定能改变你们命运的终点。你们要想实现自己的人生梦想，最好的选择就是自己努力多读书，在读书中明道理、悟人生；在读书中学自立、练本领；用知识、汗水和智慧改变自己的命运和家庭的命运。

抱着书本"观天下、看世界"

现在，很多家长在培养孩子时非常重视"不能让孩子输在起跑线上"，其实，人生起跑线不止一条，人生的成功也不仅仅在于儿时成绩的高低，培养孩子"关心天下"的广阔胸怀，开阔孩子们"看世界"的眼界，也同样是人生的一条起跑线。所以，孩子们懂事后，家长要把孩子们进各种"提高班、兴趣班"的时间，多少挤出来一点点；把关心孩子们吃、穿、用的精力分出来一点点，教孩子们学会"观天下、看世界"。

晚上，我们将孩子抱坐在自己膝上，等他们将幼儿节目看完，让他们跟着看《今日说法》，一边观看一边给孩子讲解，让孩子知道坏人是这样拐卖儿童的，教给他们一些防拐骗常识；让他们知道黄赌毒的危害，遇到各种利益诱骗怎样防范。让孩子继续跟着我们看《焦点访谈》，让涉世不深的孩子们知道国家怎样打击贪赃枉法，懂得国家长治久安须从自我做起。我们带孩子多次参观科技展览，让孩子不出远门，就可知道世界高科技的飞速发展，激励他们探索未知的信念。我们经常带孩子听各种有益讲座，让孩子们在"大家"的谆谆教导中学点人生哲理，学会客观地看世界，辨证地看事理……

父母头脑再聪明，储存的东西也有限，父母的知识再渊博，也不是图书馆。我们在孩子上学后，就买了一个地球仪和一本《中国地图》，后来又买了一张《世界地图》挂在家里，每当电视、报纸、网络上报道到哪个地方发生了突发事件，我们会和孩子一起把那个地方找出来，反复地看。

新闻报道有喜有悲，地域之间的差异也非常大，我们让孩子知道美国"9·11"恐怖袭击造成的严重后果；知道阿富汗、伊拉克战火纷飞下的人们过着怎样的生活，知道什么是"强权"；知道国与国经济竞争之间的弱肉强食，以及世界经济危机的前因后果；知道非洲一些经济不发达国家的人们饥寒交迫；知道一些军事强国出兵干涉他国内政造成的世界动荡，什么是真正的自由，什么是所谓的"民权"；知道中国的乒乓球、美国的NBA、德国和巴西的足球；知道瑞士、日本、西欧靠高科技走在了世界最富裕国家的前列，知识和科技能改变一个民族和国家的命运……

家长千万不要认为孩子什么都不懂，什么都不会，给他们讲"世界大事"是"对牛弹琴"。其实不然，经过万花丛，身上留余香，孩子们经过一定时间的耳濡目染，心中对"政治、时事"会留下不可磨灭的烙印。尽

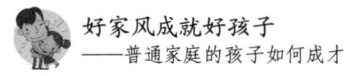

管他们学着忘着,但日积月累的沉淀,润物细无声,对孩子们的成长进步大有帮助。据我的切身体会,有以下几点好处:其一,拓宽和丰富了孩子们的知识面,汲取"政治营养"。他们在书报和电视新闻中能有机会观察到形形色色的人,见识从没见过的新事物。还能从别人的经历和体验中拓展思路,引发思考,很多弯路和错路都由别人代替走。同时孩子们无论和同学交谈,还是课堂回答老师的某些提问,都能有据有理,侃侃而谈,即便是不特别超前,起码也不落伍,没有"输在起跑线上"。其二,对孩子们看课外书,理解课外书的有关内容,有很好的辅助作用。有很多东西是古今相通、中外相连,牵一发而动全身的。其三,对孩子们的学习起到了推动作用。有很多跨学科的东西,它们的内涵、外延都有千丝万缕的必然联系,孩子们对时事、政治的关心,有助于他们对历史、自然、地理、语文课程的理解,很多学科知识可以融会贯通。其四,有利于孩子们写作水平的提高。孩子们在写日记、作文时,素材更充分,内容更充实、更前卫。特别是孩子们进入初、高中阶段后,开始写议论文时益处就凸显了出来,能古为今用,言之有物,博古通今。其五,助力孩子们的就业。伴随着信息技术的日新月异,世界变得越来越"小",现在许多公司用人,对人才的综合能力颇为重视。在世界政治、经济、科技激烈的竞争中,那些既懂专业技术,又知道世界发展趋势,既了解本国国情,又知他国人文的"全能"型人才,都会成为猎头公司青睐的对象。

另外一点,草根家庭的孩子既没有经济资本可以依靠,又没有政治靠山可以炫耀,如果他们能怀揣广博的"天下知识",善于"夸夸其谈"地在人前"吹世界的牛",也不失是一种讨得男、女朋友欢喜的撒手锏。

附文 作者之子参加省教委"庆祝建国 50 周年读书征文大赛"的获奖文章

给奶奶祝寿

在我的记忆里,这些年随着我家日子的变化,为奶奶祝寿也是一年一个样。你不信？我讲出来大家听听。

我爷爷去世的早，奶奶把爸爸拉扯大，受了许多苦和累，所以，每年给奶奶过生日是我家里的一件大事。

前些年给奶奶祝寿，妈妈都提前几天忙着准备。可那时爸妈工资少，日子过得紧，奶奶总是阻拦着不让办。但爸妈过意不去，总要炒上几个菜庆贺庆贺。可炒的菜中肉很少，没等奶奶吃几口，我们几个小孩子就把盛肉的盘子吃个底朝天。因我抢盘中的肉吃，爸爸用眼睛瞪我，妈妈用脚在桌子底下踢我，有一年还被爸爸叫到厨房里狠狠地训了一顿。奶奶听见了，又反过来训我爸爸，惹得奶奶很不高兴。

这几年可就不同了，奶奶的寿宴上再也不是菜多肉少了，山珍海味都上了桌。你瞧，那条黄河大鲤鱼连盘子都装不下；那整只的烤鸡直往外流油；那红虾、黑木耳、酱猪蹄……

今年奶奶过生日，不知怎么妈妈却不张罗了。奶奶生日的头天下午，家里还冷冷清清的。奶奶小声问我，我也张着嘴，瞪大眼，摇摇头。吃晚饭时，奶奶终于忍不住了，假装着问爸爸："明天农历初几了？""农历三月初八（奶奶的生日）。"妈妈笑着抢答道。"哦，三月初八，知道了就好，知道了就好。"奶奶边说边往客厅看电视去了。

第二天中午放学后，我急匆匆地往家里跑，奶奶、爸爸、妈妈都已经在楼下等我了。爸爸拦住一辆出租车，妈妈搀着奶奶上车后，爸爸对司机说："往'真不同'大酒楼开。"我听后兴奋极了——今年奶奶的寿宴办进"真不同"了。

在车上，我依偎在奶奶的怀里，只见奶奶满面春风，好像年轻了许多。我故意学着奶奶的腔调问："奶奶，今天农历初几了？"奶奶知道我在逗她，放声大笑起来。

爸爸笑了，妈妈笑了，连出租车司机也笑了。

（辅导老师　宋金环）

注：这篇文章还被老师推荐给《小学生学习报》，刊登在该报中高年级版1999年7月27日总第756期上。

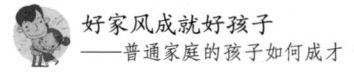

☀ 手若巧，心则灵

父母的终极使命，是培养出适应繁杂社会的孩子，教会他们在劳动中获取同世界相处的能力。

手是人生的第二大脑，劳动也是学习，是掌握生存本领的唯一途径。对于孩子来说，劳动实践不但能使其学习知识、积累物质财富，还能在接触、融入社会的过程中辨别美丑、善恶，养性修德，积累精神财富。伟大导师马克思说："任何一个民族，如果停止劳动，不用说一年，就是几个星期也要灭亡。"精辟地阐明了劳动的重要性。

对孩子进行早期劳动训练可以使孩子脑细胞得到更多的刺激，加快脑细胞发育成长，有利于脑细胞更大程度的开发。劳动时手脑并用，双手和大脑协调发展，可促进智力发育，提高智商。孩子在劳动的过程中，要设法解决问题、战胜困难，能提升他的毅力和能力，使气质和素质得以升华。俗话说：心灵手巧，而对儿童来说，则是手巧心灵。

要上"厅堂"先下"厨房"

当年我们住的居民楼下面，有一层地下室，里面阴暗潮湿，居住着一个单身妈妈和她的两个女儿，姐姐7岁，妹妹5岁。单身妈妈原来在一家服装厂做缝纫工，工厂倒闭后自己租了一个柜台卖鞋，一人既要进货又要看柜台，忙得早出晚归。常言说，穷人的孩子早当家，7岁的姐姐放学后要买菜做饭，中午做完饭还要给站柜台的妈妈送水送饭。当时洛阳市居民用的全是凭票供应的蜂窝煤，令人惊奇的是，5岁的妹妹竟然能勇敢、巧妙地将燃烧得红彤彤的三块蜂窝煤，从炉子里夹出来换上新的，并把炉子封好。晚上妈妈下班前，妹妹还能将一锅米粥熬好，熬的火候恰到好处，不稀不稠不糊，等妈妈下班回家吃饭。左邻右舍见状都觉得不可思议，啧啧称赞这对小姐妹勤奋能干、自立性强。

地下室住的两个小姐妹给了我很大的教育和启示，我们打消了怕小孩子

第三章　家教，来自生活的启蒙

到厨房里被火烧伤、热水烫伤、菜刀割伤的顾虑。我们就以"力所能及"为原则，以"养成习惯"为目标，逐渐开始培养孩子的劳动习惯。

孩子们在每一个成长时期，其劳动能力都是有差别的。为了培养他们从小爱劳动的习惯和独立自主的意识，我们就根据孩子不同的年龄阶段，分配给孩子最适合他们做的家务活。孩子们在5岁时，就让他们进厨房看我们做饭烧菜的程序；再长大一点，就让他们学着帮家长择菜、洗菜、切菜。我们还教一些烹饪知识给他们，使他们逐渐学着做一些简单的饭菜。让他们在帮厨的过程中，学习防火、防水、防电的常识，掌握一些生活的基本要领。使孩子们"上得厅堂"前，先学会"下得厨房"。

孩子开始上学后，为了养成他们高度的家庭责任感和社会责任感，我们平时规定孩子要"四干"：自己的事情要主动干，家庭的事情要学着干，别人的事情要帮着干，公益事情要争着干。这样一来，既培养了孩子热爱劳动的好习惯，同时也让孩子从书本中走出来，走进社会，融入现实生活，掌握了劳动本领。

家里每次购买蜂窝煤球，我就带着孩子，利用星期日不上学的时间一块去拉。每次装满一辆三轮车的煤球，我在前面使劲拉，他们在煤车后面汗流浃背地弯腰一路小跑用力推。把煤球拉到家里，女儿用竹篮一趟又一趟地提，儿子用纸箱上上下下地搬，每每汗水湿透了他们的衣服，脏手擦黑了他们的脸颊，但这个时候我看着这两个"小包公"，心里特别惬意、高兴，因为我觉得，汗水在弄脏了他们的衣服、手和脸的同时，也把他们幼小的心灵冲刷得更干净了。孩子们体验了劳动的艰辛，收获了劳动的快乐。

有一次家里垒灶台，需要50多块砖，我舍不得花钱买新的，我和两个孩子各推一辆自行车，拿上编织袋，到附近的垃圾场里面去捡旧砖。我母亲见我带着两个年幼的孩子干力气活，心疼孙辈，她训斥我说："你这么大个男人，自己跑两趟就完事了，非要带两个孩子跟着你去刨垃圾，你也不羞得慌。"可我是这么想的：越是在茫茫人流、车水马龙的闹市中，让孩子们干些脏话、累活、"丢人"活，越能打掉孩子们"爱面子"的虚荣心。我特别希望在路上有他们的熟人和同学看到，锻炼他们在众人面前干"低人一等"

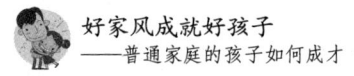

的脏活累活时,脸不红、心不慌、不躲避,泰然处之的心态。这样,让孩子们从小知道,出自己的力,流自己的汗,省自己的钱,是一种正当的作为,没什么"丢人现眼的"。我笑着逗母亲说:"我们父子三个人闹市捡垃圾,换一个角度看,还是一道亮丽的风景线呢。如果被哪位有眼光的摄影师抓拍了,说不定能上《洛阳日报》头条呢!"老娘被我的玩笑话给逗乐了。

我们家里后来用上了液化气,每次骑着自行车到20多里外的液化气灌装站搬运气罐,本来我一个人是完全可以完成的,但在我儿子15岁以后,我就唤上他同我一起去拖运。刚开始我是主力,他是副手,儿子跟着我见习了几次后,他升为主力,骑着自行车,载着气罐,我跟在后面当副手。圆圆的液化气罐,连罐带气50多斤,捆在自行车后面,人骑在上面晃来晃去,左右摆动,很费力。刚开始,孩子在川流不息的行人中间,怎么也驯服不住自行车,为了安全,我就让他推着自行车走20多里回家。中途我们坐在马路边休息时,我用一毛钱给他买一根冰棒,他一边擦汗一边吃,父子俩说说笑笑,浓浓的亲情溢于言表。他载气罐的次数多了,也就慢慢练成了老手,能够骑着自行车将50多斤的气罐独自运回家了。一直到儿子升入高三学业繁重后,我才"复职",让他停止了运输液化气罐的劳动。

我们刚开始督促孩子做家务时,经常遭到孩子的拒绝或者不满,这时候我们告诉孩子,什么时候都不能坐享其成,做适量的家务活并不是为了替我们分担什么,而是自己分内事,是一个家庭成员应有的付出。他们小时候,我曾经将日本人教育孩子的一句"除了阳光和空气是大自然赐予的,其他一切都要通过劳动获得"的名言写在纸上,粘贴在室内醒目的地方,让孩子天天能看在眼里,记在心里。

用汗水赢得生存的资本

孩子们上高中、读大学的时候,他们开始住校。离家远了,但我们每次写信、打电话,对孩子们劳动观念的培养一直没有放松。我们经常叮嘱孩子,你们已经长大成人,无论走到天涯海角,都不要忘记:人之立世,必须要不断地付出劳动来赢得生存的资本。我们要求孩子,在学校要尊师尊教,

第三章 家教，来自生活的启蒙

要积极坚持擦教室的黑板，上课要为老师倒开水；和室友搞好团结，打扫寝室的公共卫生时，苦活累活尽可能多干勤干，特别寝室内卫生间的便池、纸篓，自己不要怕臭嫌脏，要率先垂范坚持冲刷、更新；寒暑假打工、当家教挣生活费和学费时，一定要以尽职尽责的态度，为雇主卖力，拿了人家的劳务费，就要认真备课，认真辅导，时间上不要和对方斤斤计较，尽可能多付出，对得起学生和家长，为服务的公司挣个好名声，千万不能只顾眼前，断了财路，更不能钻进钱眼，丢了良心。

我们注重培养孩子提高劳动技能的好处，在孩子们后来求学的道路上和职业生涯中得到了充分的验证。女儿升入大学后如鱼得水，尽情施展自己的才能，大一时当班长，大二时当年级长，大三当校学生会主席，尽职尽责地为大家服务好。后来，她还到学院教研室做助研，到杂志社做助理编辑，带领学弟学妹到贫困地区支教。本科四年时间她多次接受省、市电视台的采访，3次作为嘉宾参加省电视台访谈节目。更令人欢喜的是，我的两个孩子大学毕业时，都获得了免试保送读研究生的资格。

儿子在获得了国内著名大学免试保送读研究生的资格后，他和我们商量，打算放弃保研的机会，想考取美国著名大学的研究生，走出国门开开眼界，将来把发达国家的科学技术学到手，带回来服务祖国。

像我们这样的一个草根家庭，孩子们能被国内著名大学免试保送读研究生，已经是"烧高香"了，如果能出国留洋，那真是"光宗耀祖"、梦寐以求的事，我们非常支持他的想法。但我们经过深思熟虑，将我们考虑到的许多困难告诉了他：第一，在国内，我们家所有的亲戚朋友都是平民百姓，无职无权无人能帮上半点忙。第二，在美国，我们家没关系没熟人，举目无亲，没一点可以依靠的力量，你是第一个"吃螃蟹"的人。第三，如果找中介不但费用高，还怕被不诚信的中介忽悠到美国的"野鸡大学"里。第四，我们夫妻俩都没上过几天学，不认识一个英语单词，不会说一句英语，不能出谋献策，助孩子一臂之力，担心孩子孤军奋战成少败多，一旦国外申请失利，又坐失国内大学保送读研的良机，最终落的蛋打鸡飞，风险太大。

儿子听了我们的话，想了想，安慰我们说："爸妈，你们放心，'有

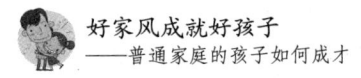

山靠山，无山独担'。这件事咱一不靠关系，二不靠中介，我靠自己的能力出国读研。"之后，儿子做了周密的计划和安排。他一步一个脚印，首先从二手书市场买了考托福和考GMAT的辅导书，开始自学，恶补英语。

由于当时同寝室的一些室友热衷于玩"偷菜"游戏，他们半夜还要起来"偷菜"。我儿子为了不受影响，带上应急灯上楼顶学英语。楼顶上不但炎热，而且蚊子叮咬，但为了学习，他全然不顾。当时参加一次托福考试和GMAT考试，需要200多美元考试费，孩子一直努力学到很有把握后才报名考试，结果一炮打响，两项考试成绩都远远超过了美国大学研究生录取分数线。

接着，儿子开始自己向美国大学递申请、投简历，每份申请和简历投递前他都修了又修，改了又改，一直到满意为止。因为与美国有时差，他每一次和美国大学招生办联系都要等到后半夜，第二天照样坚持上课，照样兼职上班。

美国印第安纳大学商学院在上海的面试时间，正好是大学期末考试期间。为了不影响期末考试，他下午在学校上完课，一刻不停赶到火车站，坐了一夜的动车，第二天早上准时坐在了面试官的面前。当天下午面试结束，马不停蹄跑到上海火车站，又坐了一夜动车，第二天早上按时坐在了学校的考场里。

功夫不负有心人，儿子先后向美国6所大学递了申请，结果被美国5所大学录取为研究生，其中一所大学给了全额奖学金，两所大学给了半数奖，还被一所大学录取为硕、博连读，并提供助教岗位。

儿子拿到美国大学的录取通知书后，又是独自一人赴北京，到美国大使馆办签证。和签证官交流时，儿子流利的美式英语得到了签证官的赞扬，大约15分钟就顺利办完了签证手续。

紧接着，他预订赴美国的机票，联系在美国的住处。当他得知美国大学给安排的宿舍条件很好，但费用太高，而且可能是和几个中国同学共住时，他为了节省住宿费，也为了每天能和美国人共同生活提高英语水平，他退掉了学校提供的宿舍，自己又千方百计和美国家庭联系，终于在一个美国家庭找到了一间房子，虽然房子很小，条件较差，离学校较远，但价格便宜，还能同美国人朝夕相处，既能快速提高英语水平，又能很快融入美国社会，了解美国的风土人情。儿子申请美国大学虽然耗费了大量时间和精力，但并没有耽误学业，年终以全专业综合排名第一的成绩获得了教育部颁发的"国家奖学金"。大学毕业典礼上，他们学校的校长还将儿子的事迹当作优秀典型给予表彰，号召全校大学生向他学习。

事实证明，让孩子们早期参加劳动锻炼既可以提高技能，又可以修德养性。

二、不进早教班的启蒙教育

梁启超先生在《论幼学》中说："人生百年，立于幼学。"足以说明对孩子进行早期启蒙教育的重要性。

人们都知道印度"狼孩"的故事。1920年10月，印度传教士辛格，在印度一个丛林中发现两个狼哺育的女孩。大的女孩约8岁，小的1岁半左右。她们是在很小的时候被母狼带到洞里喂养大的。当她们被送进孤儿院时，一切生活习惯都同野兽一样，不会用双脚站立，只能用四

◎ 作者指导女儿进行早期阅读

肢走路。她们习惯在白天睡觉，晚上活动。夜里会发出非人非兽的尖锐的怪叫声。她们完全不懂语言，不会说话，经常动物似的蜷缩在一起，不愿与他人接近。她们不会用手拿东西，喝水也和狼一样用舌头舔。吃东西

时，如果有人或有动物走近，便呜呜作声去吓唬对方。她们热时，张着嘴伸着舌头，像狗一样的喘气。她们不肯穿衣服，并随地便溺。

"狼孩"成长的经历证明，启蒙教育对一个人的成长起着非常重要的作用，它是培养孩子形成正确思想和优秀人格的基础，它能帮助孩子养成良好的习惯，促进孩子身心的发育，促进孩子智力的提高，影响孩子品质和世界观的形成。

◎ 作者对女儿进行早期启蒙教育

孩子们的幼儿和少年时期是脑细胞发育的最快时期，是接受新事物、理解新东西和智力开发的最佳时期。这时候，孩子的意识正处于无意向有意、由具体向抽象的过渡期；孩子的记忆，由机械性记忆逐渐向意义性记忆发展；孩子的思维，由直观形象性思维向抽象性思维变化。家长要根据他们不同年龄段的特性，及早进行启蒙教育。

家长要善于联系日常生活中出现的种种现象，将一些浅显易懂，而又包含着一些计算知识、科技知识的东西，在孩子有兴致的时候顺势讲给孩子，并激励孩子放开去想问题、提问题，不断培养孩子的求知欲，启发他们的创新思维，提高他们的观察力、记忆力、想象力、思维力和解决问题的能力。

我们对孩子的启蒙教育是根据孩子不同年龄段的不同特点、不同理解能力、孩子当时所处的不同生活环境、我们自己拥有的知识水平和辅导孩子的能力等因素，在孩子们玩耍、生活、学习的过程中，利用现有条件，采取因地制宜、灵活多样的方法对其进行启蒙教育。

第三章 家教，来自生活的启蒙

☀ 玩中学

有一句话说得好："推动摇篮的手，即是撬动地球的手。"足以见得家长对孩子幼年启蒙教育的重要性。

老师有多少手指头

有一天儿子从幼儿园回来，兴冲冲地告诉我，上午他们抢答数学题，他最先答对，老师表扬了他。我高兴地问他："你抢答的什么题？"儿子绘声绘色地告诉我："老师将双手举起来问大家，老师现在有多少手指头，大家说有10个。接着老师将一只手背在了后面，又问大家：老师现在有多少手指头。我马上抢答：有5个手指头。老师表扬说我答得对。"

"嗯，你抢答的很好，但不全面。你应该答：老师现在前面有5个手指头，后面有5个手指头，或者说老师现在左手有5个手指头，右手有5个手指头。"我建议孩子说。

孩子当时质问我："那老师说我答得对呀！"

我马上给孩子解释说："老师说的是标准答案，我说的是参考答案。你以后再回答类似的问题，加上参考答案，就会更全面一些。有时候，多动脑子想想，答案也许不是唯一的。"

"嗯，嗯，明白了。"孩子若有所思地说。

孩子们幼年玩耍的时候，我们常常根据孩子们好奇、好问、好动、好新的特点，选择家中的玩具、合适的用具，让他们识别大小、颜色、形状、重量。我们训练他们将糖块、水果按照颜色分开，再按数量、品种堆放；让他们将桌子上的动物卡片按"食肉动物"和"食草动物"，"家禽"和"野兽"，"哺乳动物"和"鸟类"分门别类的归纳在一起，再按照不同颜色、不同类别有规律的排列，训练他们对颜色、大小、味道、种类等的认识、辨别、记忆能力。

有一年开春，我们从农村为孩子们找来蚕卵，让他们学着将蚕卵盖上棉花，放在煤火台上保温孵化，教他们观察由蚕卵到幼虫，再到成虫，最后"作茧自缚"的整个过程。我们还鼓励孩子在家里，将蝌蚪养成小青蛙后放生；我们接孩子放学的时候，曾经在学校门口买回两只小鸡，让孩子们负责用剩饭搅拌老菜叶喂养，小鸡稍微长大一些后送到老家……孩子们接触、饲养小动物的过程也是提高孩子认知能力的良机。

旧物做出新玩具

我们经常利用家里的废旧物品，和孩子们共同制作和改装成玩具来玩。我们居住的大院里面电网改造，我们让孩子们将废弃的电线捡回家里，帮助他们做成吊床和秋千，拴在两个门框之间荡游，在他们欢喜之中，我指着家里的挂钟，告诉他们里面的"钟摆"来回不停摆动的简单原理；我们帮助他们将旧鞋盒做成"蚕宝宝"的房子；我们协助他们将塑料泡沫包装箱用纸板隔成大小各异的"房间"，当"洋片"和玩具的"仓库"；我们训练他们将圆柱体、长方体等形状各异、大小不同的积木，拼凑成桌凳、大桥、高楼等几何图形；我们教他们将废旧铁丝剪成段，做成三角形的钩子，用来挂他们的小手绢、小袜子和玩具……

有一次，邻居搬家，丢弃了一堆废品，其中有一个损坏的小熊敲鼓的电动玩具，我将它捡回修理好，买回电池给女儿玩。女儿玩时，我们发现她将电池的正负极装反了，并没有急于提醒和纠正她。她打开开关，小熊既不走也不会敲鼓，我们让她自己找原因，她翻来覆去的捣鼓了半天。在她面对"失败"的时候，我们告诉她电池"正负极"的原理以及日常生活中常见的"正与反"的关系。我们将知识进一步延伸，给她讲了磁铁正极"反"正极，负极"吸"正极的特点；还告诉她，电池有正负极之别，电线有火线、零线、地线之分，它们颜色各异，作用不同，生活中要学会鉴别，预防触电事故的发生；还给她讲了司机开车时眼睛向前看，却能发现汽车后面的东西，就是利用倒车镜"正与反"的原理，提醒她以后乘车，要通过"前面"的倒车镜，了解"后面"的情况，再开车门，注意安全。

我们不断引导孩子，在生活中要做留心人，学会观察，在不断的观察中掌握知识，学习生活的本领。

第三章 家教，来自生活的启蒙

小游戏玩出大道理

为了更有效地启发孩子们对事物的认知能力，在他们玩耍的时候，我们尽可能地让孩子自己做主选择玩的项目、玩的方法、玩的时间、玩的地点和玩的规则。每当孩子们向我们提出玩的意愿的时候，我们的第一句话往往是"玩什么？怎么玩？你制定规则吧！"。因为我们认为，孩子小时候玩耍时，给予他做出与他年龄相仿的独立决定的机会越多，他对事物的认知就越快，而且就越来越有主见，将来做选择的能力就越强。这对有效提高他们对事物的认知能力和独立决断能力非常有帮助。

我儿子小的时候爱玩玩具汽车，我们给他买的第一辆汽车是手动的，必须用力向前推，它才会跑动。后来我们给他买的第二辆汽车是上紧发条后，就会向前跑的。再后来我们给他买的第三辆汽车是只要安上电池，就会向前跑动。有一天，儿子提出想同爸妈共同玩"汽车大赛"，我们紧接着问他："现在玩吗？怎么个玩法？你制定规则吧。"而后根据孩子的提议，我们抓阄选汽车，比赛谁的汽车跑得最快。比赛的输者趴在床上"当大马"，谁赢了得奖"当骑手"。儿子还规定：第一名优先骑上第二名，第二名其次骑上第三名，第三名最后骑上第一名，这样都有"当马"和"骑马"的机会。

我们抓阄的结果：我是手动汽车车手，儿子是上了发条才会跑的汽车车手，妻子是电动车车手。比赛开始了，我用了很大力气，汽车跑了不到1米就不动了；儿子将汽车上足发条，跑得还不到2米，发条弦恢复原状后，也跑不动了；我妻子将汽车下面的开关一开，汽车飞快地跑得老远，直到撞上床腿才停下。

我们根据比赛的结果，大家高高兴兴地先后当了"马"和"骑手"。趁儿子高兴之际，我拿着三辆汽车，告诉儿子什么叫人力车、什么是机械能车、什么是电能车，并将与它们有关的运力、速度、环保等知识大致告诉了孩子，让孩子在玩中对各种汽车的性能有了一些简单的认识，还对环保常识有了一些初步的认识。

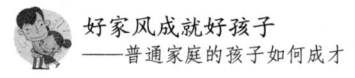

在女儿5岁的时候，我们用6分钱给她买了3个气球玩。在玩耍时，她很快就把两个气球吹了起来。当她用尽全力吹第三个气球时，刚把气球吹大没多久，气球很快就瘪了。

这时候女儿问我："这个气球为什么吹不起来了？"

我检查后发现这个吹不起来的气球上有一个针眼大的洞。

我趁机指着破气球问女儿："你刚才用力吹进气球的气体为什么不见了？"

"它从破的地方跑掉了。"女儿答。

"你答得真好。那空气没有腿，它怎么会跑呢？"我问。

女儿摇摇头说："不知道。"

"来，我告诉你一个道理：空气虽然无色无味看不到，但它具有流动的特性，它是从压力高的地方（气球内）向压力低的地方（气球外）流动的，所以，你吹进的气从破的地方流走不见了。"我启发女儿。

"哦，知道了，空气虽然没腿没脚，只要给它点压力它就会跑动。"女儿点点头答道。

接着，我又让她将两个吹大的气球都用细线系紧，而后我带她到室外玩。这时候风一吹，只见两个气球顺着气流忽高忽低的在空中飘荡。我们边玩边将空气的气压、升力、阻力等有关的小知识告诉她。虽然女儿年龄小对有些问题听得似懂非懂，但还是在玩气球的过程中初步学到了一些简单的自然知识。

☀ 水果中的学问

家长对孩子的启蒙教育，要因地制宜、因时制宜，要善于抓住日常生活中的常识和普遍现象，告诉他们其中蕴含的浅显知识及特定规律，启发他们的心智。特别当他们5、6岁时，孩子对有些问题有了朦朦胧胧的逻辑性概念，家长一定要多采用"为什么是这样呢？""你认为呢？""你有什么看法？""你对这事的感觉如何？""你有其他意见吗？说说看！"等"打破砂锅问到底"的问答方式，来启蒙孩子的求知欲和思考能力。

第三章 家教，来自生活的启蒙

苹果怎样才会"跑"

有一天，儿子要吃苹果，我一不小心将拿起的苹果掉在了地上，苹果骨碌碌地滚到了桌子下面。后来我把苹果洗净切成三角形、菱形、长方形等形状各异的小块放进盘子里。孩子吃的时候，因为没拿好，将一块快要吃进嘴里的苹果掉在地上。我见状，就借机启发孩子，我指着掉在地上的苹果问儿子："你掉的一块苹果为什么只落在你脚下，而刚才我掉的苹果却滚到了桌子底下？"儿子想了想，回答了多种原因。我听后说："你说得很好。但主要原因是，我掉的苹果是圆形的，圆形的物体具有易滚动的特性，像你的玩具汽车、老爸的自行车、马路上奔跑的汽车的轮子，还有篮球、足球等都是利用圆形的这一特性制作的；而你掉的一块苹果是多边形的。多边形的物体，如三角形、菱形等具有稳定的特性，像楼上大型广告牌子的支架、电线杆上的撑竿、室外空调下面的固定架等，都是利用三角形稳定性的特性制作的。所以，你掉的苹果只能落在脚下，而没能滚到远的地方。"儿子听得津津有味，初步对常见的"圆"和"三角"的概念有了新的认知。

香瓜"生"香蕉

儿子5岁的那年夏天，我母亲从农村送来了十几个又脆又甜的新鲜香瓜，儿子高兴的不得了，蹲在香瓜袋边，拿起这个闻闻，拿起那个嗅嗅，嘴里不停地说着："香，香。"

我们一家人分吃了一个香瓜后，我问儿子："现在你只有香瓜吃，你能不能利用现有条件，想想办法，吃到更多品种的水果？"

儿子不假思索地马上回答："能啊，将香瓜卖钱，用卖的钱买香蕉、买苹果……"

"答得好，就地取材。还有呢？"我继续问。

儿子想了想说："拿咱们家的香瓜，去和别人换其他的水果。"

"高招，以物易物。还有呢？"我又问。

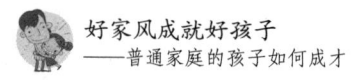

儿子眼珠子转了半天，没有想出更好的办法。

这时候我说："还有一个办法也很好，就是将香瓜送给别人吃！"

"什么？白送人！"儿子瞪大眼，不解地问。

"是的，说不定咱把香瓜白白送人，还能一举两得。不信？咱们就试试！"我边说边让妻子找来四个塑料袋子，每个袋子分装了2个香瓜。

"你现在把这四袋香瓜，分别送到咱们楼上和旁边楼上经常同你在一块耍的四个玩伴家里，你告诉他们，这是奶奶刚从乡下送来的，无污染的新鲜香瓜，大家尝尝鲜！"我教儿子说。

儿子虽然有点不舍得，但还是听话的跑了四趟。

时间一天、两天的过去，果不其然，后来儿子的一个玩伴送来了一个椰子，说是他爸爸从海南出差带回来的；另一个玩伴送来了一串香蕉，说是他家里老人过生日，亲朋送的多……

这时候，我启发教育孩子说：以后，你们要慢慢学会用你拥有的东西，去换取对你来说更加重要和丰富的东西。当你拥有一袋子香瓜的时候，千万不要把它们都吃掉，因为你把它们全都吃掉，也只吃到了一种味道，一种水果，一种营养。如果你把其中一部分拿出来给别人吃，表面上你丢失了一些心爱的东西，但实际上你却得到了其他人的友情和好感，以后你还能得到更多不同的东西。你看，这些天别人有了好东西，也送给你分享了，你会从这个人手里得到一个椰子，那个人手里得到一些香蕉，最后你不但得到了不同味道、不同颜色、不同品种的水果，还得到了多个人的友谊和"精神营养"，是不是实现了一举两得？

事实启发了他，儿子听着我的话，多次点头。

处处留心皆学问。家长要善于抓住生活中那些习以为常的现象，启蒙孩子们的心智，使他们从中初步学习一些科学知识和懂得一些基本人生哲理。

☀ 加、减、混、联、扩、缩、变

在孩子们刚进入学习读书阶段后，我们积极的将自己所知，或者查找资料后,将一些简单的物理常识和化学常识告诉他们。我们还经常利用"变一变""加一加""减一减""混一混""联一联""扩一扩""缩一缩"等方法,启蒙孩子们的灵感,激发他们的求知欲和好奇心,锻炼他们的实验能力,满足孩子们的知识需求和精神需求。

"加、减"出来的新现象

有一天,女儿照着书本上的教法用纸在做手工,她一会叠一只纸鹤,一会叠一架飞机。她弟弟写完作业也过来帮忙,而后他们姐弟俩用力将纸鹤和纸飞机抛向空中,纸鹤和纸飞机在空中上下飞舞,满屋回荡着笑声。等他们收拾好东西,我就拿着一只纸鹤告诉她们,你们用手将一张张平展的纸"加点外力"后,它们改变了形状,制作成了手工,这种现象叫"物理变化",平展的纸张形状发生了改变,而纸张的内在"本质"没有发生改变。类似的还有你们堆积木、拼接世界地图,等等。而利用"加一加"的措施,给这些纸张加上不同的一些外因,它就会起"化学变化"。接着,我将一只小纸鹤用打火机点燃,纸鹤燃烧后成了一团纸灰。这时候我告诉孩子,纸鹤烧成了纸灰,是增加外因后发生了"质"的改变,这就是"化学变化"。

这时候我还启发他俩动脑筋想想,动手找找,看生活中有哪些现象通过"加一加"的外因,起到了"物理变化",哪些现象通过"加一加"的外因,成了"化学变化"。孩子一边想、一边找、一边兴致勃勃的答:妈妈将毛线织成衣服;我们将学习用品装进书包;工人将多股钢丝拧成钢丝绳;人们把铅笔上面加上橡皮就一笔两用;将铝线、铜线外边加上一层塑胶就成了绝缘的电线,既帮助人输电,又不伤害人畜;将帽子外边加一层坚硬的钢皮,就成了既保暖又安全的头盔等都是"物理变化"。我们学画画时,将两种颜色调和,变成了第三种颜色;忘记吃的东西在口袋里时间久了发毛、长霉斑;家里的水果腐烂;煤球燃烧后变成了煤渣等都是"化学变化"。孩子们在快乐的一问一答中丰富了自己的"知识库"。

有一天,儿子在看有关环保知识的儿童读物,我们当时启发孩子说,

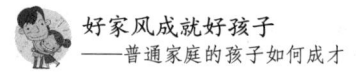

你找一找,在咱们家里怎么利用"减一减"的方法,既能省爸妈的钱,还能省社会的资源,为保护大自然做贡献,利家利国。孩子提出了很多好的建议:将用过的作业本翻过来当演草纸;去卫生间时借助其他屋里面的灯光;将门口塞进的小广告折叠成废物袋;将在外面用餐后使用的一次性筷子带回家洗洗再用……

我们经常利用"联一联"的方法,启发孩子们在学习的时候,由一种做法联想到多种做法;由一些简单的现象联想到深层次的东西;由一个单字联想到相关的词组,等等,来提高孩子的记忆力,增加他们的知识量。有一天看完电视,我们躺在床上一边休息,一边训练孩子"联词"。我们的规则是,我先说两个不同的字,让孩子们开动脑筋,将自己平时在书中看到的、在老师那儿听到的相关词组回答出来,越多越好。例如,我说"一"和"二"两个字,孩子们就将自己知道的一清二白、一穷二白、一来二去、一干二净等常用成语说出来,而后我们会补充一些如一石二鸟、一不做二不休、一仆不侍二主、一佛出世二佛涅槃等一些不常用的成语的意思、用法告诉孩子们。再如,我说"东"和"西"两个字,孩子们接连答:东奔西跑、东倒西歪、东拉西扯、东张西望、东风压倒西风等。

"翻船"以后

为了启发孩子们的灵感,我们经常在家里让孩子动手做一些小实验。有一天,儿子在看《中国历史故事》时问我:"书中有一句'水能载舟,亦能覆舟'是什么意思?"我告诉儿子:"按字面讲,大江大海里面的水利用浮力,能将轮船漂浮起来,帮助轮船载物载人;但水的力量也能将轮船掀翻,造成船毁人亡。这句话的引申含义是,无论什么人都不要冒犯大多数人,不要犯众恶,大多数人像水,可以为你服务,也可以置你于死地。"

为了让孩子更直观地理解这句话,我们让他自己动手找来盆子,端来水,用一张牛皮纸叠了一只小船。接着将纸船放进水盆里面,还让他把几个花生米放进小船当载重物。我们让孩子用手轻轻的拨动水面,小船顺势就向前漂动起来。过了一会,我们让孩子用力将水搅动,纸船一下就翻了个底朝天，花生米也沉到了盆底。孩子在笑声中加深了对这句话的理解。

孩子弄懂了这句话的意思后，我还想进一步将一些有关"水"的基本知识告诉孩子。这时候，我问儿子：咱俩将水"变一变"，做一些更有意义的小实验好不好？"儿子兴趣盎然，马上响应。我让儿子取来一小杯水，让他将这一杯水倒进另一只杯子里，而后我启发他说：水能从这一杯进入另一杯，这简单的一次"变化"，里面蕴含着许多知识——水具有流动性，将水改变态势后，它可以从高的地方流向低的地方，流动的过程中会产生动能，像前面讲的"水能载舟，亦能覆舟"是水能的作用，像古时候使用的水车、现代的水力发电枢纽等都是利用了这一原理。另外，给水辅助以外力，它也可以从低处流向高处，像人们给高楼上输送自来水，消防员灭火用的高压水枪等。

接着，儿子兴趣大发，想将水进一步"变一变"，他把杯子的水放进冰箱里。过了一会儿，水冻成了冰块。儿子取出冰块用力的敲了敲，而后他将冰块扔在地上。这时候我问儿子："你有什么发现？"儿子告诉我："水变成冰块后，流动的特性就减弱了，但它却变得成形了、坚硬了。"我进一步给他讲解了"液体"和"固体"，"液态"和"固态"的区别……

我们利用孩子们生活和学习中遇到的一些简单的、常见的现象，来激发孩子的好奇心，使他们在不停地提问、不停地试验、不停地发现中不断地成长着。

三、从"要我学"到"我要学"

孩子们的学习兴趣和求知欲不是天生的，需要家长在日积月累中慢慢培养，逐步建立。

☀ 激发兴趣何需"班"

兴趣是孩子们的最好老师。当孩子进入学习阶段后，我们没有送他们

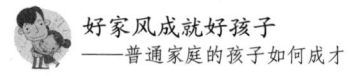

进各种"班",而是根据其不同年龄段的特点和理解能力,利用孩子爱玩、爱听故事、爱看动画片的天性,采取灵活多样的方式,寓教于乐,以趣激学,为孩子们的学习、成长助力。

讲完故事别闲着

为了培养孩子的语言能力、表达能力和理解能力,从孩子们4岁开始,我们常常给他们读书,念一些生动有趣的童话故事、动物故事给他们听。他们听完后,我们常常留出时间和孩子共同做三件事:

第一,复述。在为孩子念书或讲故事后,经常让其复述书中的人物和故事中的内容。我们围坐一周,鼓励孩子大胆表述,即便意思表达的不完整也会给予鼓励,激发孩子的热情,使孩子们在听与说中明理、悟道、长知识。

第二,表演。我们全家人经常齐上阵,家庭组"剧团",人人当"演员",分角色排话剧。例如,在孩子们刚懂事时,家长演狐狸,花言巧语欺骗装扮成小兔的孩子开门;家长扮演熊妈妈睡觉了,脸上落了一只苍蝇,孩子扮演小熊,为了保护妈妈,搬起大石头砸妈妈脸上的苍蝇;孩子扮演农夫,我们把手绢做成"冻僵的毒蛇",让他们放在怀里暖等。孩子在乐此不疲的表演中、欢笑中加深了对事物是非、曲直、对错的理解。

第三,分析探讨。孩子6岁以后,我们更注重寓抽象的道德观念和深刻的哲理于具体、生动、形象的讲故事和表演节目之中,将一些领袖人物和英雄模范及科学家的故事讲给他们听。我们常给女儿讲《居里夫人的故事》《花木兰从军》《刘胡兰》;常给儿子讲岳飞、李自成、林则徐、甲午海战、董存瑞的故事。我们刻意给孩子们讲英雄人物的故事,并不是希望孩子们将来成为英雄,而是想让英雄人物的高贵品质滋润孩子们幼小的心灵。同时,我们还给孩子们讲一些反面人物的故事,例如秦桧陷害忠良,刘禅乐不思蜀,宋徽宗靖康之耻等,使孩子们从故事中领悟正义与邪恶、光荣与廉耻的区别。每次讲完故事或演完节目,我们都会根据孩子的理解程度,深入浅出地分析英雄人物所处的特殊环境,共同探讨他们产生高贵

第三章 家教，来自生活的启蒙

品质的原因，使孩子知道爱国、正义、勇敢的真实含义，让他们感到故事中的人物可亲、可敬。

将家办成"兴趣班"

孩子们从小非常喜欢看动画片，我们常常利用他们这一兴趣，将看动画片和学知识有机结合，为孩子们的成长搭梯。

有一天，我看见儿子正在看动画片，内容是聪明的小松鼠将松子存进洞穴里，储备过冬"粮食"的故事，我就同孩子坐在一起共同观看。看完后，当孩子兴致未尽的时候，我告诉他：小动物们起初将"粮食"堆积在洞穴里，由少变多是"量的变化"，后来吃不完的"粮食"在洞穴里受潮发芽和霉变，是物质在一定条件下发生了"质的变化"。我顺势将故事的内容进一步延伸，告诉孩子，平时将点滴的水、电、钱财节省下来，"量"积累多了，就会起到"质"的变化，可以买房、买车，改变家庭的生活环境和质量。同样，平时不俭省节约，长久的"小浪费"将影响家庭生活质量的"大改变"。我简单地将"由量变到质变"所包含的辩证关系给孩子灌输了一些。孩子在观看动画片和大人的讲解中，自觉与不自觉地提高了对事物的认知、理解和辨别能力。

当孩子们进入小学和初中学习阶段后，我们更加侧重于提高孩子浓厚的学习兴趣和强烈的探索欲，以及非智力因素和良好的心理素质。我们鼓励和支持孩子积极参加学校的科技小组和兴趣小组，无论是学校组织的辩论、演讲，还是校外组织的社团活动、志愿者活动，我们都给予他们自由支配的时间，鼓励孩子们积极参与，有时候还给予物质和金钱上的大力支持。

女儿上小学时，他们学校每个月都举行"手抄报"比赛，我们不但积极为她搜寻办报材料，我妻子还多次带着女儿到她们单位，去找有丰富办黑板报经验的办公室主任取经，让主任手把手地教她设计版面，教她美术字的写法、颜色的搭配，提高了她的手抄报质量，使她的手抄报多次被学校选中参加市里的比赛。家长的重视、鼓励，更加激发了她办手抄报的兴

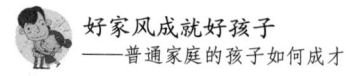

趣和积极性。后来，班主任看她的水平和能力不断提高，就将教室后面的"宣传园地"交给她设计、更换、管理。老师的信任，更加调动起她的办报热情和责任心。看似很简单的一件小事，家长的重视与否，结果大不一样。

女儿小时候经常喜欢动手制作"小吃"，我们就利用她的这一兴趣爱好，让她在乐此不疲的动手中学习知识。有一次，她将柠檬汁、草莓汁混在一起自制饮料，制作出来的饮料非常的酸，口感不好。我们就将日常生活中常用的"中和"知识讲给她听。而后，我们取来糖和盐，让她将糖和盐逐渐往果汁里面添加，她一边搅拌，一边品尝，一边在纸上记下加了几勺糖、几勺盐，一直到掌握了合适的比例，口感适宜为止。女儿一边兴高采烈地喝着自己制作的饮料，一边饶有兴趣的思索着"中和"的原理和其中的奥妙，并马上打开《十万个为什么》翻阅查找起来。

我接着告诉女儿，有些物质相互掺和在一起，可以融为一体，例如，将奶粉、白糖融入水中；有些物质相互掺和在一起不能融为一体，例如，水和油混合在一起，无论你怎么用力搅拌，水总是沉在下，油浮在上，这与密度有关；有些物质相互掺和在一起，会起反作用，例如，酸和碱混在一块会起"中和"反应，失去原能，像每次家里蒸馍前，将发酵过的面团里面揉进适量的碱面，妈妈将面粉、鸡蛋、糖、酵母混合在一起，给我们烤出松软的香喷喷的蛋糕；有的几种物质掺和在一起可以救死扶伤，例如，护士阿姨将糖盐水和药品混合在一起，输入人体可以消炎杀菌、补充能量……生活是一所大学校，它包罗万象，家长只要处处留心、事事用心，不需费钱进各种兴趣班，照样给孩子灌输知识。

有一次，我们带着儿子到银行存他的压岁钱，那时候银行刚刚开始使用自动取款机，儿子看到一个阿姨向银行旁边的机器里塞进一张小卡片，按了几个键，里面"哗哗地"向外"吐"钱，他又惊又喜，好奇地站在自动取款机旁不愿离去。一直等到自动取款机没人取钱时，他赶忙站在前边，踮着脚尖按上面的键，希望里面能向外"吐"钱。看着孩子的兴奋劲和好奇心，我跑回家取来身份证，重新将他们的压岁钱取出，办了我们家的第一张银行卡。而后，当儿子踮着脚尖插卡、按密码，机器向外"吐"钱时，高兴得手舞足蹈。满足了孩子的心愿后，我们告诉孩子，随着社会的发展和进步，人们由过去使用的厚厚的大存折，现在变成使用小小的银行卡；由每次乘车掏钱买票，发展成使用公交卡；由过去购房、买大件物品时拿成捆的现金，发展成用购物卡，这些都是利用高科技手段，为社会提供了方便、安全、快捷的服务。以后你们慢慢长大，学的知识越来越多，要多留心观察社会的发展变化，跟随社会发展的步伐，学会在观察中模仿、发现、创新、创造。

回家的路上，孩子一直都沉浸在兴奋和幻想中，他一会说长大要发明这个，一会又说将来要创造那个。听着儿子不停地、越来越玄乎地"吹牛"，我们大人也高兴得像在云里雾里似的，跟着飘飘然起来。

☀ 思维的翅膀

鸟儿吓飞之后

有一次，我们带着女儿到郊外挖野菜，挖了一会儿我们坐在一棵大树下休息。正当树上的鸟儿喳喳叫着，不停跳上跳下嬉戏的时候，一只老鹰在空中盘旋了一会，猛然地径直冲到了树上，树上的鸟儿吓得四散飞开。

这时我问女儿："现在树上还有几只鸟？"

"没了，全逃了。"女儿看着惊慌飞远的鸟儿，不假思索地回答。

"回答得对，但不全面。你看那只老鹰还在树上呢。"我启发她道。

"哦，老鹰也是鸟，应该答树上还有一只鸟。"女儿笑着说。

"还不全面。"我说。

"为什么？"女儿瞪大眼睛，惊愕地反问。

"你再抬头仔细观察观察！"我提醒女儿。

女儿上下左右环视了一遍惊喜地说："我发现了，树上还有一个树枝搭建的鸟窝，也许那里面还有几只不会飞的雏鸟呢。"

"你真聪明，所以，以后遇事要把思维放宽些，学会善于思考，多方

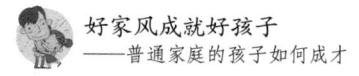

观察，看准后再回答问题，胜算的概率就更大。你看啊，如果你这样回答老爸的提问，是不是更妥帖一些：树上胆小的鸟儿一只也没了，凶猛厉害的鸟儿有一只，弱小无助的雏鸟也许有一只以上，也许一只也没有。"女儿听了我提供的答案，似有所悟，不住地满意点头。

每年的清明节前后，我们都会拿出工具，找来旧帘子上的细竹条，买来纸张，和孩子们共同制作风筝。在制作风筝的时候我们只做口头指导，将一些简单的机械工程原理讲给他们，让孩子们亲自动手制作。一遍生，两遍熟，三遍成师傅，刚开始孩子们做的风筝飞不起来，我们就让拆掉重做。孩子们制作风筝的过程，不但是快乐的享受过程，也是知识的积累过程。

我们到洛河滩放风筝的时候，就将一些基本的物理原理融入玩的过程中，提出来让他们玩中观察，玩后思考，弄不懂的问题和大人共同探讨，或者回家到书中寻找答案。例如，为什么清明节前后风筝飞得高，怎样识别风向，为什么要逆风向拉风筝线风筝才越飞越高……让他们学会思考，在玩中发现身边的科学知识。

有一次，在放风筝回来的路上，我对儿子说："你那么爱看历史故事书，你给我讲几个古人'巧借风力'的故事听听。"儿子饶有兴趣地先讲了《三国演义》中诸葛亮、周瑜、黄盖巧借东风火烧赤壁的故事。接着，他又给我讲了在科技还很不发达的宋朝，郑和利用风力鼓起船帆，率领两百多艘海船和2万多人，从江苏太仓出发，远渡重洋拜访了30多个国家和地区的故事。孩子手舞足蹈，讲得津津有味，我也听得满心欢喜。"大自然中有无穷的魅力，有探索不尽的知识，只要你不断努力，善于发现，你会懂得越来越多。"我听完孩子讲的故事后说。

为了帮助孩子们更好地理解书本知识，提高他们的思维发散能力，我们经常将不同学科的内容交叉在一起，让孩子们融会贯通。我女儿上初中的时候，语文课文中有一篇《螳螂捕蝉，黄雀在后》的寓言故事。语文老师在课堂上给学生讲，这则寓言的中心思想是：办事不要只顾眼前利益，而不顾后患。我让孩子将这则寓言故事和自然课本中讲的"食物链"内容

第三章 家教，来自生活的启蒙

连贯在一起学习，不但使孩子加深了对语文课文中心思想的理解，还使她懂得了由于各种生物互相制约，才使整个自然界食物链趋于平衡的道理。同时，孩子还饶有兴趣地根据自然课中讲的"食物链"的有关内容，引申出来"老鼠偷粮，雄鹰、蟒蛇在后""野兔啃草，恶狼、狡狐在后""小鱼吃虾米，大鱼、巨鲸在后"等自编的歇后语。孩子还在自己的日记中写道：在广阔的自然界中，各种生物时时刻刻都在为生存进行着拼搏，"一物降一物，弱肉强食"，要想生存必须强于对手。

故事后的故事

想象是孩子们智慧的翅膀。孩子们长到十多岁以后，为了培养他们的想象能力和发挥能力，我们经常循循善诱地让孩子去续编、虚构那些蕴含着教育意义的寓言故事、童话故事、历史故事。让他们根据头脑中不断出现的人物、情景，充分发挥自己的想象力，大胆设计故事的发展和结局。尽管有时孩子们发挥得离谱、离奇、无意义，我们也从来不嫌弃，顺势给以引导和鼓励，让孩子们感受到自我创造、自我表现的乐趣。

有一天，我给已经上六年级的儿子讲中华民族的传统"孝道"时，讲了《王祥卧冰求鲤》的故事。儿子很专心地听了后，半天不作声。

我问儿子："你在想什么？"

儿子说："这个故事很感动人，但我却不太同意王祥的做法。"

我看儿子有想法，就鼓励他说："今天你的日记还没完成，你现在就以《故事新编》为题，按照你的想法，把它改编一下当日记吧。"

儿子愉快地答应了。

晚上临睡之前，他把改写后的故事交到我手里。他写的题目是《王祥砸冰钓鲤孝母》，他改写的故事虽然有些句子不很通顺，但内容却顺理成章。他在故事的后面还写了自己的感想："王祥孝敬老人的精神非常值得我们学习，但是他的做法不值得效仿。做事情要既能保护好自己，又能达到目的，何必非要去冻伤自己。没有了健康的身体，以后想再孝敬母亲，

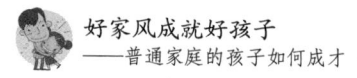

那就心有余而力不足了。"我看完后，在他的文章后面用红笔"奖赏"了三个五角星，写了一个大大的"好"字。孩子这时候兴趣大增，建议以后多多做这样的事情。

有一天，我为了启发和训练孩子的逻辑思维和想象能力，在给女儿讲《曹冲称象》的故事后，径直把她带到我家附近的洛阳第二幼儿师范学校的后操场，我指着操场里面的许多运动器材说："如果当年曹操命人把那头大象牵到了这里，你能否不用船，而利用操场里面现有的运动器材，再增加一些辅助材料，把大象的重量称出来。"

女儿先跑到滑梯旁边看了看，摇了摇头；接着，她跑到秋千面前荡了一下，想了想又走开了；当她来到跷跷板跟前时，她围绕着跷跷板转了几圈，沉思了片刻后，招招手示意我过来。她用试探的口气问我："上次咱们两个在这里玩跷跷板，我用尽全力，也没能把你翘起来，你给我讲了'平衡原理'和'杠杆原理'，你当时说，我要想把你翘起来必须"势均力敌"，或者把支点向一方迁移。你看可不可以把这个跷跷板改成大一些的，让大象站一头，另一头放石头，待石头和大象平衡了，石头的重量就是大象的重量。"我听后高兴极了，用力把女儿举过头顶。回来的路上，我告诉女儿："想象是科技进步的源泉，是推动世界进步的动力。将来，你们会遇到各种事情，但只要敢于想象，大胆实践，不怕挫折，一切都会成为可能。"我边说边买了一大块巧克力奖励她。

第二天，我鼓励女儿将昨天在学校操场发生的事情写一篇日记，女儿爽快地答应了。后来她把自己写的《要称大象何止船》的文章投给了洛阳广播电台少儿节目，这篇文章很快就被编辑部采用播出了。

我们经常这样培养孩子们的发散性思维和想象能力，让他们在读书学习的时候，既能读进去，又能跳出书外；既能理解原意，又能引申出新的东西。让他们在遇到事情的时候，既能够静观默想，还能分析对比；既能对事物的既有规律掌握了解，又能有新的思路、新的观点和新的见解。

第三章 家教，来自生活的启蒙

四、我的孩子不是天才

很多人都知道一些名人大家小时候的故事，我国古代甘罗12岁成为秦国上卿做宰相；曹冲6岁以等量置换法巧称大象重量；白居易1岁识字，6岁作诗；王献之6岁出口成章。国外也不乏其人，日本的三轮光范，2岁开始写日记，11岁翻译《詹天佑传》；莫扎特5岁作曲，6岁主演音乐会；德国数学家高斯3岁掌握心算，5岁便能解复杂方程式……受这些人物故事影响，很多家长都希望自己的孩子从小能与众不同，出类拔萃，成为天才。但是世界上的天才只是少数，家长在教育子女时不要期望值太高，不要揠苗助长，不要误将自己普通的孩子当"天才"来打造。

有一句话说得好，"宁要能拿到手的黄铜，不要奢望隔着远山的金子"，父母一定要根据孩子的自身条件，来设定孩子的学习目标和对孩子的期望值。2015年5月，杭州市和睦小学一名四年级的小姑娘从七楼跳下，结束了自己幼小的生命。她跳楼的原因是，考试没达到要求和作业没按时完成，觉得辜负了家长的期望，压力太大觉得丢人，想不开做了傻事（据《人民日报》）。许多家长的用心良苦，结果却事与愿违。

蹦一蹦吃香蕉

父母给孩子制定学习目标一定要有个度，免得适得必反。

美国加利福尼亚大学的学者做了一个实验，他们把6只猴子分别关在三间空房子里，每间2只猴子。第一间把香蕉放在地上，第二间把香蕉从低到高，以不同高度挂在适当的位置上，第三间把香蕉系在天花板上。5天后，研究人员打开三个房间的门，发现第一、第三个房间的猴子都死了。但第一个房间的香蕉全吃完了，第三个房间天花板上的香蕉一根没动。只有第二个房间的猴子还活着，而且大部分香蕉都吃完了。

原来，第一间的猴子一见到地上的香蕉，争先恐后抢食，一天内就把

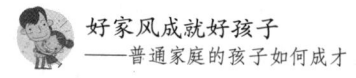

香蕉全吃光了，后来几天一点吃的都没有，最终只能饿死。第三间的猴子眼睁睁地看着挂得老高的香蕉，拼命向上，却怎么跳也够不着，最终在绝望中死去。只有第二间房子的猴子是先跳着吃位置比较低的香蕉，依次吃位置再高一点的，两只猴子在逐步努力的过程中，弹跳能力大大提高，最后竟能吃到靠近天花板的那些香蕉了，顺利地度过了5天试验期，成为最终的幸存者。

可见，同样是"香蕉"，只因设置方式的不同，会产生完全不同的结果。同理，对孩子的学习期望值也和人生规划一样，如果目标过低，孩子学习没有动力，耽误和丧失孩子们的内在潜力；如果目标高不可攀，不切实际，他们压力过大，会无望泄气，丧失信心，挫伤孩子学习的积极性，劳而无功。所以，家长对孩子学习的期望值和人生目标的设定，一定要根据孩子的学习基础、孩子的实际能力和具备的客观条件，制定和规划适合自己孩子特性的学习目标。即让孩子"跳一跳，够得着"，既不压垮他，又不浪费其内在潜力，让孩子觉得自己有能力、有信心、有希望，激发持续奋斗的自主性和积极性，获得最大程度的成功。

我们对孩子们学习要求很严，但严而有度。我们也希望孩子早日成才，但不揠苗助长，期望值超常。在幼儿阶段，我们不强求孩子掌握多少知识，会背多少唐诗，我们关注的是孩子是否有一个快乐幸福的童年；在青少年时期，我们不要求他们事事争第一，考试前三名，我们重点关注孩子是否有一个友善、认真的性格，是否有一个健康、向上的身心，是否有一个积极、持久的学习习惯，是否有一个节俭、诚实的处事行为。

☀ 学好课本就够了

有些家长怕孩子"输在起跑线上"，无视孩子的认识能力、理解能力和承受能力，孩子小小年龄就超强度进行专业技术训练，奥数、钢琴、美术、舞蹈等一味填鸭式的灌输，弄得孩子身心疲惫，结果造成一些孩子在学习主课时产生厌倦和惧怕心理，最终孩子出了力，家长费了钱，孩子还是"输在了起跑线上"。

第三章 家教，来自生活的启蒙

孩子在小学阶段，我们不要求他们学习中贪多求大，而要求他们把主要精力投入到学校的课堂上，引导孩子上课认真听讲，思路跟着老师走。每天必须把课本中学的东西弄懂学精，夯实文化课的基础。对老师讲的重点、要点，一定要记好笔记或标记在书本上面，以利于期末复习考试时加强记忆，因为孩子们这一阶段最大的特点就是学得快忘得快。

我们每次提问课本中老师讲过的内容，孩子必须知其然，知其所以然。否则，我们将不依不饶，要求他们第二天必须到校请教老师，再答复家长。书中要求背的段落、知识点，必须给家长背一遍。他们背诵课后要求熟记的英语单词的时候，我们听不懂，就要求默写下来，我们拿着书本和他们默写的单词逐个字母对照，这样他们既会背诵，又会默写，一举两得。

初、高中阶段，教育孩子在学习过程中一定要掌握学习方法、悟透基础，这是学习最关键的环节。学习方法不当，没有打牢基础，单纯依赖题海战术去增强能力，是一种不科学的疲劳战。特别是孩子们进入高中以后，我们督促孩子夜里十一点时必须睡觉，保证孩子正常的睡眠时间，以免第二天上课时打盹，精力不集中，影响正常听讲。

我们不给孩子超负荷的施压，他们从小到大没有参加过任何校外的"提高班"，凡是学习中遇到的难题，唯一求助的对象就是学校的任课老师。孩子遇到弄不懂的问题求助任课老师，既不额外收费，老师又负责任，讲得透彻，还能给老师留下孩子勤学好问的好印象，一举多得。

从一年级到高三，语文中的近50首唐诗宋词，我们要求孩子必须会背、会默写、会翻译成白话文，必须知道作者是谁，哪个朝代的人，他的代表作还有哪些；对"数理化"课文中的定理、定义、定律，我们要求孩子必须背会、默写会，灵活引用；对政治、地理、历史课，我们要求孩子凡是课文中标明的黑体字，课后的问答题，必知、必答，特别对一些大事件要知道年代、主要人物、背景、起因、结果……

我们对他们学习的基本要求是，课内的知识点不可挑肥拣瘦，老老实

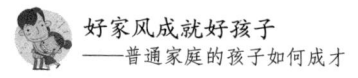

好家风成就好孩子
——普通家庭的孩子如何成才

实地掌握，课外的知识点按照意愿随便；分内的不折不扣地干完做好，分外的你学我们欢迎，你不学我们不强求。这样，孩子们总是在无心理负担的情况下，去干好自己分内的事，精力有余时，快乐自觉地去干有助于提升能力的事。

☀ 好习惯胜过好名次

著名的教育家叶圣陶先生说："教育是什么，往简单方面讲，只需一句话，就是要培养良好的习惯。"青少年时期，孩子正处于人生观、世界观、价值观的定型期，精力旺盛，思维敏捷，接受新生事物快，可塑性强，这时候家长如果加强培养孩子良好的学习习惯，对孩子的成长、进步、前途至关重要——习惯决定命运。

在培养孩子养成良好学习习惯的过程中，我们注重从四个方面着手：

第一，我们非常重视对孩子努力学习的持久性和自觉性的培养。学习不是一朝一夕的事情，要贯穿人的一生，很多大家之所以杰出，并不是天资多么超群，而是学习时有毅力、耐力，贵在持之以恒。

孩子从上学开始，我们就教育孩子学习要始终如一，不能偷懒、投机取巧，一日曝十日寒。同时，我们经常给他们灌输，搞好自己的学习和家长拼命打工挣钱一样，是自己的本分，是自己的责任，每天必须自觉完成老师布置的学习任务和自己制定的学习计划，除老师的特殊要求外，家长没有督促、检查、签字的义务。一旦有老师反映孩子有不按时完成学习任务的现象，绝不迁就姑息，轻则斥责，重则惩罚，为自己的偷懒行为付出代价。

第二，我们要求孩子们学习时要养成专心、有规律的好习惯。学，要静下心来学进去；玩，就放得开玩得尽兴，切莫心猿意马，做事三心二意。否则，最终学习没搞好，玩得也不痛快。我们根据老师的建议，结合我们孩子的意见，制定了"五坚持"：①坚持完成当天的学习任务不隔夜，办事不拖拉，前一章的内容和作业在学新内容前必须弄懂、完成。②坚持先看课本，弄懂知识点后再做作业，领会主旨再动手，先保证对，而后求

第三章 家教，来自生活的启蒙

快。③坚持每天预习新课程的内容。预习时要找出书中弄不懂的问题，便于听课时能抓住重点；课堂上要记笔记，便于课下巩固课堂学习成果和期末复习之用。④坚持先独立思考，后请教老师、同学和查看参考资料。发明家爱迪生有一句名言："不下决心培养独立思考习惯的人，便失去了生活的最大乐趣——创造。"孩子学习中遇到难题，自己下一番苦功求得的答案哪怕不全面，也比轻而易举从他人口中得到的正确答案印象深刻、记得牢固，且有成就感。⑤坚持学以致用。学习的目的在于运用，我们鼓励孩子要善于动脑筋将书本上学到的知识运用到自己的日常生活之中：学会从物理、化学、自然课的知识中，帮助提升生活质量；学会从政治、语文课的知识中，猎取仁义、道德、修养；学会从历史、法制课的知识中，吸取为人、处世的经验教训，懂得按纪律约束自我。

后来，家里有了计算器、电脑、手机等高科技产品，我们又给孩子制定了第六个坚持。⑥在计算数学、物理、化学之类的作业题时，不能图省事借助电子产品，要用心思考，掌握计算过程和具体步骤；在做语文、政治、自然、历史之类的作业题时，不在万不得已的情况下，不能求助"百度"。青少年时期，学习不可走捷径、图省事，借助"电脑"不如开动"大脑"。

第三，书本上的概念、定义、知识点必须牢记，但要开动脑筋，融会贯通，举一反三，敢于突破思维定式，学会创新。我们曾经和老师沟通并达成共识，学习中凡是孩子自己有新的发现、新的创意的东西，做错不究，做对鼓励、奖励。我们还规定孩子，做作业态度一定要端正，不要求"量多"，不打疲劳战，但必须"认真""质优"，不得潦草、敷衍、充数。

第四，我们还注意培养孩子树立学习观，引导孩子将学习和娱乐相结合，课内和课外相结合，让孩子按时完成老师布置的作业后，能做他想做的、乐意做的其他事。我们常常鼓励孩子参加丰富多彩的课外活动，凡是学校组织的科技小组、兴趣小组要积极参与，敢于和同学们就不同的意见进行自由争论，要有独立观察、独立思考、独立操作的能力，在搞科技小实验中、相互辩论中积累知识，增长才干。孩

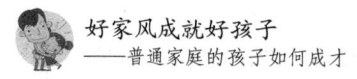

子们写完作业后，我们经常结伴在球场上跑得大汗淋漓，我们也曾经将孩子举到高低杠上使他们上不来下不去，锻炼胆量；和孩子下军棋、下跳棋时为了争夺一个棋子，我们爷俩常常争得面红耳赤。这样，不但使孩子们劳逸结合，学得轻松愉快，有了更多自由发展的空间，还使父子关系更加融洽，亲情更加密切。

为使孩子把目标装在胸中，我们每一学期都给孩子制作一张成绩一览表，将孩子每次作业、测验成绩，直观地用曲线反映在坐标上，使孩子一目了然。这样可以直观地让孩子看到自己的进步和退步，便于他们自觉地朝自己期待的方向努力。

☀ 他用榔头砸死母亲

发生在浙江金华市的徐力弑母事件已经过去几年了，但那件因家长过度重视孩子在学校的成绩排名，而造成家庭悲剧的沉痛教训，至今让人难以忘怀。

当年17岁的徐力是金华市第四中学高中二年级学生，他在监狱里交代自己杀死亲生母亲的动机时这样说："从小到大，妈妈在生活中很疼我，对我的学习抓得很严。初中考高中，我进入重点班。高一上学期排名第14，通过努力，高一下学期我跃进了前十名。当时妈妈很高兴，叫我以后都这样保持前10名。高二上学期我考了18名，被妈妈狠狠打了一顿。从那以后，妈妈限制我除了学习以外的娱乐活动，不让踢球，不让看电视。"绝望中，徐力趁母亲不备，抡起一把铁榔头朝正在绣花的母亲后脑砸去，将母亲活活砸死后，若无其事地到学校照常上课。

就这样，因为考试成绩排名，使得一个在同学、老师眼中的"好学生"，丧心病狂地置法律、道德、人伦、良知于不顾，向含辛茹苦养育他17年的母亲痛下杀手，酿成了人间悲剧。

痛定思痛，假若像这样没有法制观念，缺少良知的孩子，在学校考得第一名，将来上个"985"或者"211"名牌大学，那又有何用呢？

不能反复跌进一个"坑"

在教育培养孩子的过程中,我们把孩子的心灵健康、身体健康看得比考试获得满分更重要;把孩子的学习态度看得比一时的成绩排名靠前更重要。孩子上学以后,我们从来不以名次论英雄,不要求孩子考试成绩非争前三名不可,只要学习态度好,考试考多少分都不责怪孩子。

在为孩子制定学习目标的时候,我们采取"登山观景法":先设立一个较低的目标,让孩子体验到成功的快乐,然后再追求更高一级的目标。让孩子反复体验到成功,就会使他们对成功怀有自信心,越战越勇。我们这样做对提高孩子小学、初中阶段的学习效果非常明显。

我们经常告诉孩子们:考试,只要考出你的真实水平就可以。比如,你的真实水平是80分,你考了80分,就很好。如果因为某种原因,你只考了60分,那爸爸妈妈就会为你遗憾,因为你的努力、你的付出没有得到对等的回报。

特别是孩子们在大型考试失利后,我们从来不去追究责任,昔日的考试已经成为历史,成败只证明过去。但我们会经常提醒孩子,偶尔一次失利不可怕,但不能多次受挫而不知其原因,不接受教训屡错屡犯,一定要学会总结提高,自己要认真分析原因,是考试时心里太紧张没发挥好,还是会做而粗心,又或是知识要点没掌握牢,或是公式定义弄混淆。一定要弄清楚失误的原因,及时改正,考出长进,下不为例,预防在一个"坑"里跌倒多次。

考试犹如"登天梯"

儿子进入高中后,学校考试非常频繁,孩子有点不适应,有几次考试成绩不理想,孩子感觉压力很大,周六回家闷闷不乐。我们积极疏导孩子,缓解他的思想压力。我们首先淡化孩子的应试意识,告诉他不要把考试当包袱,一定要以一颗平常心对待。不要把考试分数当成目标,要把考试当成提升学习成绩的过程和手段,要让它成为提高学习的动力。

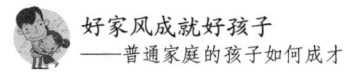
好家风成就好孩子
——普通家庭的孩子如何成才

我们启发孩子,进入高中阶段后,学校考试次数多不是坏事,因为通过考试,可以不断帮助自己找出存在的问题,然后不断加以纠正。正是通过学习、纠正、再学习、再纠正这样一次次的循环,才能不断加深你对知识的理解,不断促进学习成绩的提高。考试还有一层作用,老师只有通过一次次考试,才能发现学生掌握知识面的不足之处,在增加教学内容和改变教学方法时作为重要参考依据。

我们还顺便告诉孩子,不用惧怕考试的偶尔失利,其实对每个高中生来说,这才只是考试的刚刚开始,在你们通往未来的人生路上,会有无数的、形式各异的"考试"在等待着你,还有许多的挫折和失败需要你去战胜,只能进不能退。常言讲,春种秋收,有一分付出,就必有一分收获。只有通过考试,你才能享受辛劳付出后获得成功的喜悦。

我还从更深层面来给孩子讲解考试的益处:只有考试才能体现公平、公正,像我们这些普通人家的孩子,考试是我们"登天"的阶梯,只有通过一次次考试,才能不断提升实现梦想的能力,才能体现我们的价值,才能把握自己的命运和未来。

孩子周六听了我的话后想了整整一天,周日下午返校时如释重负,笑着说了一句话:"老爸,谢谢你。你们放心吧。"我和他妈妈站在窗口,一直目送着他骑车向学校奔去。

我们虽然不重视孩子在学校的成绩排名和考试分数,但我们非常注重孩子综合能力的培养,我们不断激励孩子们去"争先创优"。孩子只要年终获得"优秀少先队员""优秀共青团员""三好学生",或者参加课外活动获奖,例如征文大赛、英语大赛、手工制作大赛、体育比赛中得奖,我们必定庆贺一番,要么聚餐,要么请孩子进麦当劳或者肯德基消费一次,让孩子们享受参与的过程,体会成功的喜悦,品尝加倍努力的甜蜜,提升奋斗的激情。

☀ 门门通,还是一门精

培养孩子成才是做父母的共同心愿,但如何使孩子成才,根据我们培养孩子的过程和经验，首先，就是在培养孩子的成长过程中，家长一定要把握好方向。做任何事情方向对了，行动和努力才有价值和意义。要依据自己孩子的爱好、特长、能力三因素，选择适合自己孩子的发展目标和方向，切忌人家孩子学钢琴，你趋之若鹜学钢琴，人家孩子学美术，你马上跟进买颜料……结果，眉毛胡子一把抓，功不成名不就。

神童不可以制造

神童不可以制造，任何我们所认为的神童、天才，都是通过其艰苦卓绝的努力，忍受过十分枯燥的不断练习和长期坚持，发挥自我特长，进而跨越痛苦的失败期和平台期后，才成为他们想成为的人，最终获得非凡成就，而绝非基因和天分造就的。无论郎朗、莫言、屠呦呦……无一例外都是经过后天努力而获得成功的。

每个孩子的身心发展都有个体差异，这种差异是由遗传因素、生活环境和教育条件等多种因素造成的，有的善于记忆，有的长于思维，有的喜欢艺术，有的擅长表达。家长一定要了解自己的孩子，根据自己孩子的天赋和喜好及家庭的实际情况，去创设与自己孩子特点相适应的良好环境，制定与自己孩子相适应的培养目标，采取适合自己孩子而且有效的教育方式，因材施教，引导孩子个性健康发展。

家长在培养子女的过程中，不能急功近利，要注意两点：

第一，不能采取"强制性开发"，不能把自己的爱好强加给孩子，别把孩子当泥巴由家长根据想象去雕塑。有的家长一厢情愿选择孩子的成长道路，家长爱数学善计算，便一心想让孩子将来摘取奥数桂冠；家长爱文艺懂音乐，就想让孩子将来走奥斯卡金像奖的红地毯；家长搞体育身体棒，就想培养孩子将来成为奥运冠军。如果孩子确实有某些遗传因素（例如侯宝林培养侯耀华兄弟、葛存壮培养葛优、陈强培养陈佩斯等），或者子女能够接受家长的建议，愿意子承父业，倒还无可厚非，但如果孩子根本就没那兴趣爱好，你强制施压，去制造"神童"，只能造成家长和孩子双方疲惫不堪，而收效甚微，甚至造成事与愿违，扼杀

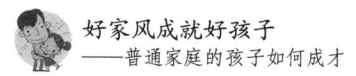

孩子的天赋，贻误孩子前程的结果。况且，孩子是和成年人一样的人格独立的主体，孩子小的时候，家长强迫孩子做他不愿做的事，他无可奈何，但等他们长大了，每天干着你强加给的、不乐意干的职业，会终生疲惫不堪，痛苦万分。

第二，不要超负荷加码，不要揠苗助长，培养孩子成长的目标一定要切合实际。现在有些家长虽然自己没有上述那些特长，更没有成什么"名"，不是什么"家"，但功利心太强，看着走红的明星、著名的作家、成功的经理等"社会名流"，眼红心热，恨不得自己的孩子一举成"名"，一夜成"家"。他们不考虑孩子每个成长阶段的接受能力和承受能力，给孩子制定许多不切实际的"奋斗目标"，孩子小小年纪，除了在学校正常上课，课余从这个"辅导班"出来，进另一个"提高班"，钢琴、美术、舞蹈、奥数样样都学，孩子比大人都苦都累，孩子变成了课程的奴隶，父母变成了孩子的奴隶。结果，造成孩子力所不及，害怕学习，产生厌学情绪，逃避学习；有的孩子本末倒置，有限的精力用在了校外各种"班"上，荒废了学校内的课程，主课考试成绩不佳，没有自信。而家长每天疲于奔波，耗时费钱，徒劳无益。

浇灌兴趣养特长

我女儿上小学的时候，正值全国主流媒体都在大力宣扬我国数学家陈景润苦钻哥德巴赫猜想的先进事迹，我们这代人深为陈景润的事迹所感染，因而，我们很想让女儿将来在数学方面有所建树。

可后来发现，我女儿对数字反应比常人慢半拍，上三年级时，她做数学题还靠掐指头节计算，每天做作业，大部分时间都消耗在了数学题上。上五年级的时候，有一次老师出了一道题：工人给大楼的圆形支柱刷油漆，给了圆柱的半径和高度，要求计算需要的油漆量。她竟错将圆柱压在里面不需要油漆的上底和下底的面积也计算在需要油漆的范围之内。

然而，她对文字的记忆能力和理解能力非常出众，没上小学之前，已

第三章 家教，来自生活的启蒙

经认识上千字，每次进书店，在儿童购书区能静心看半天小人书。而且有超强的记忆力，她看后能把小人书的内容基本描述下来。而且我们发现她的口才非常好，每当我们给她讲完故事，她都能绘声绘色地把主要情节叙述下来。当她5岁上学以后，她能把语文书里的每一篇课文完完整整地背下来。二年级开始，她喜欢上了《中国少年报》《儿童文学》，后来逐步开始让我们给她借小说看。课间她把小说中的故事讲给小伙伴们听，她的身边总围着一群爱听故事的同学。她写的日记，几乎每次都被班主任用红笔写上"甲""好""优"的评语。她的作文，常常被语文老师当范文在整个年级四个班里宣读和评讲。

我们发现孩子的爱好和特长后，觉得培养孩子不一定要门门会。常言讲"百艺通，不如一艺精"，如果孩子真能把语文学好了，将来也许是一条不错的找饭碗的门路。我们开始顺势引导女儿，发挥她爱好文字、记忆力强的优势，重点培养她这方面的才能。

为了锻炼孩子们的记忆力和语言表达能力，我们常常鼓励他们放下书本，将看到的有趣故事讲述给我们听。每当孩子进入角色，声情并茂地讲完书中的故事，我们都会给以掌声和喝彩。孩子看到家长专心致志地听他们讲，参与意识越来越强，态度越来越积极，爱好也更加广泛，工具书的利用率越来越高。他们把读书由被动变为主动后，涉猎的书籍更广泛，这对于扩大知识面，激发学习兴趣起到了很大作用，也为他们以后的学习打下了良好的基础。

为了培养孩子们的口才，只要发现有听演讲和参加演讲的机会，我们就想方设法支持他们参与，不重名次，而重胆量的培养和能力的提高。我女儿上小学时，有一次学校举行吟诵古典诗词比赛，我们鼓励她踊跃报名参赛。当时家里没有这方面的书籍，星期天我骑着自行车跑了50多里路，赶回老家孟津，找到我上小学的老师家里，借了一本《唐诗三百首》和《唐诗三百首注释》，女儿从书中挑选了15首顺口、易懂的诗句努力熟读熟记。看着女儿有板有眼地背"大漠孤烟直，长河落日圆""我寄愁心与明月，随风直到夜郎西"等诗句，我心里有说不出的高兴。当时我们家旁边一栋楼里面住着一个洛阳电视台的主持人,为了女儿参赛获得好名次,我们带着礼物登门请教,让专业人士对她进行辅导。当时她同学的家长也在那个楼上住,看见我们为孩子的一点小事三番五次地跑来跑去,还笑话我们"拿鸡毛当令箭"。我们却不以为然——教孩子做事要认真,要重过程,要么不做,要做就下功夫做到最好。比赛中孩子发挥得很好,全校共有28名同学参赛,经过三轮比赛,她最终获得了第2名的好成绩。学校奖励她一本《唐诗三百首》和一个台灯,女儿非常高兴,这给了她激励和动力。

为了提高孩子的写作能力,起初,我们四处去借适合她读的有关写作知识的书籍。到了周日,我们带上干粮到新华书店"蹭"书看,一看就是大半天。然后,我们给她订阅了多份适合她阅读的报纸杂志。我每次到大城市出差,都会给她带几本有关提高写作知识的辅导书籍,让孩子当作课外读物。

孩子四年级以后,为了使孩子的写作水平提高档次,我们为孩子筹措报名费、活动经费,多次支持她课余时间参加洛阳日报社组织的"小记者采风"和小百花文学社组织的课外活动,从而有意识地让他们和业内有名望的人士接触,接受专家的指导,聆听大师的教诲。

在培养孩子兴趣爱好的同时,我们还设法拓宽孩子们的眼界,尽可能多的让他们去了解一些自然科学知识和社会科学知识。我们除了平时省吃俭用地攒钱,还利用晚上和周六、周日的休息时间,加班为私企老板干活挣钱,尽其所能给孩子们"读万卷书,行万里路"创造条件。从他们4岁开始,我们每一年都要带孩子们出去旅游一次。在孩子们上初中前,就带他们参观过重庆的人民解放碑、渣滓洞;南京的长江大桥、中山陵;长春的电影制片厂、伪皇宫;北京的故宫、动物园;上海的豫园、老城隍庙;苏州的虎丘、寒山寺;杭州的岳飞墓、断桥等名胜古迹。每到一个地方,我们和孩子一起循着文字的记载去感受历史的厚重、世事的沧桑和社会的进步,升华孩子的心灵。我们带孩子融入自然、接触社会、认识世界的做法,不但为他们写日记、写作文提供了素材,为他们发挥特长奠定了基础，同时，还有助于孩子许多非智力因素的发挥，满足了孩子们的求知欲，激发了他们的好奇心和探索精神。

爱因斯坦说过："热爱才是最好的老师。"当学习充满乐趣时，才更有成效。我们在培养孩子时依据孩子的爱好，积极为孩子创造条件和寻找机会，使他们充分展示才能、发挥特长，不仅促进了孩子在这方面智力潜能的最优化发展，还使孩子在学习中遇

◎ 读万卷书，行万里路，作者带孩子游览名胜古迹

到弱项时，不伤自尊心，不丧失信心和提升弥补弱项的决心。例如：因女儿文采好——能写，口才好——会讲，经历多——胆大，校内外组织大型活动，学校领导都指派她或者带领她参加，虽然耽误了一些课程，但她在同学、老师中小有名望；再例如，每次期末考试，她的数学成绩虽然不高，但她的语文、政治、地理、历史、自然、德育都能拔尖，最后综合成绩都名列前茅；再例如，常言讲得好，"一门专，吃遍天"。每到招生季，各个学校都想方设法争夺好生源，尤其是有特长的学生，更是上一级学校争抢的对象。我的孩子们小学升初中、初中升高中时，都有多所学校主动伸来橄榄枝，不但通过班主任动员，还主动找到我们家里做家长的工作，希望孩子能到他们学校就读，令许多家长羡慕不已。这样，形成了多赢的结果：孩子学得轻松、干得愉快，学习起来乐此不疲；家长也觉得付出与回报成正比，时常有一种满足感；老师和学校也为工作成绩被上一级学校认可，而觉得有成就感。

兴趣是知识之母，是促进孩子求知欲的巨大动力。孩子们对感兴趣的事情，都积极热情，注意力集中，心情愉快，行动自觉。我女儿六年级毕业时，已经在《中国少年报》《小学生学习报》《金色少年》《小百花》等

报纸杂志、广播电台发表文章39篇,当选洛阳市小百花文学社第5任社长。后来,由于她成绩突出,著名作家、民进中央名誉副主席叶至善,中国当代著名文学评论家、教育家叶鹏,中国儿童教学研究会副理事长、著名作家宗介华,著名儿童文学家金波等先后为我女儿题词鼓励。更为荣幸的是,1990年5月10日,已经90岁高龄的著名作家冰心老人,在北京的家中接见了我女儿,并为她题词和合影留念。冰心老人的音容

◎ 1990年5月10日,世纪老人冰心在北京家中与作者女儿及其同学见面,并与他们合影留念

笑貌深深地印刻在孩子幼小的心灵里,冰心老人的谆谆教诲一直激励着她,鼓舞着她不断努力读书,刻苦学习,奋勇向前。

根据特长找饭碗

我们夫妻俩从小生活在落后的农村,既没上过几天学,又无丝毫特长和某种优势,在培养孩子成长的过程中,我们最初的目的很单一,就是"趋利"——常言说,"三年(清光绪三年大灾)饿不死伙夫头,大难饿不死手艺人"。让孩子踏踏实实地学一技之长,长大挣钱养家糊口,不成为家庭和社会的负担。我们后来采取的方法也很单一,就是"顺势"——注意发现他们的优点和兴趣,顺势引导他们逐步将爱好变成特长,把特长提高成本领,将来依本领拓展自己的发展空间。

我们两人培养孩子坚持的原则是:既顾眼前,现在尽可能让孩子学乐意学的,能学会,而且学着不累,成为一个快乐的好学生;又虑长远,将来尽可能根据他们的长处和闪光点去觅职业,让他们做喜欢的,能施展才能,能胜任工作,而且干着不苦,成为一个幸福的普通人。总之,培养孩子,无论是当下的学习还是将来的工作,最好的选择,应该是选他们

第三章 家教,来自生活的启蒙

所爱。

女儿高中毕业考大学时,我们根据她的特长、爱好,建议她报考师范类高校,女儿愉快地接受了我们的建议。升入大学后她如鱼得水,尽情施展自己的才能,大一下半学期就被校报吸收为学生记者,大二又被省内一家著名杂志社聘为特邀记者。本科四年时间她先后在《人民政协报》《心理世界》等报纸杂志发表文章46篇。

女儿博士毕业到大学任教后,由于知识面宽泛,能说善讲,激情四射,深受大学生的喜爱,选课时学生们争先恐后,学校只好每节课都安排她到能容纳120人的大教室授课。去年她们学校接受教育部指派,为新疆某大学培训中青年骨干教师,她们学校领导当作政治任务来做,非常重视,在全校选拔最好的师资力量任教,我女儿是学校领导挑选的任课教授中最年轻的一个。她的讲课内容和讲课风格深受新疆某大学老师的好评,每节课后,大家都围着她久久不愿散去,新疆某大学带队的领导赞扬她讲课"口吐莲花"。短短的几年时间,她先后多次被学校评为"优秀教师""三八红旗手""优秀共产党员"。2016年5月,她参加上海市高校青年教师教学竞赛,在二百多位参赛选手中脱颖而出,获得了一等奖。职业荣誉感和持久的成就感,让她的人生获得了比财富更为丰富的体验。

儿子去美国留学的时候,同时被美国5所大学录取,其中一所著名大学的商学院录取他硕、博连读,并提供半奖和助教岗位,还有一所大学的商学院给的是全奖,当时对我们这样一个工薪阶层家庭来说,能省下几十万元留学费用,是求之不得的天大好事。可儿子却不愿意读商科,表示想去一家美国大学读他热爱的"信息安全"专业,可这家大学不但学费贵,而且不给奖学金。我们夫妻俩在抉择是坚守这几十万元的奖学金,还是支持孩子的特长爱好时,毅然决然选择了后者。

后来的事实证明,依据孩子的特长爱好选择发展方向和"饭碗"是明智之举。孩子们人生的最好状态,不是单纯的坐拥多少月薪,而是无论身处何地,都有自己喜欢的专业可攻,都有自己所热爱的事情可干。我儿子

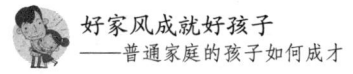

在美国读研期间,由于喜欢自己的专业,学起来得心应手,每学期成绩都名列前茅,不但得到了奖学金,完成学业之余还有时间兼职打工,负担起了自己的全部学费和生活费。毕业时,连续收到了美国几家大公司的录用通知,他选择了一家最适合发展自己专业特长的公司入职,短短的一年时间就被破格提升为高级咨询师,薪金不断提高。

第四章

心育，健康人格的起点

第四章　心育，健康人格的起点

当今社会，在经济大潮的冲击下，机遇和挑战同在，成功与挫折并存，人与人竞争激烈。这时候，不仅是财力和才智的较量，更是毅力和心理素质的较量，谁拥有健康的心理素质，谁就能百折不挠，谁就能赢得事业的辉煌。

人类历史上无数事实证明，许多智力普通，条件艰苦的人，最后能成就大业，关键是他们具有顽强的毅力和健康的心理素质。我国著名的数学家华罗庚，小时候曾经因为数学不及格留过级；提出"相对论"的伟大科学家爱因斯坦，4岁才会说话，7岁才会念书，8岁时因成绩差被学校开除，被人称为"笨孩子"……他们在先天条件并不优越的情况下，能成为世界著名的科学家，靠的是后天顽强的学习毅力和良好的心理素质。

然而，在现实生活中，不少家长在培养孩子时重智轻德、重体轻心。孩子身体有了病，会非常重视，积极治疗，而孩子的心理健康往往被忽视，有时孩子有了心理问题还会被误认为"调皮捣蛋，恶作剧"，给以训斥，甚至打骂，轻则造成孩子精神抑郁失常，重则割腕跳楼，最终酿成悲剧。所以，对生活在转型期的孩子们，家长不但要注重培养孩子具有优良的品德、丰富的知识和健康的体魄，还要注重培养孩子有较强的适应能力、承受能力等健康的心理素质。

青少年时期是各种价值观和行为模式的可塑期，是培养健康心理的黄金时期，忽视错过了这一最佳期，待孩子个性已经定型，心理出现偏差后再想纠正，就事倍功半，需要花费更大的力气。

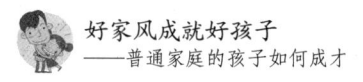
好家风成就好孩子
——普通家庭的孩子如何成才

一、心理纠偏，疏堵结合

☀ **当孩子面对班里的"×二代"**

一个周六的下午，我和妻子带儿子到商场购物，正当我们准备挑选东西时，他的三个同学迎面朝他走过来。没想到，他不但没有亲热地迎上去和同学们说话，而是迅速转到了货架的另一侧躲了起来，他瞅着那几个同学走远了，才慢慢出来。

当时我纳闷地问他："你为什么和同班同学擦肩而过，而不打个招呼，躲了起来？"

儿子回答说："那几个都是干部子弟，其中一个是市委常委的儿子，平时在班里我就不多和他们凑在一块说话。"

"那是为什么？"我接着问他。

儿子接着回答："没有共同话题！"

"那又为什么？"我继续问。

儿子回答："在学校，他们都谈的是从家长那里听说的发生在市里、省里的大事，他们常说的是他们爸爸坐的车是什么牌子，哪国进口的，价值多少钱，咱见少识短，和他们不是一类人，不如远远躲开。"

"哦，我明白了，孩子在学校这个'小天地、大社会'里面，产生了心理阴影——自卑。"我听了孩子的一番话，心里想。

傍晚，早早吃了饭，我带着儿子沿着中州渠散步聊天。我们边走边聊，我有意识地引导他。我说："你给我讲讲《三国演义》中你比较熟悉的几个突出人物。他首先给我讲了政治家、军事家、文学家曹操的几件事，接着讲了他对忠义双全的关公和骁勇善战、但少谋而心胸狭隘的"三国第一猛将"吕布的看法。

我看他谈兴正浓，就向正题上引导。我问他："你知道蜀主刘备和名

第四章 心育，健康人格的起点

将邓艾青少年时期家庭的情况和经历吗？"

儿子回答说："刘备是河北涿郡的一介平民，他少年时孤独贫困，与母亲贩鞋子、织草席为生。对邓艾我不太熟悉。"

"邓艾出身比刘备更加低微，他家是半农半奴，自幼丧父，常年为人放牛，受尽苦难，但他从小有大志向，他白天劳动晚上苦读，决心通过奋斗来改变自己的命运。后来，他成为魏国杰出的军事家、将领。最终，官位升至仅次于丞相的太尉，地位和丞相相同，专掌武事，为最高的武官职位。"我告诉儿子。

这时候，儿子已经听出了我说这番话的真正意图。他直截了当问我："你以古人为镜，暗指的还是今天下午我躲避那几个干部子弟的事情？"

"是的。"我答。

我继续说："别说咱们人了，就是植物也一样。你看这中州渠两边的柳树，有的长的高，有的长的低，那些低矮的柳树虽然没有高大的柳树那么靓丽光鲜，但照样不屈不挠努力向上生长着。你再看那渠边道沿下缝隙中生长的一棵棵小野花，它们株小花微，生长在最底层，而且经常被人踩踏，它们顽强生长，没有抱怨大自然对自己的不公，还为路人留下一脚芳香。谁敢说这路边不起眼的野花，没有给中州渠旁这美丽的风光增色。"我儿子听着连连点头。

我接着说："自信是人生的支点，咱们家物质生活虽然清贫一些，但不能影响你心灵的充实；家穷，心不能穷，志不能短，精神不能空虚。以后，你不管是在学校还是走上社会，都会遇到预想不到的困难和强劲的对手，面对挑战，要克服自卑心理，不要自己歧视自己，自己打倒自己。希望你一定要抬起头挺起胸，用平凡的脚步，踏出不平凡的路程，打造独一无二的自己……"

"老爸，不要说了，我一切都明白了。"儿子打断了我的话。"谢谢老爸指柳教子、以花喻理，让我在轻松、愉悦的气氛下受到了教育。"儿子一边说，一边挽着我的胳膊往回走。昏暗的路灯下，留下了我们父子一高一低两个长长的背影。

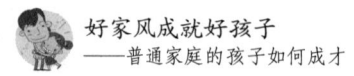

从那以后,儿子学会了坦然面对各种挑战。他在美国读研时,上的是世界排名前 20 的名校,他的同班同学很多都有多年的工作经验和炫目的教育背景。他面对强劲对手,不亢不卑,不懈努力,取得了优异的学习成绩。他毕业时,领先许多同班同学,同时被两家世界 500 强 IT 企业和美国著名的四大会计咨询公司之一录用。同班同学羡慕不已,纷纷称赞他是一个"中国奇葩"。

☀ "勇敢"的一跳

女儿上初三的时候,有一天中午,我和爱人下班后正在厨房做饭,她放学刚一进家,书包还没来得及放下,就急匆匆地凑到我们跟前,诉说起学校发生的一件大事:她们年级其他班里一个男同学和一个女同学谈恋爱。后来这个女同学因为学习成绩下降被家长发现,家长耐心说服了这个女孩子,女孩子提出要和那个男孩子分手,男孩子坚决不同意。后来,女孩子的家长把情况反映到了学校,求助老师。老师多次把男孩子叫到办公室开导教育,可他仍然纠缠着不依不饶,下晚自习时还在路上拦截这个女孩子。女孩子的家长只好护送孩子上学放学,严重影响了他们一家人的正常生活。

女儿一脸严肃地继续说:"女孩子的家长没有办法,只好再次求助老师,今天老师把这个男孩子叫到办公室,两个人谈顶牛了,老师出去打电话通知他家长来学校。老师刚出去,男孩子就从办公楼二楼窗户跳了下去。"

"啊!"我和妻子不约而同地惊呼了一声。

"那孩子现在咋样?"我妻子急忙问。

"很快,120 救护车呼啸着就来了,各班学生都不准出教室,我不知道那个同学摔得怎么样!"我女儿回答。

我和妻子都惊得瞪大了眼睛。我们还没缓过来神,女儿接着说:"放学的路上,大家议论纷纷,有的同学还编顺口溜——生命诚可贵,爱情价更高,老师再批评,高楼咱也跳。"

第四章 心育，健康人格的起点

"乱来，革命诗词怎么能随便改！"我妻子马上批评女儿说。

"我是学别人的。"女儿马上解释道。

我紧接着问："那你对这件事怎么看？"

女儿回答："跳楼的男同学为爱舍命，真够勇敢的。"

"什么，这叫勇敢？"听了孩子的话，我心里暗自一惊。我马上意识到，孩子在"生与死""爱自己与爱他人"的问题上出现了认识偏差，必须及时疏导，让孩子对生命有正确的认识，善待、珍惜自己与他人的生命。

"我已经把饭做好了，咱们先吃饭，等吃完饭再慢慢聊吧。"我这时候想利用吃饭的间隙，来寻思纠正孩子心理偏差的最佳突破口。

吃完饭后，孩子主动和我们一块收拾桌子和洗碗筷。"我们一家人现在这样亲亲热热，一边干活一边拉家常幸福快乐吗？"我边干活边和孩子聊了起来。

"在咱们家爸爸妈妈夫唱妇随，你们和我，还有弟弟，一家人父母唱子女随，其乐融融，当然高兴了！"女儿答道。

"那你再想一下，上午跳楼的男同学家里，现在会是什么情景？"我将话引入了主题。

女儿停住手里的活，想了片刻，回答说："一定乱套了。"

"是呀，他爸妈现在一定是难过得死去活来，哭天天不灵，叫地地不应呀！"我妻子说着眼圈都红了。她噙了两眼泪继续说："家长养儿育女，含辛茹苦，都希望孩子健康成长，可他这'勇敢'一跳，还叫爸妈怎么活下去呀！"

女儿见妈妈掉了泪，取来手巾替妈妈擦泪。

"你知道'自私'这一词的含义吗？"我问女儿。

"当然知道，就是遇到事情只为自己着想，不考虑他人的利益和感受。"女儿流利地回答。

"很对。每一个人来到这个世界，都是背负着责任的，他要对自己负责，对爸妈和亲人负责，对社会负责，你说对吗？"我问。

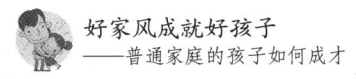

女儿点点头，回答："是，是。"

"咱们暂且不说十四五岁的孩子过早谈恋爱对与不对，一个年轻人最大的目标不单单只是为了爱情而活着吧，一个当代青年总应该为自己的前程负责吧。退一步来说，现在恋爱失败了，来日方长，机会多的是，岂能一败就'跳'，这样做，显得自己也太没志气，太轻视自己的价值，太不珍惜自己的生命了吧。"我一边说，一边意味深长地看了看女儿。

我看女儿在很认真地听，继续说："第二点，我们同为家长，能切身体会到此时此刻那位男孩子家长的切肤之痛。退一万步说，跳楼的男孩子就是不为自己家长的感受考虑，也总该为他恋爱的对象负责吧。他既然深爱一个女孩子，就要为她长远考虑，要让你深爱的人生活得更幸福快乐。当对方已经提出不愿意再与你相处时，唯一正确的选择就是：负责任地放开手，默默地为她祈福。"

"我知道了！"女儿说着，不住地点头。

我紧接着说："还有更重要的几点，第一，你要永远记住，生命是人生最宝贵的东西，只有生命的存在，人才会有其他价值的创造和实现。生命是无价的，它没有任何等价物，任何东西都不能代替它，具有不可逆性，失去了不可复得。"

"这一点我能理解，我以前看过这方面的书，你今天讲了我印象更深刻了。"女儿在我停顿的空隙插了一句话。

"第二，你也要牢记，无论是祖国还是家庭，都需要一个个生命的健康存在，都需要不断为生命所处的社会环境尽一份责任。千万不能漠视和践踏生命，要爱己和爱人，'爱己'包括珍惜自己的生命、注意自己的人身安全；'爱人'包括要爱同学、爱老师、爱亲人。因为，民族振兴的大业还要靠你们去完成，父母垂暮之年还要靠儿女养老送终。你经常说要以优异的学习成绩报答父母，我郑重地告诉你，对父母的报答不是很高的分数、优异的学习成绩，而是从现在开始，好好活着，平平安安每一天！"

"第三，人生会有许多不随心、不顺意的时候，会遭遇到许多挫折、失败的事情，这时候一定要坦然对待人生的挫折和失败，要放平心态面

第四章 心育，健康人格的起点

对，只要精神不滑坡，办法总比困难多，就没有过不去的坎。一个强者，只可以被打败，而向前奋扑，不可以被打倒，而一躺不起。你记住了吗？"我不停地说。

"爸妈的话我都会牢牢记在心里的，放学之前，我心里还在佩服那'勇敢的一跳'，你们的一席话，我完全颠覆了以前的想法，我永远记住你们的这句话'生命是背负着责任的'，你们放心上班去吧，我该上学去了。再见。"女儿说完，一路小跑奔下楼去。

我们站在窗口，看着孩子骑车飞快地向学校赶去，长长地松了口气。

二、孩子，我们听你说

什么是亲子沟通？新加坡之父李光耀说："和孩子沟通是家庭教育的桥梁。"我觉得，亲子沟通就是家长与孩子相互交流观点和看法的过程，是寻求共识，消除隔阂，传递真情的有效手段，是孩子成长的助推器和心理驿站。

然而，现在社会上很多家长却忽略了亲子沟通的重要性，出现了许多误区：第一，有的家长认为，自己的主要任务和精力是努力赚钱，不但现在让孩子吃得营养、穿得高档，还要为孩子将来的发展铺好坚实的经济之路。因此，自己早出晚归，很少有闲暇和孩子见面交流沟通，教育孩子的任务交给学校了事。第二，有的家长认为，现在孩子还小，很多道理他们都不明白，不知道自己需要什么，与孩子沟通的意义和必要不大，树大自然直，长大自然懂。第三，有的家长在孩子遇到事时，不商量交流，不征求孩子的意见，不考虑孩子的诉求，常常自作主张，强迫孩子必须按照自己的要求去做，认为自己所做的"一切都是为孩子好"。结果却发现，家长钱没少花，心没少操，事没少做，却出力不讨好，孩子总是拒绝家长的"好意"，甚至不愿意跟父母诉说自己的真实想法。第四，还有一些家长和孩子沟通不注意方式和内容，父母与孩子的谈话几乎都是询问孩子的学习

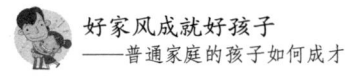

情况和对孩子的指责，甚至还夹杂着一些语言攻击，结果伤害了孩子的自尊心，一谈心就顶牛，总是不欢而散，使亲子之间形成隔阂，甚至处于一种敌对的状态。

所以，家长要想与孩子的沟通达到目的，除了要有良好的心理状态外，还必须要讲究方法，"劈柴要顺茬，沟通要得法"。家长要学会建立平和、尊重、民主的良好沟通氛围，要尊重孩子的人格，把他当作平等的人看待；要了解孩子的想法，认真聆听他的意见，哪怕其意见是幼稚、不成熟的；要对孩子充满信任，相信他的上进心，培养他的是非判断能力；给孩子以理性的指导，正确的建议，使孩子心悦诚服地在沟通中受益、成长。

☀ 发自己的光，不吹灭别人的灯

我们每次与孩子们沟通，都做到三点：第一，做到心中有数，言之有物。家长要做个有心人，我们在孩子成长的过程中，经常观察他们的一言一行，一举一动，善于从小事中发现征兆，看出苗头，沟通时有具体话题可谈，用事实说话。第二，我们与子女沟通要很少长篇大论说教，尽可能不用命令式的口吻，多是心平气和的交流。因为空洞的话缺乏明显的可操作性，孩子把握不住，命令式的口吻反倒造成孩子心理上的紧张焦虑。第三，我们在与孩子谈心时，不但告诉孩子应该"怎样做"，而且要让孩子明白"为什么"要这样做，从道理上说服孩子，让他心服口服。

我儿子上初二的时候，有一天傍晚放学回到家，将书包往凳子上面一放，坐在床边发起了牢骚。儿子对我说："今天下午第三节课，被老师批评了。"我看儿子愤愤不平的样子，递给了他一杯水，他"咕咚咕咚"一口气喝完，向我说起了前因后果。

原来，学校为了调动同学们的学习积极性，每次排座位，都是按照全班同学前一次考试成绩排名的先后，依次进教室挑选，学习成绩优异的同学就坐前面和中间，没考好的同学就坐后面和旁边。他们班半月前排座位时，由于他和另外一个同学的考试成绩靠前，进教室后，他们两个人就选

第四章 心育，健康人格的起点

择了一个正中间，而且光线好的座位当同桌。可没想到，他们两个刚做了不到半个月的同桌，班主任老师偏袒一个干部子弟，强行让大家的座位依次向后退一名，将这个干部子弟从最后面一排调到了前面，来和我儿子坐同桌。同学们下课后都议论纷纷，可大家知道，这个孩子爸爸的官职比教育局长的官职都大，同学们谁也奈何不得。

刚开始，我儿子和这位干部子弟坐同桌，觉得也无所谓。但接连发生了许多不愉快的事情，给我儿子带来了麻烦。他们坐同桌的前两天，那个干部子弟上课把《武侠小说》放到桌斗里面偷看，看到高兴处，发出轻轻的笑声，影响我儿子听课。三天前，我儿子站起来回答老师的问题，他趁机将我儿子的凳子向后拉了一下，我儿子回答完问题后一下坐空，狠狠地磕在后面的桌子上。更让我儿子恼火的是，今天上数学课，他竟然将一辆玩具小汽车上足发条，偷偷塞进我儿子的口袋里面。我儿子正专心听讲，猛然有东西在衣服口袋里面乱跳，吓得不由自主地"哎呀"了一声，老师循声望去，正好发现我儿子从口袋里面掏出了一个玩具小汽车在转动。同学们见状哄堂大笑，老师见课堂纪律被破坏，不由分说，将黑板擦用力向桌子上一拍，大声命令我儿子站到教室后面，我儿子刚要辩解，老师怕耽误大家上课，让他等下课再说。虽然下课后老师知道冤枉了我儿子，但那后半节课，害得我儿子心神不定，站在教室后面什么也没听进去。

我儿子气呼呼地讲完事情的经过，用力拍着床说："明天非要想办法好好整治整治他，出出这口窝囊气不可。"

听了儿子的诉说，我暗自思忖：孩子前几天在吃饭的时候，曾经讲了老师安排他和那个干部子弟坐同桌的事情，当时我们没将它太当回事。现在看来，是该和孩子好好沟通沟通，谈谈心了。

"我问你，你们两个已经同桌半个月了，这个同学除了上述你讲的缺点以外，你看他平时在学校都有哪些长处？"

我儿子眼睛看着天花板想了想，回答说："有，也有一些长处。"

我说："你说说看。"

"他对同学很友好、很大方，我们周围的同学做作业发现错误的地方，

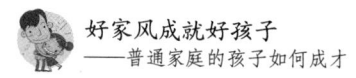

改正时用的都是他的'消字灵',课间加餐时,他经常把自己带的好东西分给我们吃。"

"还有吗?"我问。

"他还有帅才,我们班里的几个调皮孩子,都听他指挥,他走到哪里,那几个同学都跟到哪里。"儿子说。

"对了,他集体观念很强,上星期班里组织到烈士陵园扫墓,他让他爸爸找来一辆大轿车,免费把全班同学拉去接回。"儿子说着说着,气消了不少,语调平和了许多。

"哦,这么说,这个同学除了学习稍微差一点、上课爱调皮一点外,优点还是蛮不少的。"我对儿子说。

我儿子听后未置可否。

我趁机接着问儿子:"他乐意和你坐同桌吗?"

"他很乐意,他曾经告诉过我,他很早就想和我坐同桌,就是考试成绩上不去,占不住先挑座位的机会。这一次还是他妈妈给校长打电话,点名要和我坐同桌。"儿子很肯定地回答我。

"人家主动提出要和你坐同桌,主要是看你遵守纪律,学习努力,目的是想和好同学坐在一块接受影响,让你帮助他共同进步的。这个出发点是正确的,从某种意义上讲也是一件好事。咱尽可能不要把好事做砸了。"我进一步分析到。

"那他家长打电话给学校领导,为她儿子调座位的做法也是不对的。"儿子说。

"你说的很对,社会上有些事情是很不正常,但咱只能管住自己安分守己,对一些社会现象咱无能为力,国家会慢慢治理的。但是,可怜天下父母心,谁不想自己的儿子能坐一个好同桌,谁不想自己的孩子快点进步。"我看孩子认可地点了点头,接着说:"我以前告诉过你们一句话,一个人的前途有多美,看他与谁同行,与啥人为伍。那个同学积极向你们靠拢,想与你们同行,也是怕误了前途。你应该伸出手帮他一把才对!"

儿子问:"他既然想和我坐同桌,想进步,那又为什么老出歪点子整我呢?"

我解释说:"一个人的退步,就像溜滑梯,很快的。一个人的进步,就像爬山坡,比较慢。你总要给人家一点改正缺点的时间和机会吧。"

"那我明天就不报复他,不整治他了。"儿子已经被我说服。

"你这样做就对了。对别人多一些宽容,对自己也是一种解脱。你与其去报复他,打击他,不如用自己的行动感染他,用自己的光亮照亮他。"我继续跟儿子说:"法国伟大作家雨果有一句话我很崇拜——最高贵的复仇方式是宽容。明天你一定抽时间同他谈谈,告诉他不计前嫌,想和他继续坐同桌,并且以后愿意帮助他讲题,辅导他学习。如果他能改正缺点,慢慢还可以做朋友。以后下课两个人可以尽情地玩,上课不准捣乱。如果上课再恶作剧,一定找老师调座位,你不走,我走,一定躲开你。"

"好好,我觉得可行。"儿子非常赞同我的说法。

我进一步告诉儿子说:"你明天还要再做一件事,就是要把他前几次的所作所为和咱们的想法,告诉班主任老师,让班主任老师给这个同学的妈妈打电话,进行信息反馈,配合我们共同促进她儿子逐步上进。"

"行,行,听了你的话,我心里舒坦多了,明天我就这样做。"儿子说完,拿起书包,回屋里写作业去了。

后来,我儿子不但长时间和那个干部子弟坐同桌,而且还成了初中时期的好朋友。现在,孩子们长大了,但还经常提起我当年和他们沟通时,给他们留下印象最深刻的那一句话:"发射自己的光,但不要吹熄别人的灯。"

☀ 家庭民主生活会

在和孩子沟通时,我们首先会充分考虑孩子的意见,站在孩子的立场去想问题、考虑问题、处理问题,即使觉得孩子的意见不合理时,我们也不立即予以驳斥,有时会表现出对孩子想法的理解,变对抗为对话,让孩子充分体会到自己的想法受到了尊重。同时,我们还注意培养孩子换位思考的习惯,引导孩子设身处地地站在大人的角度去考虑问题,去辨别事情

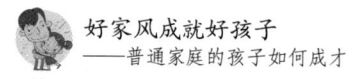

的对与错、好与坏。这样，角色的互换很容易赢得相互的理解和信任，使孩子在自然的沟通状态中去领会家长的教育目的。

在孩子们的心里，是出于对父母的崇拜而认可，还是出于对父母的淫威而妥协，也许短时间内从表面现象看，效果是一样的，但长此以往，结果却是大相径庭的。从孩子上小学开始，我们家就建立起了"家庭民主生活会"制度，每周六或者周日晚上坚持开一次。民主会上取消了家长和孩子的等级差别，大家都是平等的，家长放下架子，孩子可以毫无忌惮地给父母提意见，畅所欲言给家庭提合理化建议。每周的家庭生活会都成了孩子们最愉悦的时刻，他们总觉得自己得到了应有的尊重，"权利"得到了保障，形成了父子无障碍的沟通。

我们每次进行民主生活会，家长和孩子都轮流做"会长"，会长要总结一周来每个家庭成员的优缺点，提出希望和建议，并记录在案。每个家庭成员都要轮流发言，对上一周家庭生活会中别人给自己所提意见的改正情况做一汇报，对自己新的打算进行陈述。

家庭生活会的召开，不但使孩子得到了在家中应有的地位和尊重，还改善了亲子关系，激励了孩子发奋进取的积极性，一举多得。每当孩子在家庭生活会上提出家长做了错事或错怪了孩子，只要正确合理，我们就会放下家长的架子，诚恳的、不敷衍、不找客观原因地当场道歉，自我批评。我们这样做，不但不会影响家长的威信，不会有损父母的尊严，相反，会使孩子由衷地敬佩父母的品质与修养，从而更加信任父母，亲近父母。孩子受到家长的影响，他们也把谦虚、尊重等优秀品德记在心中，平时言行中不断效仿，大度、包容就成为他们的自觉行动和习惯。

如果风筝断了线

有一天，我们利用周六晚饭后的时间举行"家庭民主生活会"。当时，我儿子对我提出批评意见说：老爸规定我每天放学后，必须在40分钟内回到家里，否则，必须说出原因。如若我再超过一些时间没回家，老爸必定会沿着去学校的路线一路向前寻找。在这方面对我规定得太多，管得太

第四章 心育，健康人格的起点

严，是一种不信任，希望老爸能减少一些约束，给我多一些个人的空间。

听了儿子提的意见，我当时很快反思了一下，觉得我平时的做法没有什么不妥：第一，我规定他在40分钟内到家，不是无根据乱定的，我曾经看着手表测试过，我亲自骑着自行车从家到学校，再从学校到家，单程只需要20分钟左右，除去偶尔老师拖堂，或者路上有时堵车，40分钟内到家的时间绰绰有余。第二，常言说，儿行千里母担忧。孩子们不按时回家，家长放心不下：孩子是在路上被"马路杀手"撞上了，还是开小差拐进"黑网吧"了（当时国家还没有规定进网吧必须在18周岁以上），还是和路人发生摩擦了，还是和同学打架了……只有听见孩子那熟悉的脚步声，爸妈才会离开窗口，不再向路上翘首张望。第三，我每天下班赶回家做饭，都考虑到孩子们的时间。如果饭做得早了，特别是冬天，怕孩子回来吃凉饭；如果饭做得晚了，又怕孩子饥肠辘辘已经到家，耽误孩子们按时吃饭。我们家经常是水在火上煮呀煮，只要远远看见孩子们的身影，我才急急忙忙向锅里下面条，孩子们一进门，正好把热腾腾的饭菜端上桌——孩子呀，你完全误会了老爸规定你放学40分钟内必须到家的良苦用心呀！

但在当时的"家庭民主会"上，我不能过度反驳孩子，不能打击孩子们提意见的积极性。因为我认为，教育孩子，"疏"永远比"堵"好，只有营造开放式的家庭环境，允许孩子有自己的想法和提意见的机会，他们才会更愿意跟你愉快地合作。如果孩子在父母面前尝试着敞开心扉，却常常一提意见你就"堵言路"，甚至在敞开心扉后却发现会受到进一步的伤害，孩子在失望中会将"心灵大门"渐渐关闭，他不再来"烦"你了，和孩子沟通的渠道就不畅通了。这时候，我准备换个更好的方式，选择个更适当的时机，跟孩子进行沟通交流。我当时点了点头，对孩子说"你大胆提意见，及时将自己的想法说出来，很好。你提的意见我可以考虑考虑，我以后多注意吧。"

第二天是周日，上午风和日丽，我带着儿子到洛河滩放风筝。风筝飞得越来越高，我儿子兴高采烈地用力拉着风筝线跑呀跑，累得满头大汗。

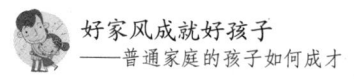

好家风成就好孩子
——普通家庭的孩子如何成才

我们玩到中午将近12点的时候，我问儿子："如果你把风筝线放开了，它失去了你的控制，会是什么结果？"

"风筝会飞得更高、更远。"儿子看着天上的风筝，不假思索地回答。

我取下钥匙链上的指甲刀，儿子还没反应过来，我就剪断了风筝线。突然间，断线的风筝顺着风向，飘得越来越高，飞得越来越远。儿子在后面猛追了一会，垂头丧气空手而归。

"老爸，你怎么突然剪断了风筝线？"儿子瞪大眼睛不解地问我。

"我给你打个比喻吧，在咱们家，你和你姐姐就是天上那五彩的风筝，我和你妈妈就是下面用力拉线、负责控制方向的人，如果我们两个人随便放开风筝线，会是什么结果？"我问儿子。

儿子说"那我们两个人就会像今天的风筝一样，飞丢了。"

"对呀！"我紧接着说："一个人想得到更多的自由，减少条条框框的管束，无可厚非。但任何事情必须有一个度，条条框框就像今天的风筝线，没有了它，风筝就永远'找'不到回家的路了。你说对吗？"

"对，对，你说的很对。"儿子回答。

我继续说："你昨天晚上在家庭生活会上……"

"哎呀，老爸，你原来在这儿等着我呢！"我们两人一起笑了起来。

回家的路上，儿子坐在自行车后座上，轻轻地拍着我的背说："老爸真狡猾，把人批评了，还让人心服口服。明年我再做风筝，把风筝绳子弄结实些，让你弄不断，风筝永远'不迷路'，不再丢。"

我们从孩子懂事开始，一直到博士毕业，甚至他们在美国留学期间，从来没有间断过和孩子们的直接以及间接沟通。我们和子女的沟通是全方位的，内容非常广泛，从学校老师讲课的方法、要求，对老师人品的印象、看法，学习中遇到的问题，学校规章制度的执行，上学路上遇到的人和事，报纸电视上看到的社会现象，自己每天生活中的喜怒哀乐，与同学之间的友谊、分歧，和朋友之间的共同爱好与冲突，在社团里工作时的竞争和收获，下一步的想法和打算，实习期间的所见所闻，甚至连寝室内的几位室友的习性爱好、父母的教育方法、家庭经济情况等，都是我们交流沟通的内容。

第四章 心育，健康人格的起点

23 岁，你在干什么

常言说，知己知彼，百战不殆。我们通过和孩子们敞开心扉的交流沟通，相互之间成了无话不谈的真诚朋友。我们相互之间没有秘密可隐藏，没有隔阂可掩饰，和孩子相互之间更了解，各自的想法和建议更符合对方的心理需求，更容易被参考和采纳。现在我们家里珍藏的父母和子女互相往来的书信就有 80 多封，家书寄托着胸臆，传递着人生经验，其情切切，其意拳拳，片纸重千钧。现在他们每每回来探亲，我们共同再重读那一封封来信，字里行间不但可以清晰地看出孩子们在成长的过程中遇到的事情和心理上的需求，洋溢着真切的关爱，还被拉回到从前的时空，品尝回味着一家人浓浓的亲情和幸福。

从孩子们上学开始到 18 岁，他们每年过生日的时候，我们必定会写一封生日寄语或者贺词给他们，用以坚持不断地进行思想沟通和情感交流。下面的附文一和附文二，是我儿子到美国留学后，他在异国他乡过第一个生日和 23 岁生日的时候，我们给他发的两封生日寄语。

附文一　作者之子第一次在美国过生日时作者给他发的信件

儿子：

生日快乐！这是你长这么大第一次在异国他乡过生日，虽然吃不到老爸准备的一桌盛宴和老妈买的蛋糕及饮料，遗憾之余确实是一个很值得庆贺的庆贺。因为这是真真正正、实实在在的跨国隔洋之贺，是一个实现了人生一大跨越和转折之贺。

22 年，你从一个坐在老爸脚上荡秋千的无知幼童，现在成为世界名校的研究生。这每一步都留下了你不停奋斗的脚印。

小时候，你没上学在家里就认识 800 多汉字，上小学时你的年龄一直处于劣势，比同班同学都小一到三岁，可你的学习成绩一直是班里的前三名。你的有些作为，可与那些比你年龄大几岁的同学媲美。你上小学三年

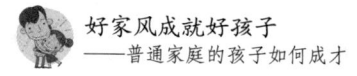

级时代表洛阳市的少年儿童到北京开会,你用自己的零花钱给你妈妈和姐姐买首饰、礼物的举动,近乎成人的想法,令带队的许慧君老师见人就夸。

初中、高中你在班里都是前十名,"三好学生"和"优秀团员"证书得过许多张;高中期末,江南大学自主招生,你脱颖而出,赴无锡面试时,你灵活机智的思路令考官称道。你高考时虽没有达到你的预期目标,但也是班里为数不多的一考中榜者。

大学四年期间,你可谓马不停蹄,越战越勇,锋芒初露。大二时期"偷菜"游戏风靡大学校园,而你牢记责任,不为诱惑所动,显示出了独特的自制、自控、自信能力。特别是在你们寝室和对面寝室几位"游戏高手"昼夜影响下,你能英语四、六级得高分,计算机过了二级过三级(这是在零基础上,没有任何经历和任何人指点的情况下自学成功的)可谓奇迹一件;做节目主持人,你风头尽出;托福越考越理想,GMAT考出了意想不到的高分;大学四年,你是全年级唯一独揽教育部颁发的"励志"和"国家"双料奖学金的学生;毕业成绩GPA全年级第一,获得了免试保研资格。同时,四年里,你并没有耽误学校的公益活动并到"无忧雅思"培训学校教英语打工赚钱……

特别2011年下半年你主动放弃保研资格,开始备战出国留学,你没有依靠中介,全凭自己的智慧、努力和平时建立的人脉,自己写出了不同学校、不同要求、不同特色的个人陈述和简历;你还巧借外力,善于求助和联系故交:大学教课的海归老师、大ABC、基督徒外教、网络上认识的师兄、师姐。多少个夜晚,你都是苦学到子夜一点后,在老爸的严令下才上床休息;无数次寒夜,你都是等到美国时间上午八点以后,在网络上用免费通话软件与美国大学联系;无论外国大学的电话面试,还是外国大学面试官亲自到上海面试,你口语、听力的出众表现,都令面试官刮目相看。最后终于修成正果,同时被美国五所大学录取,其中有的是给全奖,有的是硕、博连读。你的作为,曾经被母校党委书记引为政治教育的典型材料,也曾经被管理学院院长当作发言的谈论资本。

第四章 心育，健康人格的起点

你接到美国大学的录取通知书后，你又不肯罢休，用了在国内的最后3个月时间，突击拿到了JAVA工程师的证书。接着自己预定到美国后的宿舍、自己寻找赴美廉价机票。到美国大学报到以后，当同去的同学还沉浸在初到美国的欣喜欢乐之中时，你已经申请到了兼职打工的机会。你总比别人快一步，在美国，你没误功课，没误打工挣钱，没误计算机学习，没误锻炼身体，每一天都过得那么忙碌那么充实和有意义。

儿子，这22年里虽然老爸给你的学习、工作、生活不断加码，扬鞭催赶，时常有很多不尽人意之处，但你已经很优秀、很值得同龄人仰视，很令邻里羡慕，令爸妈骄傲了。但你要清醒地认识一点，你是在不停地成长，而没有成功——趁现在年轻、精力旺盛、没有家庭负担，抓紧一切时间多读点书，多积累些学问。一个人事业辉煌的高度，多半要基于青春时代积累的学问，你的学问有了深度和高度，你人生事业目标的选择范围才能更宽、更广。这是没有读过几年书的老爸的沉痛教训和切身体验。

虽然现在你与美国导师、与同学在某些问题的看法上发生了分歧，在实习问题上遇到了一些挫折，但人生不可能事事心想事成，人生不可能一切都会按自己的意志来转移。不要过多地担忧，不要自寻烦恼，无端给自己增加包袱，凡事努力了，无愧于心就行了。

至于你同我探讨的将来毕业后，你是回国，还是留在美国的问题，我个人认为，首先在于你自己的能力，其次在于你自己的机遇。毕业后留在美国固然很好，可以在发达国家的工作实践中，接触一些更高端的科技知识，多接受一些西方文明的熏陶；但学成回国也是一个很好的选择。综观现在国内的大企业，凡有海外留学经历者，都当作珍宝对待，从工资待遇到职称评定、基金申请，都优于没有海外背景者。什么事情咱们都没有经历过，世界上的事情变数太多，无论将来留也好，走也好，现在努力将本领学到手是关键；将来在国内也好，在国外也好，只要不惜汗水，肯卖力做事，前途一样都是非常美好的。这将是无可辩驳的事实。

爸爸妈妈想对你说的太多太多，老爸说起来总啰啰嗦嗦没完没了。写的贺词跑题了、跑题了，不好意思，不说了哈。

135

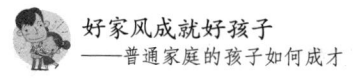

最后再说一句吧，不停地努力吧，快快乐乐地生活吧，自己去买个蛋糕，弄两个小菜，倒一杯果汁或饮料，美美地吃一顿，为自己在美利坚合众国过的22岁生日，为自己曾经的不懈拼搏和成功，为自己现在不停地努力和成长，为自己追寻的梦想和未来的征程，好好庆贺一番！

再次祝你生日快乐！

爸爸妈妈于家乡洛阳
2013. 3. 11

附文二　作者之子23岁生日时作者发给他的电子邮件

儿子：

生日快乐！爸妈遥祝远在异国他乡的亲人健康、平安、幸福、快乐。

今天你已满23周岁了。现在网络上和一些经典的电视节目都经常问一些大腕和明星："你23岁时在做什么？"答案各不相同。等将来有人问起你时，你可以这样骄傲地回答：我23岁时已经背井离乡，奔跑在异国他乡希望的征途上；23岁时我没有虚度时光，没有辜负亲人的嘱托，没有丝毫的懈怠，没有忘记自己的责任和目标，很充实，很忙碌，很累而且快乐地过着每一天；23岁时，当别的同龄人还在依靠爸妈供给生活费和学费时，我已靠自己勤奋的双手和智慧（不很聪明，但很灵活的大脑）自食其力，负担起自己在美国昂贵的生活费、住房费、养车费和不菲的学费了；23岁时我已做到了"乌鸦反哺，小羊跪乳"，用自己的积累为爸妈提前预订了到华盛顿、纽约旅游的飞机票和住宿费；23岁时，当同来美国的同学，还在享乐着美国的好山好水好风光时，我已经未雨绸缪，在完成各项学业（而且GPA很高）、完成"黑莓"手机公司的实习工作、完成助教工作的同时，努力考取了美国公司要求的几样必备证书；23岁时，当别人还在为找不到工作单位而发愁时，我已放弃了几家小公司的录用，婉拒了微软的下一步面试，被美国的两家大公司——亚马逊和普华永道录用，令导师称赞，令异国的同学美慕、嫉妒；23岁时，我不再青涩，已学会了包容和大

第四章 心育,健康人格的起点

度:为了学好英语,我经常和美国及印度的同学交往,被老乡误会,面对冷面,我总笑脸相迎,去化解不愉快;为了掘金,我拒绝了同学们的聚会和外出旅游的邀请,被同学们慢待,我能冷静下来主动搭讪,做到了与"不同道者而共谋";面对加拿大公司老板的无端指责,我知道"小不忍,则乱大谋",显示了老成,做到了持重;23 岁时,我在同美国上市公司签订了录用合同后,没有被成功冲昏头脑,没敢有丝毫放松,又买了专业书籍,又开始了新的征程……

儿子,前途是光明的,道路是曲折的。再有 3 个月,你就要离开出出进进将近 18 年的学校大门,步入社会。再没有了寒暑假,再没有了百问不厌的老师。这时候,你要清醒地知道:老板不同于老师,办公室不是教室,社会有别于学校;社会很复杂,工作很辛苦,人际关系很难处,你要有充足的心理准备。但你绝不要惧怕,不要畏缩,人来到这个世界上,就是来解决矛盾的,要学会在矛盾和冲突中发现人生真谛,在成功和失败中总结积累经验,在与强者和智者交往中不断学习成长。一个人不但要学会从失败中站起来,还要从成功中走出来,要在成绩面前看到不足,在成功面前看到差距。23 岁时,你已超越了同辈,我相信,只要你不迷失方向,能继续努力,你到我这个年龄,你一定会远远超过父辈,一定青出于蓝而胜于蓝。

当年,在你将要赴美留学离巢远飞前,我们父子有一次长谈,当时我要求你在异国他乡一定要记住两点:第一,在美国读书毕业后,能留则留,不能留则回,你的亲人在洛阳,你的根在华夏,父母是你永远的牵挂,老家是你永远的依靠。第二,当时我告诉你,美国是一个法制健全、科技先进的发达国家,文明程度很高,但同时美国也有许多难以克服的弊端,枪支在美国可以自由买卖,毒品在某些州合法化,黄、赌及性病在美国比比皆是,千万留神提防,不可染指。上述第一点现在看来我不用担心,而上述第二条你还要重温、牢记。你在国外大学打工时的上司和你在国内的表哥都是黄赌毒的受害者和牺牲品,你要当作前车之鉴。在你走入社会后,要时刻提防黄赌毒及艾滋病的伤害,洁身自好,让老爸老妈放

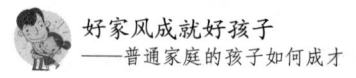

心,因为这些东西狠如毒蛇、猛如虎。

儿子,当左邻右舍和爸妈的同事们知道,你同时被几家大公司录用后,都喷喷称赞。我们老俩口虽然在家吃得不高档,住得不宽敞,穿得不时尚,但不曾被邻人小瞧。这就叫作"后三十年看子敬父"。孩子们能干,老子喝口凉水心比蜜甜。

前几天咱俩聊天时,你说几年没回国,太想爸爸妈妈,还发了个哭脸说:"你不要我了。"我心里难受了多天。游子念家,可以体谅,但温暖的老窝只可以当作美好的记忆留念,但千万不能眷恋,好男儿志在四方。儿女是爹娘身上的肉,父子连心,每当夜深人静闲下来,我都要想想你,也盼望着亲人早日团聚,但儿女自有儿女福,你们在他乡能事业辉煌,能被异国人仰视,也是对父母的慰藉和孝敬,我经常是在思念中进入甜甜的梦乡的。

爸妈今天说的太多了,到此吧,以后再叙。自己买瓶啤酒,买个蛋糕,为自己的付出,为自己的成长,为自己不能歇脚的征程,干上一杯。

再次祝你生日快乐!

老爸老妈于上海
2014.3.11

三、好爸爸也是好朋友

父母与孩子相互之间的理解和信任,是进行亲子沟通最重要的前提条件。因为,孩子也有自尊,也有秘密,需要家长尊重,需要我们维护他们的隐私,需要给点自由成长的空间。父母一定要了解自己的孩子,信任和尊重自己的孩子,既要做子女的保护者,又要做子女的知心朋友和"铁哥们"。在尊重孩子的自主性和独立性的前提下,再施以必要的教育和引导,会起到最佳的教育效果。

当孩子进入青春期后,家长可以发现很多时候不是因为父母说的话不对，而是父母与孩子的说话方式、关系处理的有问题。孩子们如果长期得不到成人的信任，经常被怀疑被盘问，就在孩子心中种下了一颗被怀疑的种子，孩子做事要么胆小怕事，疑神疑鬼，犹豫不决，形成性格缺陷；要么家长的行为引起子女们极大的反感，激化他们的逆反心理，形成对抗。结果与家长的爱子初衷背离，有的孩子离家出走，有的跳楼、服毒自杀，造成家庭悲剧。

☀ 考场上的小纸条

我儿子在升入高三以后，正值青春期，这时候的孩子，思想体系虽然还不很成熟，但对某些原则问题已经有了自己的独特见解。当时距离高考越来越近，孩子们的学习压力逐渐加大，可是偏在这时候，他在学校接二连三地遇到了许多意想不到的问题，造成了一些思想包袱。我们看在眼里，急在心中，唯恐某些小事处理失当，功亏一篑。

有一天，我儿子晚自习放学后回到家，一反常态，闷闷不乐地坐在床边。我见状急忙停下手里的活，主动凑上前和孩子攀谈起来，想了解其中的缘故。

儿子告诉我们说："原来和我同在一个初中，又一块升入高中的几个同学，过去大家相处很好，最近他们和我如同路人。今天晚上放学后，他们结伴说说笑笑，而我是孤独一人回来的。"

"什么原因造成的？"我急忙问。

"我反思了一下，主要是这几次考试造成的。"孩子稍稍停顿了一下继续说："考试的时候，坐在我后面的几个朋友，他们趁老师不注意，给我递纸条，让我告诉他们答案，几次考试我都没有答应他们的要求。"

"那你是怎么想的？"我又问他。

"我当时有多种考虑。"儿子回答。

"你能说给我们听听吗？"

"其一，每次考试的题量都特别的大，我也是心急火燎地只顾做题，担心答不完，不想为递纸条耽搁时间。"

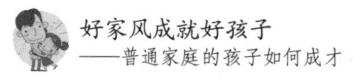

"对,对,你做得对!"我肯定了儿子的做法。

"再说了,他们问的都是难题,我有时也不确定自己做得是否正确,万一我传递给他们的答案不对,反而坑害了人家。"儿子接着说。

"你想得有道理。"我再次肯定了孩子的想法。

儿子看着我们跟他的想法很合拍,就敞开了心扉,打开了话匣子:"还有一点,干什么事情都要公平,每次同学们挑选座位的先后顺序,都是按考试分数高低决定的。我把答案给他们,他们轻而易举得了高分,对那些努力学习的同学不公平,我良心也会受到谴责。平时朋友间可以相互帮助,考场上一定要公平竞争。"

"好,好,好!"我一边赞扬孩子,一边又往他跟前凑了凑,轻轻地将手放在他的肩膀上。

"还有更重要的一点,干什么事情都要遵守规则,特别是考试纪律,一旦我传递答案被其他同学检举,或者被监考老师发现,我是要为违规和不诚信付出代价的。所以,有一次考试我故意没接朋友递的纸条,还有一次我装作没听见。"儿子把真实想法和每次的做法都和盘托出。

"你真是长大了,你的想法、做法都对,都对。"我和妻子异口同声地肯定道。

"结果,考试完几个朋友的脸色都很不好看。"儿子说。

"你把想法跟朋友们讲了吗?"我问。

"我反复解释了,无济于事,他们说我不够朋友,不讲义气,不可交。现在他们打球也不叫我,买吃的故意不分给我,放学也不和我一起走,我几乎成了孤家寡人。"孩子有点懊丧。

"这件事情,你没有做错什么,他们如果是真朋友,将来他们会理解你的,如果他们一直不谅解你,这样的朋友不做也罢。爸妈理解你,支持你。"我朋友似的进一步表明了观点。

妻子接着我的话,明确支持孩子说:"他们打球不叫你,你去参加其他活动,放学他们不和你做伴,就自己独自回家,他们买吃的不分给你,爸妈给你钱,咱自己买。"

第四章　心育，健康人格的起点

"身正不怕影子斜，坚持你的正确做法，不要被他人的意图和行为所左右、绑架。"我继续鼓励孩子，"以后再有类似的事情，你也要像现在一样，敢于坚持自己的主张。"我说。

"我现在最大的心理压力是，班里选举班干部、评三好学生、优秀团员，都依据选票的多少来决定，我为这事情把朋友都得罪了，会失去一些选票，我会为此付出代价的。"孩子眉头紧皱，忧心忡忡地说。

"你这样必然是会失去一些选票，但一个人做得对错，自有公论，得罪了个别人，说不定能赢得更多人的支持，众人的眼睛是揉不进沙子的。如果你为这几个朋友而作弊被发现了，就失去了大家的信任，一个人'失信'付出的代价，远比一次评不上'三好学生'要大得多，深远得多，做人做事一定要坚守住底线。"我帮着分析说。

"退一步来说，因为这事情评选班干部、三好学生落选了，咱也认了，爸妈不会责怪你的。"他妈妈安慰孩子说。

"你要尽可能地挽回那几个老朋友，日久见人心。同时还要逐步结交更多的新朋友，扩大朋友圈，弥补损失。"我提议说。

孩子听了我们的疏导，看爸妈这样态度鲜明地支持他，心中的疑团云消雾散，脸上的表情释然了许多。"老爸，跟你们诉说诉说，心情舒畅了一些。我刚才还什么也不想吃，现在突然感觉饿了。"儿子说。

"好嘞，我马上给你做碗西红柿鸡蛋面。"我边说边进厨房忙活起来。

这件事情过后，我儿子跟他姐姐说："从小到大，我心里有什么解不开的疙瘩，特别爱跟爸妈说，他们和我的关系不像家长，像是要好的朋友和得力的谋士。特别老爸那句'相信你，男子汉'，总让我觉得有一种自豪感和责任感，做起事来总觉得有底气，有方向。"

☀ 发怒的入党积极分子

在孩子的心里，家庭，是自己最信赖的避风港；爸妈，是自己的精神依托和靠山。每当他们在外面遇到了心理压力，感到"憋屈"的时候，第一想倾诉的对象就是自己的爸妈。在孩子最需要发泄和帮助的时候，如果

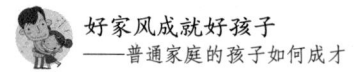
好家风成就好孩子
——普通家庭的孩子如何成才

家长不及时张开袋子接受"负面情绪",反而"不识时务"的责备和带侮辱性的谩骂,则是雪上加霜,会进一步加重孩子的心理负担,造成预想不到的负效应。

我们在和孩子沟通时不但重视"说教""输出",还做到了认真"倾听""接收"。当孩子们思想上有了解不开的疙瘩和压力,想要积极表达个人意愿的时候,我们允许孩子在家里发泄、倾诉。我们旗帜鲜明的态度,往往使孩子觉得应有的地位被重视,被亲情渲染、感动,孩子会将他们在生活、交友中的困惑,在学校遇到的挫折,对家长、老师的看法,对政治风气、社会现象的企盼,以及压在自己心头的苦恼、委屈一股脑的"宣泄出来",将愤怒、怨恨、不满毫不保留地"一吐为快"。当孩子们"倾诉"之后,如释重负,会有一种发泄式的满足,感到轻松、舒畅。这时候,我们会认真、冷静、耐心地倾听孩子的诉求。等听完孩子们的倾诉,我们会热情地给予回应,与孩子产生共鸣,会将自己高于孩子、独到的见解与他们进行沟通,给他们以"精神滋养",帮助他们疏通心理上的"路障"。

对孩子的不当看法和做法,我们以朋友一样的态度对待,允许孩子申辩自己的行动理由,表明自己的心理感受。而后,我们会帮助孩子理清问题的对错,给孩子耐心、理智的讲解,并阐明我们自己的观点及道理,表达我们对孩子的关心和爱护,帮助孩子辨别是非,放弃自己错误的想法、做法。这样的疏导、引导,起到了良好的"解压"效果,避免了积存在孩子心中的郁闷、激愤、忧愁损伤身心健康。

我儿子在高三的下半学期,有一天放学回到家后,他告诉我们:"今天放学后,班主任老师把我叫到她办公室谈话了。"

我们一听,知道孩子又有事要和我们沟通交流了,立即停下手里的活,我急忙问道:"老师和你谈了些什么?"

"老师首先表扬了我一通,说我不但努力学习,还热爱班集体,大家都在忙于学习的时候,我经常从五楼跑到一楼,到学校后勤处为班里教室后面的饮水机扛水桶,经常倒垃圾篓,天天擦黑板,等等。"

"很好呀,你的努力被老师充分肯定了。"我高兴地说。

第四章 心育，健康人格的起点

"好什么呀，班主任老师瞒天过海，欲盖弥彰！"儿子提高了嗓门，近乎吼似的一连用了两个词。

"你怎么能这样形容老师？"我看儿子憋得满脸通红，看着他的脸色轻轻地说。

"她如果不是我的老师，我今天敢跟她拍桌子。"儿子边说，边把床边拍得"咚咚"响。

我看儿子的倔强劲又上来了，急忙安慰他："消消气，消消气。究竟发生了什么事，能把一贯明理的你逼出这么大的火？"

他听了我"一贯明理"的一句话，一向很少掉泪的儿子，还没回答我的话，就噙了两眼热泪。

原来，儿子在学校真的受了委屈。每年在高三学生毕业以前，学校都会在品学兼优的学生中间发展少数的学生党员。三个月前，学校党委决定，在他们班70个学生中发展两个预备党员。按照一比三的比例，评选出6个入党积极分子为重点培养对象。经过全班同学无记名投票，我儿子当时得票最多，成了6个培养对象之一。

评选结束后，我儿子兴奋不已，因为能成为一名中共党员是他的最大追求，在他心中占有很重的分量。评选后的第二天，儿子心里兴奋，用平时积攒的零花钱，请几个好朋友在学校食堂吃了炸鸡腿，以示庆贺。当时，有一个比他大两岁的朋友边吃炸鸡腿边提醒他："大家选上你，只是走了一小步，要想最终成为现实，不是那么简单的事情，让你爸妈也到学校活动活动，别太死心眼，社会上现在流行'潜规则'！"

听到这里，我连忙打断儿子的话，问："你平时什么事情都毫不保留地首先告诉爸妈，为什么这么大一件事情你没告诉我们呢？"

"第一，我是想等我成为一名预备党员后，突然给你们一个惊喜；第二，我得票最多，我要凭我的实力成为一名党员，我不想拿爸妈的血汗钱买党员，否则，我就是成了一名预备党员，也觉得心不安，不光彩。"

"好儿子呀，你涉世太浅，完全不知道社会风气的凶险呀！"我这个有近30年党龄的老党员心里暗暗地想。"可是儿子单纯、正直的想法多么值

143

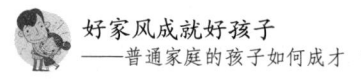
好家风成就好孩子
——普通家庭的孩子如何成才

得称赞呀!"我在心里默默称赞这个"初生牛犊"。

"结果呢?"我迫不及待地问。

"老师今天放学时把我叫到她办公室表扬了半天,我正兴奋,心想我这个'预备党员'是板子上钉钉——没跑了。可班主任紧接着一个'但是',告诉我要有心理准备,学校领导决定,我这次没有成为预备党员。"儿子停顿了一下继续说:"我当时肺都要气炸了,噙着泪跑回了家,我想第一时间向爸妈诉说我的不满和气愤。"

我和妻子听了孩子的倾诉,知道孩子在人生的道路上又一次遭到了挫折和打击,我们惊得半天都没回过神来。

"这件事我们现在再去做做工作,还有补救的余地没有?"我缓过神来,连忙问。

"没有必要让你们再去做工作了,如果我想让你们花钱送礼,也不至于等到现在。"儿子肯定地回答。

"那我们也不能坐以待毙吧?"我想首先听听孩子的意见,而后再做打算。

孩子看看我们,继续说:"刚从老师办公室冲出来的时候,我感觉心灰意冷,前途非常渺茫,想了许多:以后班干部我也不干了,班里的义务劳动和服务工作我也不管了,谁愿意干谁干吧!"

我听着孩子的诉说,感觉很不是滋味,心想:"满腔热情一心向上的孩子,突然遭到了意外的打击和挫折,有这种想法,情有可原呀。"我和爱人眼睛都不眨地听着孩子继续发泄心中的愤懑。

"可当我满腔怒火到学校停车处推自行车的时候,看自行车的老阿姨急忙从取暖的煤炉边走过来,用力帮我把紧紧挤在一块的自行车分开,然后又从围腰口袋里面掏出一块旧布,麻利地将我的车把和车座上面落的灰尘擦了擦。这时候,一股暖流涌入我的心头。我呆呆地站在那里看着老阿姨,眼睛都湿润了。"孩子说到这里,有点哽咽。

"天气这么冷,傻愣着干什么,爸妈在家等着呢,快回吧!"看车的老阿姨催促呆站在那里的他。

第四章 心育，健康人格的起点

"我推着车子一边走一边想，老阿姨也许不是一名党员，她完全可以坐在煤火炉旁烤火取暖，不帮助我分开那挤在一起、互相挂绊的自行车，不去帮我擦拭车座上的灰尘，多干也没人给她加钱，没领导表扬，少干也没人扣她工资，没人监督，完全是凭自觉凭良心做事，可她不照样在寒风中跑前跑后，坚守着自己的岗位和职责吗？难道我一个上了这么多年学，受过这么多教育的人，还不应该学学看自行车的老阿姨吗？"儿子向我们倾诉着心里话。

"凭良心做事，你说得太对了！太好了！"我看孩子语调缓和了点，想法有了转变，又惊又喜。

"那你下一步作何打算？"我赶紧追问。

"明天到校后，我原来怎么做，照样还怎么做。以后该做的事情，是预备党员也做，不是预备党员照做不误。"儿子向我们发泄了一番，倾诉完了他的郁闷心情后，说出了他今后的打算。

"你的一系列想法和做法，不但很对，而且完全出乎我的想象。你真进步了，长大了。遇到事情就是要这样，在"功利"面前能扛得起，放得下。"我想使孩子的心情尽快的平静下来，给予了他充分的肯定。

我接着对孩子说："人的一生不会事事都称心如意，会遇到许多预想不到的挫折和失败。是把挫折和失败当包袱背着，被压倒而一蹶不振，还是把它当动力骑着，绝地反击从头再来，这是弱者与强者，愚者与智者的区别所在。曾国藩有一句名言：'受不得穷，立不得品；受不得屈，做不得事'。你今天受点屈，磨磨性子也好，说不定对将来也有好处。"

孩子听了我的话后说："这些话你以前跟我讲过，我大概都还记着呢。"

我满意地点了点头说："记得就好。世界上没有绝对的公平，只有合理的不公平。今天这件事的结果，对咱来说是谁都不想看到的，但它既然出来了，就要勇敢面对。退，没有路，唯一的办法就是向前。既然你选定了自己追求的目标，就要继续努力下去。"

孩子马上表态说："高中阶段已经没了机会，我到大学一定再递入党

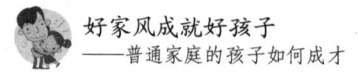

申请书,不达目标,誓不罢休。"

我进一步安慰孩子说:"有些东西过易过早地得到,说不定会成为前进路上的负担;况且,社会没有绝对的公平,以后在人生的路上,要学会忍受,能忍受不公,也是一种境界和涵养。离高考没几天了,你要一心扑到学习上,用自己坚实的脚步踏出一条新路。另外,明天存放自行车时,一定记着谢谢看车的老阿姨。"

"我会的!今天我累了,我洗洗早点睡了。"孩子倾诉完,压力得到了释放,神情坦然地回屋去了,我们悬着的心也缓和了许多。

孩子虽然高中阶段没能如愿以偿加入党组织,但他没有灰心丧气,一蹶不振。升入大学后,经过自己不断的努力,大二上学期,成为全班第一批加入党组织的预备党员。

四、好孩子是表扬出来的

"好孩子都是表扬出来的",这句话虽然说得有点过,但确有其理。在学校里,深受学生爱戴的老师,总是抓住每个学生的闪光点,不吝啬地给以启发和激励;在团队里,善管的领导,会经常采用肯定和赞扬,来调动下属的干劲和潜能;在家庭里,聪明的家长,能够采用鼓励和赏识,来激发孩子上进的积极性和主动性。孩子和成人一样,都希望得到尊重和认可,尤其是当孩子感受到家长喜欢自己、赞扬自己时,会更加努力,做得更好,也会有更大的勇气去克服困难。

赞扬孩子,肯定孩子,也是培养孩子自信心的有效途径——自信心是推动人不断前进的内在动力与基石,是孩子在心理层面的脊梁骨和精神支柱。我们非常注重孩子自信心的培养,在孩子遇到挫折和失败时,我们从不雪上加霜、批评和呵斥,而采取鼓励、安慰的方法,增强他的自信心。孩子有了自信,与人交往会开放、热情、大胆;有了自信,会敢于迎接挑战,面对困难与挫折,胜不骄败不馁;有了自信,会有勇气树立奋斗的目

第四章 心育，健康人格的起点

标，有勇气为实现它而不懈努力。

☀ 南风效应

法国作家拉·封丹写过一则寓言：北风和南风比威力，看谁能把行人身上的大衣脱掉。北风首先吹来阵阵寒冷刺骨的风，越吹越大，试图用威力吹掉人们身上的棉大衣，可它越用力，人们便把大衣裹得越紧。南风则徐徐吹动，风和日丽，春暖花开，人们自觉地脱掉了棉大衣，南风获得了胜利。这就是人们常讲的"南风效应"也称"温暖效应"。表扬和鼓励是羽翼未丰的孩子们的内在需要，由此，家庭教育中多采用"温暖教育"，多点人情味的表扬、鼓励，激励着他们前行。尽量减少批评、挖苦、打击之类的"北风寒冷式教育"，往往能达到事半功倍的教育效果。

数子十过，不如奖子一长

常言说"数子十过，不如奖子一长。"我儿子刚上幼儿园时，因为他从小在家里由爸妈带着，加上在家姐姐做事总让着他、护着他，养成了"独占""强势"的习性。所以，刚上幼儿园时不适应集体生活，因和小朋友争夺玩具，多次受到幼儿园阿姨的批评，从幼儿园回家，他一再向我们诉说"不公"，反复表明"委屈"。这时候我们觉得，孩子犯错挨阿姨批评无可非议，但同时又非常担心，幼小的孩子如果经常挨批评，在不快乐的教育方式下，孩子会出现情绪低落、精神紧张甚至信心减弱，心理上产生"幼儿园恐惧症"，拒绝上幼儿园。

这时候，我们主动和幼儿园的阿姨沟通，希望互相配合，采取先表扬孩子的闪光点，再教育他改正缺点的做法。有一天，孩子从幼儿园回来，一反常态，表现得很兴奋，孩子告诉我们，今天阿姨表扬了他三次。我们马上询问他的哪些行为得到了阿姨的表扬。儿子告诉我们，第一次表扬他去幼儿园按时，第二次是坐得端正，第三次是午间休息遵守纪律。我也趁机教育他说："你真是一个好孩子，爸爸妈妈和幼儿园的阿姨都很喜欢你，你以后如果在幼儿园不再和小朋友们争夺玩具，大家会更喜欢你的，玩具

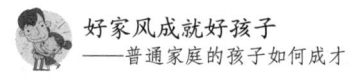

是大家的,只有不听话的孩子才独霸玩具,你决不会当不听话的坏孩子去和小朋友争夺玩具。是不是呀?"儿子听着,使劲点了点头。

又过了几天,儿子告诉我们说:"今天我拿到喜欢的玩具玩了一会,就主动给别的小朋友玩了,阿姨表扬我,说我真是一个男子汉。"我妻子高兴得将孩子搂在怀里,鼓励他说:"以后你如果能坚持不再与小朋友争玩具,你不但是男子汉,而且是一个知错就改的、勇敢的男子汉。"

有一次,女儿在体育场沙坑里面跑着玩,兴头上将其他小朋友的塑料铲子踩坏,吓得跑回来告诉我们,我们没有批评他,而是表扬他说:"孩子真诚实,犯了错误能如实告诉家长,能知错改错就是好小朋友,你快去把咱家的玩具铲子赔给人家。以后玩时要看前顾后,不然赔人家东西的次数多了,咱们家就没有玩具玩了。"这样孩子慢慢地不但知道了诚实、懂得了赔偿,还学会了爱惜。

这些事情告诉我们,有时候,改"批评打击"为"表扬鼓励",通过家长的关爱、聆听、赞赏、支持以及真诚对待,帮助孩子建立积极的自我形象,也能达到预期的教育效果。

好习惯在赞扬声中养成

我们孩子的许多好习惯、好意识、好品德的养成,也与我们平时注意赏识孩子、赞扬孩子有很大关系。孩子们玩累了,坐在凳子上休息时,无意间随手拿了一本连环画翻看,我马上表扬孩子说:"真乖,孩子玩后没有去看电视,他在自觉看书学习呢!"这样一次、两次,慢慢地孩子们养成了自觉看书学习的好习惯,习惯养成了,也就不需要你再表扬和督促了。

有一次,儿子觉得好玩,第一次无意识地自己将鞋套进了脚上,尽管左右穿得是反的,他妈妈看见了,马上惊喜地说:"大家快来看,孩子真能干,知道自己的事情自己学着做了,下次如果能将鞋弯与脚弓的方向穿对,就更好了。"这样一次两次,慢慢地孩子在赏识中学会了穿袜子、鞋子、衬衫,养成了自己的事情自己动手的习惯。

儿子拿着一块钱去买冰棍吃,他将剩余的5毛钱交给了家长,我们马上表扬他:儿子的品德真好,没有舍得买一块钱一根的冰棍,主动买了一根5毛的吃,知道俭省节约了。这剩余的5毛钱奖励给你,你保管着下次再买其他东西吃。这样,孩子只要主动节省了钱物,我们都及时给予赞扬,次数多了,孩子慢慢学到了"会花钱"的技能。

女儿放学路过我们大杂院的公用水管,顺手将正在流水的自来水管拧紧,我们透过窗子看见了,回家不但当即赞扬了她,还将这事告诉了老师,老师在班里表扬了她,孩子逐渐养成了自觉爱护公共财产的好意识。

儿子放学回到家里,看到姥姥咳嗽了一阵,顺手将痰盂拉到了姥姥跟前。我看到了他这一细微的举动,中午吃饭时,我将一块肉夹到他碗里,说道:"孩子真长大了,知道帮助长辈,孝顺老人,奖励奖励。"

第二天,他妈妈坐在沙发上准备起身去伙房,儿子正在沙发旁边投掷弹珠玩,见状马上扭身使劲将妈妈拉了起来,充分显现了"赞扬"立竿见影的效果,我看在眼里乐着心中……

每个孩子成长的过程中要经受人们无数次评价,孩子们最在乎的就是父母的评价。不管别人说什么,父母的评价永远是孩子前进的动力和基石。龙生九子,子子不同。孩子们的天资、环境、习性各不相同,需要不一样的标准来评价。所以家长不要吝啬自己的鼓励和表扬,要因时因地因人地给孩子以赏识,家长平时一个赞许的眼神,一句温馨的鼓励,能增强孩子自信心,扬起生活的风帆,甚至可能会改变孩子的一生。

在尊重、赏识孩子的时候,我们也注意表扬的"尺度"。特别当孩子们进入高中阶段以后,他们对是非、对错、善恶已有了明辨能力,我们非常注意准确把握表扬时要实事求是,防止沽名钓誉。因为我们知道,如果对孩子表扬得不适宜、太滥,就会使其性质发生变化,孩子会自负、虚荣,结果造成"赞扬败子",使家长的初心与动机和效果相背离。

☀ "比"的技巧

孩子的成长,需要家长在细微处帮助、呵护和培育,一定要掌握一些"比"的技巧。我们采取的方法是：只要孩子"优于故我、胜于昨日"就是进步。我们不拿那些在某些方面具有特长的"奇才""天才"，与我们自己家天资普通的孩子对比，防止他们越比越灰心，越比越丧气。我们会拿自己孩子的今天和昨天比，现在和过去比，考后和考前比。昨天不会的东西，今天学会了；考试时不会的知识点，考试后弄会了；上次考班里前20名，这次考19名；上次做作业错三道，这次错两道，只要有进步，我们就给以赏识、鼓励，使孩子有信心，不怯战，不怵场，朝前看，有奔头。

现实生活中，许多家长在教育孩子时心理错位，不是用赏识的目光赞美自己子女的优点，而是处处拿别人子女的长处，去比自己子女的短处。有些父母眼里只有"别人家的孩子"，别人的孩子是天才，自己的孩子是傻子。口头语便是："你瞧人家家的孩子多么优秀，你看看你怎么这么笨！"父母的目的在于"激将"，初衷在于树榜样，而结果却在孩子心灵里挖了一条无形的鸿沟，导致孩子自尊的丧失，积极性和上进心被淹没在了不被肯定、不被接纳、不被理解的消极因素之中。

初三期中考试，我儿子的语文成绩没有达到他的预期，和同学相比，名次落后了一截。因为语文一直是他的强项，这次没有发挥出自己的水平，而被同学们甩在后面，回到家里非常沮丧。我们知道了他为语文失分而自责时，开导他说：我们一直在观察你，你没有偷懒，时刻都在努力，爸妈很满意。你找找"强项"没有达到自己预期成绩的症结在哪里，是自己粗心大意，还是自己速度慢，或者是试题偏难，大家普遍成绩低，下次注意就行了。骏马也有失前蹄的时候，好的将帅不为一城一池的得失误全局，爸妈很看好你，相信你不会把它当包袱压在心里。我们的信任和鼓励，给了儿子自信，他没有再为此耿耿于怀，一蹶不振。

我们在孩子们的学习全过程中，总是考前多鼓励、多鞭策，树立起孩子的自信心；一旦考完，无论成绩好与不好，都让它成为过去，决不迁怒和批评。这样防止了两点：第一，不使"恐考症"伤害孩子，以免一遇考试就紧张、就害怕，有时会做的题也答错，熟背的内容也会突然忘记。第二，不让"自卑"伤害孩子，以免给孩子造成"自己真笨""自己无能"的心理阴影，遇事不能自强，不战而败，丧失机遇。

有一次，我儿子参加全国高中英语奥赛，经过层层选拔进入决赛，但最终在决赛中失利，回来后非常懊恼。儿子对我说："又失利了，自己真笨，一点也看不到成功的底线在哪里"。这时，我笑着安慰他："洛阳市进入决赛的仅有5人，全河南省进入决赛的仅有29人，你已经是佼佼者了，爸妈已经很满足了。不要计较一时的得与失，只要你继续努力，成功的底线咱们不知道在哪里，但上线一定是无限的。"我们的赏识和鼓励，给了孩子极大的信心和勇气，第二年他又继续参赛，终于获得了全国一等奖。就这样，我们采取多种形式，如眼神、语言、动作等直接与间接的方式，表达父母对孩子行为的肯定和鼓励，往往使孩子屡败屡战不害怕，越战越勇更自信，在挫折中成长，在胜利中奋进。

五、犯错惩罚有讲究

家有家规，国有国法。孩子小时违规犯错，如果家长放任放纵，溺爱迁就，是家长的一种不负责任和失职行为。民间有一些通俗的话都富含哲理："小洞不补，大洞吃苦""小时偷针，长大偷金""针尖大的窟窿，能透过斗大的风"等，都揭示了孩子犯错，家长要给予及时的管教和必要的惩罚，以免酿成无法挽回的大错，遗恨终生。

千万不要认为，谁谁家的孩子没人管照样长成参天大树，可要知道，不是每个孩子都能自律，不是每个父母都能那样幸运，教育孩子是有机会成本的，因随波逐流而后悔的代价，不是人人都能负担起的。

☀ 养不教，谁之过

我们当地曾经流传过这样一个故事：清朝末年，有一个大户人家非常有钱，家里骡马牛羊成圈，妻妾丫鬟成群，唯有家里的人丁不旺。东家到

好家风成就好孩子
——普通家庭的孩子如何成才

50岁出头才得一宝贝儿子，这个儿子一出生，就掉进了蜜罐子里，好吃好喝好穿好戴应有尽有，而且娇生惯养，说一不二，从小养成了一身坏习气。小时候，有一次他偷了他奶奶的祖传佛像卖钱，被他爹爹发现后，追着要打他，他妈妈护犊心切，寻死觅活袒护儿子，不让动他一根寒毛。他长到16岁时，有一次奸污丫鬟，他妈妈反而红口白牙诬陷丫鬟不检点，丫鬟气愤难当，跳河自尽而死。他妈妈害怕儿子坐牢，以姿色贿赂县太爷，判定丫鬟为图钱财，勾引她儿子，事情败露而畏罪自杀。从此，他妈妈成了县太爷的情妇，经常依仗县太爷的淫威纵子行凶，欺压百姓，人们敢怒而不敢言。

有一天，一个阔太太带着两个仆人和许多行李，从他家门前路过，他发现后一直尾随到客栈，半夜越墙偷窃。阔太太惊醒喊叫抓贼，他情急中一刀刺死了阔太太，落荒而逃，后来被赶来的仆人捉住。他妈妈闻讯跑到县衙求助情夫，没想到县太爷这次也无能为力。原来，他儿子杀死的阔太太竟是洛阳府的官太太。

她儿子被押赴刑场砍头那天，监刑官问她儿子："临死前你还有什么要求？"

"希望最后再见我妈妈一面！"他哀求道。

监斩官答应了。

母子在刑场相会，妈妈哭成泪人。

儿子哀求说："亲娘呀，临刑前，再让儿子吃口奶吧！"妈妈对儿子一贯有求必应，毫不犹豫当众解开怀，将乳头塞进了宝贝儿子的嘴里面。

"哎呀，疼死我了，疼死我了！"妈妈刚把乳头塞进儿子嘴里，突然惊叫起来。

大家定睛一看，原来，宝贝儿子竟然一口咬掉了他亲娘的一个乳头。众人个个惊得目瞪口呆，对他的行为百思不得其解。

"儿呀，你是娘的心头肉，从小到大娘没舍得拍过你一巴掌，你为什么临死狠心咬掉'吊大你的饭碗'？"妈妈捂着血淋淋的乳房悲伤地大声问。

第四章 心育,健康人格的起点

"娘呀娘!当初儿子犯小错,你若舍得狠心打我一巴掌,不至于我当今被砍头。今天咬掉亲娘一个乳头,警示天下人——娇子如杀子,棍头留孝子。"儿子满嘴鲜血,悔不当初。

他娘听了欲哭无泪,怎奈拾石头打天,一切晚矣。

行刑官和围观的人们看着这"爱子娘亲",无不为这白发人送黑发人的悲哀而摇头叹息,无不为这"将死之人"那如雷贯耳的肺腑之言而震撼。

这个故事震聋发聩,触目惊心。所以,当孩子心智尚不成熟的时候犯了错误,父母一定要及时给予批评教育和适当的处罚,这也是爱孩子、保护孩子的另一种方式。只有适当的惩罚才能戒除孩子的不良行为,达到普通教育不能达到的效果。孩子小时候对"严父""严母"会不理解、不接受,但孩子们在成长的道路上少走弯路,最终"成人"取得成功时,他们会赏识、肯定、感恩当年父母尽职尽责的管教、付出。

惩罚不能单一依靠体罚(打骂),应该依据孩子所犯错误的性质、程度,采取不同的方式、方法,以期达到理想的教育效果。在英国亚皮丹博物馆中,珍藏着曾经获得"1923年诺贝尔生理学或医学奖"的生理学家约翰·麦克劳德上小学时的两幅画,一幅是人体骨骼图,另一幅是人体血液循环图。这两幅画是约翰·麦克劳德上小学时违反校规,被校长惩罚时的"检讨书"。

原来,约翰·麦克劳德在小学读书的时候,想知道狗的内脏里面的血液循环情况是怎样的,他约了几个小伙伴偷偷套住一条狗,将狗的内脏一件一件地分割、解剖、观察。没想到他们惹到了大麻烦,因为那条狗是校长家的,校长大为恼火,第一,他心疼自己珍爱的名犬;第二,他担心狗会咬伤那几个学生。校长决定要严厉惩罚约翰·麦克劳德:惩罚他画一幅人体骨骼图和一幅人体血液循环图。麦克劳德甘愿受罚,认认真真地画呀画,一直到校长满意为止。杀狗事件就这样圆满结束了,但校长独特的"惩罚"方式,不但教育了少年约翰·麦克劳德,还激励他更加热爱生理解剖。

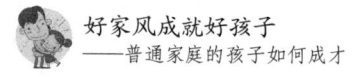

☀ 惩罚的三原则八策略

惩罚是手段,教育是目的。所以,惩罚孩子要严厉中有慈爱,要恩威并施,既要惩罚,又要关怀,使他们既能感受到严父之威,又能体会到慈母之爱;既能认识到自己所犯错误的严重性,又有改正缺点的决心和自信心。

我们惩罚孩子坚守的三原则

第一,小错、初错只教不罚。凡是通过批评教育能达到目的的,不采取惩罚措施。

第二,大错必罚,屡犯必罚。不惩罚不能引起重视,不惩罚不能消除坏的影响,不惩罚不能改掉其坏习惯的必罚无疑。

第三,规定在先,惩罚在后,事先明令禁止,约法三章,事后绝不妥协。体现出家规、家纪的严肃性。

我们惩罚孩子的八个策略

第一,惩罚要掌握尺度。小错小罚,大错严罚,宽严结合。能通过批评教育可以纠正的错误,不要骂和体罚。

第二,惩罚要讲究方式。父母权威的树立必须建立在尊重孩子人格的基础上,批评孩子可以严肃,甚至可以严厉,但不要讽刺挖苦、奚落谩骂,不恶语相伤。避免大人在气头上言语过激、粗暴,什么话解气说什么话,什么话狠说什么话,要考虑孩子的承受能力,不要伤害孩子的自尊心。对孩子的错误要实事求是,不扣大帽子,不把错误扩大化,不无中生有,冤枉孩子。要讲明他们错在哪里,危害有多大,为什么要惩罚,使其心服口服,不可不教而罚。

第三,根据孩子们的态度和效果确定惩罚的方式和程度。孩子事后已经知错、认错、改错,家长的预期教育目的基本达到,就要减轻惩罚或者不惩罚孩子。父母要有容许孩子偶尔犯错的雅量,并给孩子改正错误和将功补过的机会。

第四,惩罚要选择合适场合。不在公众场合使孩子难堪,特别不在他们的朋友、同学面前讽刺、挖苦、打骂孩子。待回了家,关起门再理论,效果会更好。

第五,把握惩罚孩子的火候。如果家长费尽口舌,孩子硬着脖儿梗不认错,千万不要"牛不喝水强按头",硬碰硬,以防物极必反。否则,要么家长怒气难消,大打出手伤了孩子,要么孩子寻死觅活,酿成无法弥补的大祸。这时候,我们往往采取"韬晦之计",以进为退,以柔克刚,改"怒吼"为"沉默",避开锋芒冷处理,待有合适的机会再行教育,放过而不放弃。

第六,惩罚孩子时,要夫妻一条心,但不能夫妻一齐上。当孩子犯了必须要惩罚的错误时,改"严父慈母"为"严父严母",惩罚时夫妻两个人的口径一定要统一,齐唱"红脸",千万不能一个人惩罚,另一个人护短,不给孩子留有可求助、有依仗而逃避不认错的侥幸心理。但不能夫妻一齐上,要一个人批,一个人有意识的回避,静观其变。避免夫妻越罚越上火,头脑不冷静,最后没有一个打圆场的。

第七,惩罚孩子要就事论事,不算旧账。如果每次惩罚孩子时,家长都把"陈谷子烂芝麻"一股脑抖搂出来,一则会冲淡这次惩罚的主题,再则会打击孩子的上进心,使孩子觉得自己一无是处,没有悔改的机会,失去进步的信心,成为"扶不起的阿斗"。同时,惩罚孩子时间界限要分明,孩子认识了、承认了错误,一切都算结束,恢复正常气氛。

第八,惩罚孩子的前提是了解孩子,要善于发现和点燃孩子心中潜伏的火种,循循善诱地激发孩子改正错误的勇气。有时候孩子的行为不一定没有他自己的理由,如果家长不去了解孩子行为的根源,只是根据自己的看法简单加以判断,非打即骂,粗暴的行为是对孩子自尊心最直接的伤害。

☀ 惩罚的步骤和要点

教育—批评—惩罚—体罚,是我们惩罚孩子时采取的先后顺序。

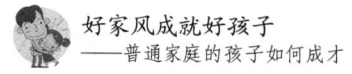

好家风成就好孩子
——普通家庭的孩子如何成才

教育

"人之初性本善"。孩子不懂事的时候，耐心地告诉他们什么是对的，什么是错误的，这件事错误在哪里，应该怎么做，怎么做更好。要苦口婆心经常说，不厌其烦反复做示范，让孩子听得懂，理解的清，提高孩子对是非、对错的辨别能力和思考能力。孩子初到人间，涉世不深，思维能力、理解能力、记忆能力尚待健全，所以要允许孩子反复，让孩子在反复中接受教育，不断提高，逐渐成长。

批评（呵斥）

常言说，事不过三。孩子长大一些后，通过反复、多次教育，不能引起重视，知错不改，就要声色俱厉地加以训斥。我们有时还辅助以敲击桌子、沙发之类的东西，进行警告，警示孩子这件事情已经引起了家长的足够重视，下不为例，从此必须改正。在批评方式上，我们往往采取先肯定对的，再指出错的；先表扬以前的，再指出今天的；甚至可先做自我批评，再批评孩子；只批评孩子的某些行为，而不攻击他的人格特质。

惩罚

经过家长苦口婆心的批评和屡次警告，孩子仍不以为然，我行我素，屡犯同样的错误，就要给予惩罚。对于孩子的不良行为给予一定的处罚，能够使孩子明白行为和后果的关系，同时也可以教会他什么是责任——承担违反纪律、超越规则而造成的不良后果，就是他的责任。要用惩罚、担责的形式，给孩子一个明确的警告：以后不能逾越底线，必须遵守规则！

我们采取惩罚的措施多种多样，包括不许出去玩；不许看电视；吃饭只准吃半饱（只限于周六周日）；罚劳动；扣除口袋里面已经发给他们的零花钱；推出大门外不许进家（孩子低着头站在大门口不让进家，上下楼的左邻右舍都能看见，孩子这时候是很丢面子的）；罚做俯卧撑；写检讨（这是我们最常用的方法）。孩子们最怕写检讨，因为每次都要写两三遍才过关。逼迫孩子写检讨一举三得：第一，他们写一遍又一遍，对所犯错误的认识深刻。第二，练习了写字。第三，提高了写作水平。我女儿上大学二年级时在《光明日报》发表了一篇文章，她将报纸寄回来让我欣赏，我看后表扬她写得好，女儿跟我开玩笑说：这都是当年写检讨打下的好基础。把我和老伴都逗乐了。

体罚

体罚孩子是国家《教育法》《未成年人保护法》所明文规定禁止的。但许多事情都是既对立又统一的，上述《两法》制定的目的是原则性的保护未成年人，但家长体罚孩子的初衷，是教育他们能认识错误，改正错误，从小树立正确的人生观、价值观，不违纪犯法，不损害他人和国家利益，做个既利于家庭，又报效于祖国的好孩子，对孩子来说是具体的保护，两者的出发点和最终目的是一致的。如果孩子犯错，家长袒护其错误，不予惩治，任其孩子滑向深渊，一旦铸成大错，就会成为民族的罪人、国家的负担。从某种意义上讲，家长体罚孩子，完全是出于对孩子的保护，也是对孩子不同形式的爱；缺失体罚的教育，是不完整的教育，是家长的一种逃避行为。

我们体罚孩子的几点禁忌

第一，不把体罚当常态。有一首"挨打歌"这样写到"首次挨打战战兢兢，二次挨打哭不停，三次挨打咬牙忍，十次挨打眉头紧，百次挨打骨头硬，千次挨打功夫成，酣然微笑入梦中"。我们不在万般无奈的情况下，不轻易对孩子"动武"。一旦动手体罚孩子，都是我们认为不让他们受点皮肉之苦，难以弥补他们所犯错误造成的损失和吸取教训。让孩子明白，如果自己犯了错，给他人造成了伤害，为这个错误买单和承担责任的一定是自己。

第二，要了解情况，不盲目为之。我们体罚孩子，区分孩子们所犯错误的性质、造成后果的轻重、是无意还是故意，是品德问题还是一般过

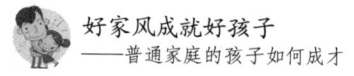

失,是恶意为之还是经验问题,犯错后认错的态度,补救的措施等,区别情况给予体罚。我们明确、反复地告诫孩子:我们的家法有四条底线,一旦超越了底线,回家必定挨打无疑:第一,不能乱拿公家和私人的东西。第二,不能无辜欺负人、打伤人。第三,不能不诚信,说谎话。第四,不能对长者无礼不孝。

第三,把握体罚的程度和采取的措施。我们体罚孩子,往往根据其年龄段的承受能力,注意选择安全部位。在气愤、恼怒时,不丧失理智,不使其受伤(否则,就违背了关爱孩子的初衷),我们体罚孩子一般采取先轻后重,一般是采取面壁罚站,罚坐思过,写检讨,罚跪看书,手指敲头,手掌或笤帚疙瘩打屁股等手段。

第五章

德育，学做人、成为人

第五章 德育，学做人、成为人

达尔文曾说过："人与低等动物的最大区别，就是人类具有道德感。"家庭教育的任务有五点：身体培养，智力开发，能力训练，习惯养成，人格培育。但其核心和最终目标，不是传授知识，主要是要把良好的生活习惯、道德观念、修养礼节传承给孩子，教孩子"学做人，成为人"，既有健壮的体格，又有健全的人格。

一个人的道德品质不是先天就有的，也不是个人的自然本性，从他小时候对事物的是非、好坏的辨别，对美丑、善恶的评价，到长大后性格、脾气、责任心、爱心的形成与发展，都是源于家庭和社会，是在家庭生活、社会实践中逐步培养和锻炼出来的，但家庭和父母会最先、最直接影响孩子品德的形成和发展，其具有不可替代的重要地位和作用。

人无德不立。人们都知道著名的"木桶定律"，一只水桶能装多少水，取决于它最短的那块木板。如果一个人的文化知识、技能、智商、情商、身体素质都很好，这些都是他人生中的长板；而唯有他的道德品质有缺陷，成了他人生的最短板或是破板，那就注定他人生的这只"桶"，只能装最少的水或无法盛水。所以，不管世界潮流如何变化，做人具有的正直、勇敢、独立的优秀品质是什么时候都不可缺少的。孩子只有拥有良好的道德品质，才能拥有一个积极向上的精神面貌，才能为将来的人生发展打下一个良好的基础。

从古到今，因为子女道德品质问题，毁坏了多少幸福美满的"家"和"国"。

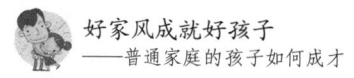

好家风成就好孩子
——普通家庭的孩子如何成才

秦二世胡亥，品德恶劣，逆父弑兄，篡夺皇位。他当政四年，不顾社稷安危，屠戮忠义大臣；严刑酷法，使人民死者日积于市，刑者相伴于道，使秦朝四百年创下的基业毁于一旦。

清末八旗子弟的典型代表中铨、中铭是大名鼎鼎睿亲王的两个儿子，因为家风不好，疏于管教，从小娇生惯养，养成了一身坏毛病。哥俩长大后道德败坏，吃、喝、玩、乐、嫖、赌一应俱全，不到10年弄得倾家荡产，不但卖掉了睿亲王遗留下的500间豪宅，典当了祖上珍藏的奇珍异宝，还把祖坟所在的墓地卖掉挥霍一空。后来弟兄俩穷困潦倒实在没什么卖了，借机挖了祖坟，偷出棺材里的陪葬品去卖。

云南大学大四学生马加爵凶杀4个同学；复旦大学研究生林森浩毒杀同室学友，他们缺少的不是智，而都是德。

现在一些"富二代""官二代""星二代"小小年纪有的"炫富""吸毒"，有的"调戏少女""飙车打人"恶贯满盈，他们缺少的不是"技能培养"，同样是缺乏道德教育。最终，他们不但自己锒铛入狱毁了大好前程，同时把父辈一生辛苦积累的财富和名望败坏殆尽，还加深了社会对"富二代""官二代""星二代"的恶评和仇恨，成为社会不稳定的重大因素。一个人连如何做人都不懂，连最起码的真诚、善良、正直都不讲，他有再多的知识，再好的技能又有何用。意大利诗人但丁有一句话说得非常深刻："道德常常能填补智慧的缺陷；而智慧却永远填补不了道德的缺陷。"

往者不可谏，来者犹可追。草根家庭的亲子教育，重要的任务是建立孩子"人格长城"，父母即便不能给孩子高贵的出身，但完全可以培养他们良好的习惯；即便不能给孩子优越的条件，但完全可以教育子女规规矩矩地做事；即便不能给孩子特殊技能，但完全可以从小塑造他们优秀的人格，堂堂正正地做人。

第五章　德育，学做人、成为人

一、品德培养，赢在起点

现在，很多家长一提起素质教育，就是让孩子学钢琴、学美术、学文艺、学奥数，家长不惜耗时，不惜巨资，大力支持，倾心陪读——"别让孩子输在起跑线上"。这实际是进入了一种家庭教育误区。养鱼重在养水，养树重在养根，养人重在养德，孩子的成长，知识、特长固然重要，但最重要、最关键的是完整的人格。孩子如果才有余而德不足，才是真正输在了起点。上好人生的第一课，确立好人生的起跑线、基准线，不仅让孩子"好好学习"，而且不忘教育他"天天向上"。才能让孩子跑得更快，飞得更远。从而摆脱原生家庭所在的阶层，突出重围，胜在终点。

☀ 细微之处养习性

无数事实证明，细节决定前途，习惯决定命运。"凿井者起于三寸之坎，以就万仞之深。"在孩子人生之路起步的关键处，家长努力培养孩子有一个良好的习性、习惯，就是赠给孩子一笔精神财富，他将拥有一生，享受一生。

童年时期的细节教育

孩子们在幼儿时期，我们非常注重玩、吃、住、行四方面，从一些不起眼的小事中，慢慢培养孩子活泼、开朗、大方、不偏食、谦虚礼让、文明礼貌的好习惯。刚开始，孩子们玩完了玩具，看完了小人书，我们家长每次都会顺手将它整整齐齐地放好，家长的举动会给孩子思想上打下做事有条不紊、有秩序的烙印。当孩子们有了自己动手的能力后，我们就开始要求他们，自己的东西不能随手乱丢、满屋乱放，要有条理地放在固定的位置，以便下次玩时可以信手拈来，早期培养他们的自律能力。

我们经常带孩子们参与一些集体活动，鼓励他们和小朋友一起玩耍，

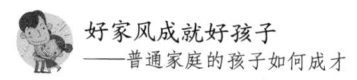

培养他们集体观念和与同龄儿童和平相处的能力;家里来了玩伴,不能以为是自己的家、自己的玩具,就强占喜爱的玩具,要谦让玩伴,要和玩伴"合群",培养孩子们包容和谦让的意识。

家里有了好吃的,特别是孩子自己最爱吃的,一定要让他送给其他小朋友和家里的老年人吃一点,让他学会关心别人,避免养成独霸、独享的坏习惯。

孩子第一次打坏了东西或办了错事,及时教他学说"对不起",让他们早期就懂得有错要敢于承认、勇于改正。

孩子们小的时候,我们家生活还不富裕,家里孩子们的玩具很少,但我们每次带他们去生活较富裕的亲戚或者朋友家里玩,事先就严格规定,到了别人家里,那里的玩具、稀罕物可以尽情地玩,但走时必须物归原主,不准带走一件,再高级的玩具也不准开口索要。即便是主人同意,也不准将玩具拿走,否则,回到家里必惩无疑。这样,防微杜渐,使孩子们在心里逐渐明白,可以没有玩具,不可以没有志气;同时也让孩子们从小能够分清什么是自己的东西,什么是别人的东西,别人的东西尽管自己非常想要,但不可以随便据为己有,绝对不能任意贪占他人物品。

我们经常把小小的餐桌当成培养孩子好习惯的场地,把吃饭的时候当成孩子们学礼貌的好时机。孩子们3岁以后,每次吃饭时,我们就给他们穿上罩衣,让他们自己学着用小勺和筷子吃饭。孩子们刚开始自己学吃饭,把饭菜弄掉在桌子上,我们就捡起来放进我们的嘴里吃下,给孩子做出表率。慢慢他们吃饭老练了,如果再将饭粒、蔬菜掉在桌子上,必须捡起来让他们自己吃掉;孩子们的剩饭剩菜,不能随便倒掉,下一顿倒进饭锅里热热,全家人一起吃。不但让他们会背"锄禾日当午",还在日常生活中让他们懂得"粒粒皆辛苦",从小在他们心灵里埋下勤俭光荣、浪费可耻的种子。

每当家里来了客人,盛的第一碗饭,分发的第一双筷子必定是客人的;长辈没有坐到饭桌旁之前,孩子再闹,也不许先吃;奶奶爷爷每次夹菜给孩子们,我们就强调他们要说"谢谢";孩子们吃饭时,规定他们不

第五章 德育，学做人、成为人

能在盘子里面翻来翻去，养成不挑食的好习惯。

孩子们稍微懂点事后，我们每次给他们饼干、水果的时候，虽然我们心里很不舍得去吃那些紧缺的东西，但总有意识地让孩子们看着，我们先向自己嘴里面多少放进一点点。当他们再长大一些，我们就让孩子们用小手向我们嘴里喂点他们的小吃，培养孩子们的回报、分享、感恩意识。

我们培养孩子规律的作息时间，晚上按时睡觉，早上定时起床，不贪睡懒觉。特别孩子们开始上幼儿园后，不让他们无故迟到早退，养成遵时守纪的习惯。晚上睡觉主动洗脸洗脚，把自己的衣物有条理地放在固定地方，免得第二天早上起床慌乱无序。看似这些都是一些不起眼的小事，但在后来孩子们的成长过程中，都显示出了好处。我女儿升入高中后，学校进行一个月的军训，学校请了当地驻军的战士当教官，军训非常严格。一天晚上进行紧急集合训练，教官规定不许开灯，限定在5分钟内摸黑穿上衣服，打好背包，到操场集合，进行夜间拉练。当时学生们刚睡下，突然听到紧急集合的命令，有些孩子找不到帽子，有的摸不到袜子，惊慌失措。其中一个孩子找不到上衣，最后只好穿了一件薄背心，披着毛巾被站在操场的队伍里。原来，这个孩子没有好的生活习惯，睡觉衣物乱放，不小心将上衣掉在了下铺同学的床上，被下铺的同学慌乱中打入了背包，所以她到处找不到上衣，只好披着毛巾被跑去集合。而我女儿从小养成了做事规律的好习惯，几次紧急集合，都能按要求率先到达指定的地点。

孩子上学后，我们着重培养孩子好学、诚实、爱劳动、爱清洁的好习惯。为了使孩子养成良好的品行，我们把激励机制引入家庭教育之中，将宽大、亲切、助人、勇敢、真实、快活、清洁、好学等内容绘制了一张记录评价孩子的品行表，把它张贴在家里最明显的位置。只要孩子做一件好事，作业得一次优秀，学校值日和家务劳动完成及时，助人为乐、拾金不昧得到老师表扬等，我们都在品行表上给孩子粘贴上一个红星，重大成绩插上一面小红旗。我们把认真填写品行表当成引导孩子健康成长的标尺，常年坚持不断。每星期六数一下，若红星多的话，就满足孩子的合理需求，孩子就可得到想要的书、发带、小吃、鲜果等各种礼物作为奖励。如

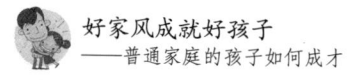
好家风成就好孩子
——普通家庭的孩子如何成才

果得到的小红旗多,孩子就会得到做一天"值日家长"的权利,这一天孩子就是家里的"最高指挥官"。

青少年时期的成败教育

孩子在初中阶段,我们侧重培养孩子谦逊、合群、求知、诚恳待人、爱锻炼的良好习惯。我儿子升入初中以后,我们发现他争强好胜的心理很强,每次考试,如果成绩在班里是前几名,他就兴奋异常,一旦考试成绩稍微后退几名,就找各种理由,怨天尤人,情绪低落。他和小伙伴玩耍,胜了就高兴,输了就发火,经常和大家不欢而散。有几次他和朋友们闹意见,他妈妈非常生气,回的家里,我为了惩罚他,把他推出大门,让他站在外边面壁思过。

后来,为了改变儿子的这一缺点,我们想了许多办法。首先,我们给他找榜样,让他与那些性格开朗,遇事豁达的同学为伍。我妻子发现,我们家东边有一个洛阳市第二师范家属院,那里面有一群教师子弟素质特别高。那一群孩子打篮球时,有的人被其他队员犯规撞倒,重重摔倒在地上,摔倒的孩子爬起来,一瘸一拐继续打球;他们在水泥台子上打乒乓球,分组时谁也不挑肥拣瘦,随意分组,输赢坦然相对;他们打扑克时偶尔也会争得面红耳赤,但等一局结束,无论结果高下,小伙伴们站起来,拍拍屁股上的灰尘,相互搂着,说说笑笑各回各家。我们非常希望儿子结识这帮好孩子,用他们的行动去感染我儿子,用他们的优点去影响我儿子。

因此,当我儿子每天写完作业后,我妻子就刻意带他去洛阳市第二师范家属院找朋友玩耍,逐渐融入那些教师子弟的朋友圈里。由于他们经常去,次数多了,连那里的门卫师傅也误认为他们是二师的家属。渐渐地,我儿子和那里的小朋友都成了熟人,每天不用妈妈带,自己放学后背着书包,径直跑到那里找同伴一块写作业,而后一块玩耍。

孩子的朋友圈中,那些做事认真热情,懂得尊重、宽容的同伴受到大家更大程度上的欢迎和信任,他们产生的榜样作用,促进了我儿子良好习

第五章 德育，学做人、成为人

惯的养成和优秀品质的培养。他在为人处世方面收获了很多，长进了很多。

同时，我又教他学下军棋，让他在下军棋中明道理。我和他下军棋时，有意让他多输少赢，让他经受和适应一次次失败的过程，锻炼他受挫折受打击后坦然面对的本领，培养他能输能赢的气度。

后来，我将《韩信胯下受辱》的故事反复讲给他听，告诉他：能屈能伸是条龙，只伸不屈是条虫。韩信如果没有当年忍受屠夫胯下的"输"，岂有后来指挥千军万马、叱咤风云的"赢"，韩信甘受胯下之辱，是一个伟大的智者，而不是渺小的弱者。

当时为了保护孩子的视力，一般情况下我们不主动让他看电视，而每当中国女排和古巴女排、美国女排、俄罗斯女排等强手"交战"，我们就主动将孩子拉坐在腿上，同孩子一起观看比赛。有时在夜里很晚的时间开始直播比赛，我们就让孩子先趴在我们的腿上睡一会，等比赛开始再叫醒他。我们用中国女排"卧薪尝胆"屡败屡战，最终赢得五连冠的故事教育他，给他讲解人生中不可能只赢不输，因为，人外有人，天外有天。要认输不服输，只有输得起，才能赢得久。

经过我们循循善诱的引导和适当的"成败教育"，培养了孩子的心理韧劲，使其增强了受挫能力，渐渐改变了"强势"的习惯。后来，又经过参加各种考场、赛场的不断历练，在波折中磨炼了自己，积累了经验教训，学会了胜不骄，败不馁。大学毕业后他到美国读研和工作，经历了许多起起伏伏和输输赢赢，他都能坦然面对，宠辱不惊。

孩子们在高中和大学阶段，我们主要培养他们忍耐克己、恪守诚信、勤奋自立、有较强的责任心和爱心等好习惯。特别是孩子们上大学后，都在外地上学，离开了我们，但我们一直没有放松孩子人格、习性的培养教育。当时因家里条件所限，没有安装电话和配备手机，我们每周五晚上，都会跑到邮局的长话亭里打长途电话，询问孩子、教导孩子。每次为了节省长途话费，我们就事先将教育孩子的内容列成提纲。我们每半个月就给孩子们写一封长信，经常是信件超重，被邮局的工作人员加贴邮票。我们

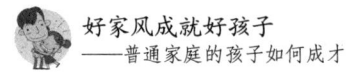

通过长途电话和信件,提醒远离父母的孩子,凡事做到无愧于心,先做人再做事,一定把"人"字写端正。

☀ 学规矩,成方圆

规则,是一种准则,更是一种责任;是一种约束,也是一种保护。中国是文明古国,讲规矩、守纪律是我们中华民族的优良传统,也是衡量一个人、一个家庭文明程度的天平。一个文明、和谐、有素养的家庭,一定是一个懂规则、有规则、守规则的家庭。综观世界,好多人生的成功者、能做大事业的人,不是那些聪明绝顶、能说会道、彪悍强势的人,而是那些懂规矩、明道理、生活习性良好、有素质者。

家长只有在孩子幼童时期就注意培养其具有遵守规则的意识和习惯,他们上学后才能遵守校纪校规,长大进入社会,才能接受党纪国法的约束。如果孩子从小养成放荡不羁、天不怕地不怕、视纪律为儿戏的野性,虽然可得一时一事之利,但是,这种"利"是建立在社会、他人受损的基础上,终将有一天自己也会受"损人"之害,遭"违规"之罚。

猫眼后的总裁

我们单位一个同事的儿子,在北京某著名大学金融系学习,学业非常优秀。他毕业时,看到设在北京的一家日本金融公司,以年薪18万元的待遇招一名金融分析师(当时是绝对高薪),他积极投了简历,而后过五关斩六将,和另外两个普通大学毕业的学生进入了最后竞争阶段。签约前,日本公司总裁要亲自约谈他们三人一次,而后决定录取其中的一个。我同事的儿子觉得,自己具有天时地利人和的优势,加上他查找了该公司的大量资料,做了充分的知识储备,胜券在握。

面谈那天,当他们三人来到总裁办公室时,发现里面没人,只见茶几上放了一张纸条,上面写着:请各位在沙发上静坐稍候,10分钟后总裁接见面谈。在这等候的10分钟内,其中一个同学去了一趟洗手间,回来后,他在总裁的办公桌上随手抽了几张手纸,擦了擦溅在皮鞋上的水珠;我同

第五章 德育，学做人、成为人

事的儿子坐了一会，起身走到总裁桌前，随手翻看了一下总裁桌子上的文件，发现没有与面谈有关的内容，又坐回到了沙发上；第三个孩子从进来以后就一直坐在沙发上，没有四处走动。10分钟后，日本公司总裁突然从办公室里间走出来，与大家寒暄几句后，很礼貌地送走了我同事的儿子和用总裁办公桌上手纸擦皮鞋的那个同学，只留下了第三个孩子。原来，总裁办公室里间的门上安装有一个"猫眼"，10分钟时间，总裁一直在通过"猫眼"观察他们三人执行规则、遵守纪律的情况。因为在日本，金融企业是把规则和纪律放在首位，不能随意逾越的。我同事和我谈起这件事，深有体会地说：人们常讲细节决定命运，一点不假，我儿子就是因为没有注意细小的规则，而误了大事。

没有规矩，无以成方圆。我们在孩子刚懂事的时候，从一些不起眼的生活细微之处给孩子灌输遵守纪律，按照规则约束自己的理念，逐渐成为他们的自觉行动。①教育孩子遵守游戏规则，比如，在麦当劳游戏区玩耍，如遇人太多时，不可以加塞，要耐心排队，玩到了规定的时间，要自觉退出，不可以搞特殊、贪恋；想玩别人的玩具时，要有礼貌地和别人商量，要得到对方的允许；每次孩子们邀约同伴到广场、公园玩耍，我们就反复强调孩子注意礼让三先，不能蹭票抢位，自觉遵守秩序。②教育孩子遵守公共规则。在公共场所吃剩的果皮，用过的废塑料袋、旧报纸，一定要鼓励孩子们放进垃圾桶或者装进提兜带走；在人多的地方去公厕大小便、洗手时，自觉排队等待，要把自己的文明、修养、端庄的举止展示在众人面前；在幼儿园、学校课间休息或者放学时，不能蜂拥而上，按照顺序上下楼梯，以免造成群体伤害。③教育孩子自觉遵守劳动纪律。我们要求孩子们在幼儿园按时完成手工劳动；上学后不许无故迟到早退、拖欠作业；每次学校组织公益劳动，一定按学校要求带劳动工具按时到场，家里如果没有学校要求的工具，我们家长就四处为孩子们去借，保证孩子不违反劳动纪律。

在培养孩子做事遵守规则的过程中，爸妈在孩子心中要树立起威信和威严。让孩子明白，父母既是朋友，更是家长，在孩子不遵守规则的时

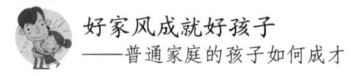

候,要能令行禁止,能及时起到教育、制止、威慑的应有作用。

"该"与"不该"要厘清

女儿6岁时的寒假,我们带他到距离市区40多公里路的农村看望姥姥,要乘坐3个多小时的长途公共汽车。当我们带着孩子上车时已经没有了座位,只有一个写着"老弱病残专座"的座位空着,孩子不由分说坐在了上面。我们告诉她,这不是我们健康人应该坐的地方,只有弱势群体才能享受这种特殊权利。孩子说:"现在没人坐啊。"我说:"现在没人不等于一会儿没人,只有等到开车后没人坐我们才能坐。"孩子很听话地站了起来。一直等到开车最终没人坐时,我们才让孩子坐了上去。汽车开到半路,上来一位老人,孩子主动让了座。售票员见状高兴地把孩子抱起来,让她坐在自己的腿上,连司机师傅看在眼里,也连连称赞孩子讲文明懂礼貌。这样一件小事,不但让孩子认识了"老弱病残专座"几个字,更重要的是孩子懂得了尊重弱势群体,知道了社会提供给特殊群体的一些待遇,正常人、健康人不可随便占有。特别是司机师傅和售票员阿姨对她的表扬,在她幼小的心里埋下了这样的理念:纪律不能破坏,遵守规则是一种光荣。

儿子上初中的时候,学校离家较远,每天上学要骑自行车,由于校内面积小,自行车就存放在校门口的马路两旁,由几个退休老人看护和收费。每天放学的时候,学生们蜂拥而出,几个看车老人收钱、找钱一时忙不过来,有些孩子趁机不交看车费。从儿子那里知道这一情况后,我们教育孩子说:那几个看车老人,站在马路边风吹日晒的;汽车飞驰而过,荡起的灰尘和留下的汽车尾气扑面而来,他们的鼻孔外面都是黑乎乎的;夏天马路上的沥青都烤化了,热浪扑人,人们都躲在树下歇凉,而看车老人们在马路边晒得皮肤黑红;冬天寒风呼啸,雪花飘飘,路上行人稀少,唯有他们披着满身的雪花,冻得双手夹在腋窝下,踱来踱去坚守在成排的自行车旁。他们挣每个学生那5分钱的看车费很辛苦,千万不能逃费欺骗他们。存车交钱,这是规则,这和其他的纪律一样要自觉遵守。不管别人放学后趁乱是否逃费,你一定要每次老老实实交钱。做老实人是咱家的家风,你千万不可逾越这一底线。从那以后,我们为了孩子放学时交看车费不误事,专门到街上换了许多5分硬币,供儿子上学用。我们觉得,孩子少付几分钱的看车费,看起来事情不大,但一旦染上做事随意、不守规则的不良习惯,却是个大事。

女儿上六年级的时候,派出所通知我们去集中更换"二代身份证"。一个星期天的上午,我们带着她在派出所门口排队等候办证。因为天热人多,大家一个个汗流浃背。我们排队等候的时候,我给女儿买了一根冰糕吃,孩子吃完,就走过去,将冰糕纸和冰糕棍往门口的垃圾桶里扔。这时候,在她前面有一个刚办完身份证的中年男子,一边走,一边将一团擦过手指头上印油的手纸,投向垃圾桶。因为他距离垃圾桶较远,手纸掉在了垃圾桶外边,但他没有捡起来再投,却径直而去。这时候,我女儿看了看叔叔远去的背影,弯腰低头将那团脏纸捡起,和她手里的东西一齐投进了垃圾桶。我远远看着孩子一低头、一弯腰、一抬手的瞬间,心里突然产生了一种兴奋与骄傲,孩子虽小,她不但知道自己遵守规则,还能帮助那些不遵守规则的人做事情,来保持公共场所的秩序,我们平时的教育真的没有枉费,我当众夸奖了她,鼓励她发扬下去。

异国遭遇"滑铁卢"

儿子在美国读研究生将要毕业寻找实习单位时,曾经遭遇"滑铁卢"。当时他在网上发现,加拿大一家世界著名的企业设在美国的分公司正在招收实习生,而且招收的专业与他学习的专业非常吻合。这家公司的企业文化非常优秀,福利待遇丰厚,如果实习后能留在该企业工作,是求之不得的好事。他认真修改了简历,递交了实习申请。这家企业可能觉得我儿子读的专业和他们需求的比较吻合,而且他在校期间每门功课绩点都在3.8以上,该企业没有让他像其他面试的人员那样,先一面而后进入二面,破例让他直接进入了最终面试。

有一天,这家企业在美国分部的人事主管电话告诉他,加拿大总部的

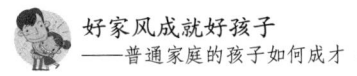
好家风成就好孩子
——普通家庭的孩子如何成才

人力总监通知，第二天下午 2 点整，要通过网络亲自面试经过筛选后留下的几个人，要他按时到达指定地点，参加总部的网络面试。万万没想到，第二天我儿子下午 1 点半赶到面试地点时，那里的工作人员告诉我儿子，总部网络面试已经结束 1 个多小时了，他已经失去了最终面试资格。一头雾水的儿子询问后才知道，加拿大总部通知的下午 2 点，是加拿大当地时间，和美国当地的时间有 2 个小时的时差，自己必须提前 2 个小时以上到达指定的面试现场才行。规则是严肃的，不可能有法外开恩，人家当时明确告知是"加拿大总部通知"，而是自己疏忽了时差问题。孩子"花钱买教训"后，更加懂得了做事守时守约的重要性。

《大学》里面有句名言："身修而后家齐，家齐而后国治，国治而后天下平。"修身养性、守纪律、懂规则是一个人将来能否立足于社会的基础和根本。许多事实证明，无论孩子们在学校，还是成年人在工作单位，受大家欢迎的，不一定是那些智力超群、具有"高富帅"条件的人，往往是那些勤快踏实、守纪律、懂规则的老实人；也有很多时候，人生事业的航船恰恰是翻在了游戏人生，不能自觉遵守规则这条"小水沟"里面的。

☀ 小肩膀，大责任

随着孩子们年龄的增长，他们终将由家庭这个小环境融入大社会，接触家庭外的人群、事物，家长一定要注重培养孩子们的"责任"意识和担当精神，在他们幼小的心灵里面种下"社会为我，我为社会""他人为我，我为他人"的理念，让他们知道在享受他人提供给自己的"精神营养"同时，也要付出，也要贡献，也要关爱他人，也要为社会担当责任。

我们在教育孩子们懂得担当、承担责任的时候，始终注意两点：一是不要把孩子当孩子；二是善于当孩子成长的"垫脚石"和"扶梯人"。

莫把孩子当孩子

不要把孩子当孩子，就是家长要给孩子们一定的选择权利，让他们为自己的选择承担后果。孩子们从小需要有独立做出决定的机会，这对形成独立判断思维和建立自信心非常有帮助。孩子们小时候做的选择越多，长大就越有主见，将来做选择的能力就越强。从小让孩子学会做出与他年龄相仿的选择，他可能选择得很糟糕，但是要让他学会在犯错中成长，而且要他知道，任何的选择都会有相应的结果产生，要有承担自己选择的后果的心理准备，为自己的决定担当责任。

有一次，我们带9岁的女儿到农贸市场购物，她喜爱上了一对小白兔想买回家来养。当时我们和她达成"君子协定"，我们出钱买，你要负责养。我们把小兔买回来后圈养在阳台上，饲养任务和管理工作就由她全部负责。她每天放学后顺路到市场捡菜叶，写完作业到渠边拔草，晚上要清扫兔子拉的粪便。有时兔屎掉落到楼下邻居家的阳台上，我们多次责成她到邻居家清扫阳台并道歉，使她逐渐养成对自己言行负责的态度和习惯。

伴随着天气一天天变热和兔子一天天长大，阳台上的臭气影响到了楼上和楼下的邻居，尽管友好的邻居表示可以体谅孩子的童心，但我们还是郑重地向她提出，要她自己负责设法解决这一问题。一个周六的早上，她用纸箱装上兔子，到农贸市场和人讨价还价，最终挣了8元钱将心爱的兔子卖掉了。女儿养兔子的经历，除了学到养殖知识、享受整个过程外，更重要的是培养了她敢为自己的行为负责、担当的意识——要加班干活，要与邻居沟通，要学会道歉，要处理养兔子造成的负面影响。

1991年夏天，女儿上六年级时，当她得知信阳地区遭受特大洪涝灾害，当地许多学校校舍被淹，房倒屋塌，学生被迫停课的消息后，她悄悄地将《金色少年》杂志社寄给她的20元稿费汇给了灾区。当时，20元对她来说是个不小的数字，也是她人生挖的"第一桶金"。她给灾区汇款的事情过去了将近半年，家长一直不知道。后来，她妈妈突然收到一封信阳地区教育局寄来的"感谢信"，我们才知道了事情的经过，我们当时为小小年龄的女儿的"担当"行为感到激动和兴奋。为了鼓励女儿，激励女儿，她妈妈加倍补赏她，主动拿出40元给她当零花钱。后来，她的班主任

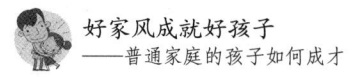
好家风成就好孩子
——普通家庭的孩子如何成才

李建兴老师发现"全国中小学生短作文征文组委会"在全国中、小学校举行征文大赛，就鼓励她将给灾区捐款的事情写一篇文章参赛。结果她写的《"妈妈"有难时……》一文获了大奖。后来，她的这篇文章还被白山出版社出版的《祖国在我心中》一书录用，编辑还加了一段精彩的评语（获奖文章附后）。

当好孩子们的"参谋长"

因孩子年龄小、经历少，心智还不成熟，思维方式、处世哲学、行为准则有待完善，在孩子抉择的每一个重要节点，家长一定要将自己应该承担的教育子女的责任担当起来，以自己的经历、资历、能力提出合理化的建议，做出正确的判断，为孩子"垫脚、扶梯"，当好"参谋长"。帮助孩子少走弯路，渡过难关，不断成长。

每年清明节，学校会组织学生为烈士扫墓，因为我们孩子上的学校距离邛山烈士陵园较远，学校不要求中低年级学生参加，但我们为了教育孩子知道"吃水不忘打井人"，要求孩子每年必须参加为烈士扫墓活动。他们在三年级以前，每年都是我骑自行车往返十多里路带他们到邛山烈士陵园，从四年级开始，都由孩子们自己徒步往返去为烈士扫墓。

学校每次组织集体活动，我们不但积极为他们准备煮鸡蛋、煎饼、凉拌菜等，让他们带上和同学们分享，还提醒他们当好活动的"后勤部长"，准备好大家在郊外活动必需的物品。例如：用保暖杯多带一些大家喝的开水；带上大家擦手用的餐巾纸；带上大家休息时要坐的旧报纸；带上几个旧塑料袋最后装大家丢弃的果皮、果核、饮料瓶。我们还特别告诉他们，一定将家里的碘伏、棉球和创可贴带一些，以备不测。因为他们为集体活动考虑的周全，准备的细致，多次得到带队老师的表扬，他们的积极性越来越高。

儿子上六年级的时候，有一天，他们学校利用周六组织学生到孤儿院"帮贫助困，献爱心"，这个活动要求自愿参加。不巧那天正好他表姐结婚，事先已经约定安排他在表姐的婚礼上当"花童"，他还能得到一个大

第五章 德育，学做人、成为人

红包。我们也已经事先为他买了新衣服，做了充分准备，儿子非常想参加表姐的婚礼。儿子周五下午放学回到家后告诉我们，他已经向老师请过假，老师已经同意他不参加第二天学校组织的"帮贫助困，献爱心"活动。

当时我和他妈妈犹豫不决，我们知道参加表姐的婚礼是件大事，他如果临时不去，还要麻烦人家换人；而让儿子到孤儿院见识见识，帮助孤残儿童做一些力所能及的事情，奉献一点爱心，也是一次非常难得的机会。我们权衡再三，还是选择了后者，因为让儿子参加班里的集体活动，让他学着奉献爱心的同时，让他看看那里的孤残儿童是怎样顽强生活的，对他以后的学习、生活会起到很大的激励和教育作用，既献了爱心，又接受了教育。

当时，儿子很不乐意接受我们的意见，他辩解说："听同学们说，那里的儿童很多都是'弱智'，你为他们做事，他们连说声'谢谢'都不知道，我看去不去无所谓。"

我听了儿子的话，就带着命令的口吻说："去吧孩子！你到那里帮助残疾儿童做点事，比参加表姐的婚礼还要重要。越是憨傻的儿童和那些行动不便的残疾儿童，越是需要帮助、关心、爱护、尊重。他们可能不知道向你们说一声'谢谢'，但你要知道，人们每一次付出都不只是为了回报，很多时候，你自己的良心和成就感会在这个过程中得到满足。"

儿子看我口气不容置疑，还是顺从地参加了学校组织的公益活动。

那天他到孤儿院参加完活动回来后，一边津津有味地吃着我们从他表姐婚宴上带回来的东西，一边深有感触地说："那里的残疾儿童真的很可怜，我们今天帮助他们做了很多事情。以后有机会，我还会积极去帮助他们的。特别那些手、脚残疾，而大脑正常的孩子，承受着我们这些正常孩子想象不到的困难，学习起来确实很不容易，但他们很刻苦努力，看着很感人，也很需要志愿者去辅导他们的学习。"

这时候，我掏出从他表姐家带回的红包说："这红包里面的10块钱，你可以自由支配，算是对你今天的奖励。"儿子接过钱，显得非常高兴。

175

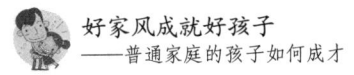

好家风成就好孩子
——普通家庭的孩子如何成才

附文　白山出版社出版的《祖国在我心中》一书中收录作者之女的文章

"妈妈"有难时……

昨天,妈妈收到一封来自信阳地区教育局的信。妈妈接到信,感到很纳闷,因为我家并没有亲戚在信阳工作。她迫不及待地拆开信,只见信中写道:"感谢你的女儿给灾区小朋友寄来二十元钱。在党和政府的扶持下,在全国人民的大力支援下,灾区学校已全部复课……"妈妈看着看着,兴奋得把我紧紧搂在怀里。

去年九月的一天,学校少先大队辅导员贺志华老师来到我们班,交给我二十元钱。说是《金色少年》杂志社寄给我的稿费。同学们看到寄来这么多钱,便"呼啦"一下都围了过来。爱开玩笑的马靓同学学着大人话,油腔滑调地说:"抽张'大团结',到校外小吃店餐一顿去!"胖子王佳佳接着说:"这下可好了,你一天买一块奶油巧克力,能吃二十天。""我看呀,她肯定不会去买巧克力,她早就盼望着有一个电动洋娃娃了。"我的好朋友郭晓音接上了腔。听着同学们七嘴八舌的议论,我心里美滋滋的。

"怎样支配这二十元钱呢?"放学时,我边想边整理书包。对,去买个新书包,你瞧,我的书包已缝了好几次了;或者把钱交给爸妈,让他们给奶奶买药用,因为奶奶患食道癌,爸妈正急着用钱呢!我想着,走出了教室。

当我走到教导处门口时,黑板上那几行醒目的大字映入我的眼帘:"支援灾区,一方有难,八方支援,是我们社会主义祖国的新风尚""伸出你的手,伸出我的手,献上一份真诚的爱"。看着这行大字,我好像看到了灾区那一片汪洋大水,想起了还泡在水中的灾区学校。"我何不捐出这二十元钱,表表自己的一片爱心呢。"对,把钱捐给灾区。可转念一想,爸妈正急着用钱,这事让他们知道了,定会骂我傻。"我偷偷地把这钱寄

第五章 德育，学做人、成为人

给灾区。"想到这，我忍着饿一溜小跑向邮电局奔去。

我依偎在妈妈的怀里，把事情的经过告诉了她。"对，对！祖国也是妈妈，妈妈有难，儿女应当效力。"妈妈连声称赞着，把我搂得更紧了。

（指导教师　李建兴）

【出版社老师简评】

一方有难，八方支援，在我们社会主义大家庭中已经蔚然成风。本文围绕"我"所得到的二十元稿费如何去使用展开描写，表达了自己对灾区人民的一片深情和对祖国的热爱以及对美好事物的追求。

……

全文开头结尾紧相呼应。特别是结尾妈妈的一席话："对，对！祖国也是妈妈，妈妈有难，儿女应当效力。"紧扣题目，深化了本文的主题思想，使文章不仅有血有肉，而且有神，这也是本文的可贵之处。

（崔凤琦）

☀ 诚与信

"言必信，行必果"是我们中华民族的传统美德。然而在当今经济大潮的冲击下，社会上出现了许多令人匪夷所思的怪现象：假奶粉使婴幼儿喝成了"大头娃娃"，假火腿肠使儿童少年吃成了"性早熟"，假2B铅笔使寒门学子辛辛苦苦答的题成了零分，假名牌跑鞋在比赛时开胶，使满怀希望的孩子名落孙山……这一些"诚信"严重缺失的现象，无时无刻不在影响着、伤害着当今孩子们单纯的心灵，刺痛着一切有正义感的家长们的神经。因此，在孩子懂事以后，我们非常重视对他们进行诚信教育。

英国作家德莱赛说："诚实是人生的命脉，是一切价值的根基。"在对孩子进行诚信教育的时候，我们首先从自己做起，诚诚实实做事，本本分分做人，要求孩子做到的，家长自己先做到；要求孩子不做的，家长自己先不做，在孩子心中竖起一面不倒的旗帜。其次，我们从不对孩子许下无

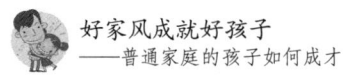

法兑现的承诺,我们知道,家长如果乱承诺,而无法兑现或者刻意不兑现,不但无法在孩子心中树立起威信,久而久之,对他们性格的形成极其不利,他们会模仿家长,说话信口开河,做事不负责任,为人不讲诚信,最终游戏人生。

我们教导孩子,在家里,对家庭成员要以诚相待,不要说谎欺骗,因为你能骗到的人,要么是最相信你的人,要么是最爱你的人。在家里,我们的孩子如果不小心将东西打坏了,只要诚实地告诉家长,下次注意一点就行了,家长不予批评责怪;将家里保存的好东西吃了,珍贵的东西用了,都可以原谅,但绝不能说谎欺骗家长;遇到自己非常喜欢的玩具、连环画,不是自己的,绝不能不经允许据为己有……在学校里,自己的课桌、凳子坏了,不能偷换别人的,回家告诉家长,我们带着工具前去修理;损坏了同学的东西或者公物,如实告诉人家,要赔偿、要修理,家长都可为孩子承担责任;考试无论得分多少,必须是自己的真实成绩,如果胆敢考试作弊,回家必定挨打,没有讨价的余地……在社会上,对小孩、老人要童叟无欺,对残疾人要尽其所能给予帮助;在超市购物,不管有无人看管,要讲诚信,不去品尝出售的商品;购物时一旦被不良商贩欺骗买到了假冒伪劣商品,要么举报,要么自认倒霉。自己可以受骗,但决不能再去"以讹传讹"欺骗别人……

书包里掉出个游戏机

儿子10岁的时候,有一天下午放学在家写作业,从书包向外掏书的时候,从里面掉出了一个小型游戏机。当他慌忙捡起来向书包里面塞的时候,被他妈妈发现了。我下班回到家后,他妈妈将情况告诉了我,引起了我们的警觉。因为我们曾经三番五次地告诫过他们,不能玩物丧志,无论在家还是在学校,学习期间不准玩电子游戏机。而且当时每个家长每月只有三四十元工资,买一个电子游戏机需要五十多元钱,是一种奢侈品。儿子平时非常听话、节俭,加上家法严厉,我们相信,他绝对不会去商店偷电子游戏机玩。那么,他是从哪里弄了这么一个高级玩意塞进书包的呢?

起初，我们以为是他自己买的，因为我们家里的日常用钱孩子们都知道放在哪里，也从来没有上过锁。我们首先清查了家里的日用钱，不见少；又数了儿子的压岁钱，也正常；再看了看我们装进他书包里的零花钱，原数未动。我们调查了一番后，开始询问儿子。儿子知道违反了家规，非常惊慌，吞吞吐吐地告诉我们，是他的一个同班同学背着家长偷偷买的，不敢带回家里，让他代为保管的。我们当时认真思考了一下，认为那个同学家长一旦发现家里缺少了那么多钱，追查起来，最后发现游戏机在我们家孩子书包里，对两个孩子的成长都不利。我们马上让他姐姐陪同，将游戏机送回那个同学家里。

将游戏机送回那个同学家回来后，他姐姐告诉了我们真相：这个游戏机是他的同学过生日时，人家爷爷奶奶给买的生日礼物。是我儿子想玩游戏机，主动向人家借的。我听后勃然大怒，马上揪着儿子的衣服将他推到了屋门外，罚他靠墙站在那里写检讨。我训斥他说，今天你犯了两个错误：第一，偷玩电子游戏机，这一错误可以饶恕。第二，说谎话欺骗家长，是错上加错，这一错误不可饶恕，必须罚站写检讨。晚饭时，我只让他吃了半饱，夺下了他的饭碗，给予惩罚，以示惩戒。此后，我儿子无论在外面发生了什么事，回家都如实告诉我们，我们共同商讨应对的办法，父子俩成了心心相通的忘年交。

那300元"巨款"

谦虚、诚实和勤奋是孩子们青少年时期从不成熟的此岸到成才的彼岸的三件法宝，缺一不可。我女儿上高中二年级的时候住校，有一天却突然兴冲冲地跑回家，从衣服里面掏出300元钱交给我们，并要取走身份证和同底板的4张照片。当时的300元钱是个不小的数字，我们惊奇地问她哪来的这么多钱？要身份证和照片做什么？女儿告诉我们，外地一家高中和她们联系，准备组织她们班学习成绩在前10名的同学，今年高考时以高三毕业生的身份，到外地那家高中报名参加一次高考，让她们这些高二学生提前感受一下高考的氛围，热热身，以利于她们明年高考时有经验，不怯

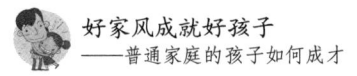
好家风成就好孩子
——普通家庭的孩子如何成才

场。对方学校包吃包住包往返的车票，还每人给我们300元钱作为辛苦费，对方学校还承诺，等高考成绩公布，我们去的10个同学，谁如果成绩达到一本线，还加倍给辛苦费。我们一听是这样一件好事，马上将身份证和照片交给了女儿。

过了几天，在路上偶遇我女儿高中的一位老师，我主动和老师打招呼，想趁机询问一下女儿在校的学习情况。和老师交谈中，无意谈到了孩子们过些天要到外地参加"高考热身"这件事，老师告诉了我事实的真相。原来，外地那家高中在当地教学质量不是很突出，每年高考升学率不是很高，因而这家学校每年在招收高中生时，总揽不到好的生源。他们为了提高学校的知名度，能在来年招到好学生，就出资在我们这所省重点高中寻找一些高二的优秀学生，冒充他们学校的毕业生参加高考，以假升学率充门面，扩大知名度。我一听，恍然大悟。

告别了老师，我回家取出那300元钱，骑着车子径直奔到了女儿的学校，在校外一直待到中午12点下课，门卫才放我进去。我将从老师那里得到的信息原原本本告诉了女儿，她听后想了想说，这件事，对咱本人既利于"热身"长经验，又能得一笔可观的钱，参加一下没什么坏处。我以不容置疑的口气告诉她：从两方面讲，这次"高考热身"你无论如何都不能参加：第一，现在咱不参加这次"高考热身"，即便你明年高考时临场考不好，咱可以复习复习，后年有机会再考，而在人生的考场上出了问题，可是再没有机会弥补了。学校里的考场上可以有59分，人生的考场上决不允许有不及格，对这种违背政策、不诚信的做法，利再大，钱再多，我们都不能沾边，这300元钱马上退还人家。第二，我们家无职无权，这种事情一旦有什么闪失，我们是完全无能力挽回这个局面的，千万不能因小失大，误了个人前程。

女儿听了我对这件事利弊的分析，马上答应不再参与这次"高考热身"。但她告诉我，已经将身份证和照片交给了对方。我和女儿商量，离高考还有一段时间，让她设法慢慢打听外地学校的地址，而后，我到那里要回咱的证件。最后，我专程坐火车到那个学校要回了证件。常言说，

"纸包不住火",这所外地学校如法炮制两年后,被新闻媒体曝光,这所学校受到了应得的处分,后来参与"高考热身"的学生也受到了批评教育。通过这件事,我们更加注重教育孩子"诚信做事、老实做人",在社会上不要耍小聪明、投机取巧,不要逾越政策的红线和做人的底线。

失美元得诚信

儿子在美国工作的第二年,美国当地税务机关返还了他当年的部分个人所得税后,他发现返还的钱要比自己预先计算的多出来许多。退的税多了,当然心里高兴,但他还是主动上网寻找原因。他反复比对后发现,原来,美国当地税务政策很人性化,学生兼职工作时,年终返还的个人所得税税率高;而对于正式工作人员,返还的个人所得税税率就低。美国当地税务机关工作人员一时疏忽,在返税时,误将已经工作了的他,当作在校学生返还了个人所得税,所以,返还给他的税钱,比自己预算的多了许多。

我儿子当时就写了一封电子邮件给美国税务机关,说明了情况,主动退还了税款。后来,美国当地税务机关工作人员收到我儿子退还的钱后,在给我儿子回复的电子邮件结尾,加了一句"Thank you for your honesty"。我儿子在和我们聊天时谈到这件事,骄傲地说:"我没有把中国老祖宗交代的'诚信'丢在异国他乡。"

二、穷家的孩子有钱花

俗语说得好,"马厩里跑不出千里马,温室里育不出万年松"。作为家长,都希望自己的孩子有一个幸福的童年,这是人之常情。但是,家长一定要正确理解"幸福"的真实含义。不要认为孩子有豪华的居室住、有高档的玩具耍、有能干周到的保姆伺候、有时尚的衣服穿、有营养丰富的食品吃就是幸福。"年少有福不是福",孩子们真正的幸福,除了上述物质需

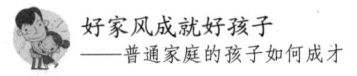

求外，还有重要的精神需求。他们需要品德的培育，心理的关怀，亲情的关爱，生活中艰难困苦的磨炼。

现实社会中，有些家长过分注重孩子们的物质生活方面的满足，对孩子过分溺爱，百依百顺。久而久之，孩子们成了家中的"小皇帝""小公主"，有的出现人际关系不良，谁也惹不起他，谁也对不起他；有的出现人格偏差，以自我为中心，自私自利，稍不顺心，轻则哭闹，重则割腕、跳楼；有的养尊处优，受不了一点将就、委屈，穿衣热不得、冷不得，吃饭多不得、少不得，批评重不得、轻不得，一旦遇到一点磨难和挫折，他们束手无策，不能独挡风雨。造成孩子这种结果的责任，完全不在于年幼无知、嗷嗷等待"精神哺育"的孩子，应该做的是"救救我们的家长"。

我曾经听到过这样一个故事：旧社会，有一个大财主，老来得子，视为家中宝中之宝，夫妻俩对儿子有求必应，把儿子侍候得无比安逸舒坦。儿子12岁的那年冬天，财主在外地居住的岳母病入膏肓，捎信让财主夫妻赶快去看望一下，去晚了就见不到面了。夫妻俩很快决定去探望岳母。

但宝贝儿子怎么办呢？他们拿不定主意，带上儿子吧，大冬天车马劳顿往返要六天，如果路上下雪了会冻坏儿子，如果马惊了车翻了会砸伤儿子，如果遇到"响马"打劫了会抢走儿子；如果不带儿子吧，儿子四体不勤，五谷不分，在家不会做饭，不能自理；雇人来照顾儿子吧，如果雇的人虐待儿子，如果雇的人做的饭不可口，如果雇的人烧的水不开，饭不干净……想前思后，聪明的老财主想了一个万全之策，用10斤白面3斤油做了一个大饼，套在了宝贝儿子的脖子上，儿子不用干活不用操心，玩累了张嘴就有吃的。

安顿好了儿子，夫妻俩放心大胆地探望岳母大人去了。可万万没想到，六天后当老财主夫妇回到家里，只见宝贝儿子直挺挺地饿死在家里。原来，儿子啃吃完了嘴前的饼，竟然不会将脖子后面的饼转到嘴前，而被活活饿死。

故事的真假不可考究，但其中的道理振聋发聩，寓意深刻。美国教育家卡乐尔·桑德堡曾说，经过挫折和千锤百炼成长起来的孩子，才更具生存竞争力。孩子缺乏在困境和挫折中的磨炼，是一种残缺的教育。我们都知道，家庭是孩子成长的摇篮，如果这个摇篮里条件过于温暖、舒适，就会"温床养懒虫"，孩子不知勤奋，永远好逸恶劳；摇篮里面钱财太充盈，就会"营养过剩"，孩子不懂珍惜，永远没有危机感；摇篮里面环境太优越，就会"欲壑难填"，孩子不会满足，永远没有感恩意识。

☀ 旅游就要去农村

孩子小的时候，我们家里经济条件差，生活拮据，可比起我的农村老家，却优越了许多。20世纪90年代末，我们这里时兴起了"旅游风"，很多家庭都喜欢利用寒暑假带孩子四处旅游，观赏名山大川。我们家也旅游，但我们的旅游目的地只有一个，就是我的农村老家；我们的旅游项目也只有一个，就是让孩子们亲身受点苦和累，经历条件更差的环境，体验更为艰苦的生活。

顶棚上的"宠物"

刚开始我们带孩子们到乡下奶奶家里居住，他们很不习惯农村艰苦的居住环境和生活环境。那时老家做饭烧柴火，一边拉风箱，一边搅锅里的饭。吃饭时，他们看着汤里面有一些黑点点，觉得不卫生，不情愿吃。我告诉他们，那是风箱吹起来的燃烧过的秸秆灰，落在了锅里，吃下去不妨碍，爸爸小时候天天都是这样吃，身体照样棒。孩子们看我和妻子、奶奶都大口大口地吃，也模仿着吃，慢慢的也就习惯了。孩子们刚开始喝小米汤时不肯喝，因为碗里经常有沙子硌牙，我们就将经验告诉孩子们，要么喝汤时不要嘴嚼，直接吞下；要么喝汤时不要用筷子搅动，待沙子沉到碗底倒掉，我们就做示范给他们看。后来孩子们的牙齿被硌的次数多了，也就无所谓了。

夜里我们带着孩子在农村睡觉，我们住的土坯房子的顶棚上面老鼠乱窜。有一天夜里老鼠打架，砸烂了顶棚上糊的旧报纸，灰尘和老鼠"哗啦啦"掉在了我们的床上，女儿不知道掉下来的是什么东西，吓得蒙着头不敢出声，睡不着觉。我为了哄女儿睡觉，逗她说："顶棚上跑的是爸爸家里养的宠物小白鼠，不小心掉下来了，它们不咬人，睡吧，不用害怕。"慢慢的时间长了，女儿也胆子大了，知道那是老鼠在跑，也不影响她酣然入睡。30多年过去了，女儿现在经常跟我开玩笑说："爸爸家原来是'大户人家'，那时候，连顶棚上喂的都是'宠物'。"这时，我和妻子都会不约而同地笑出两眼泪来。我们经常让他们体验农村的艰苦生活，一方面增加了他们的经历，拓宽了他们的知识面，另一方面磨炼了他们的意志，让他们懂得了生活的不易。

女儿第一次到我妻子的老家去住，农村淳朴的孩子都围上来，非常想和城里来的孩子玩，而我女儿看着他们有的衣服不整，有的手上、鞋上沾满了泥土，总是嫌脏，不主动和他们玩。我就教育她，不能嫌弃农村的孩子，你看他们穿的衣服旧一些，手上沾满了泥土，但他们和城里孩子一样心灵手巧，心地善良，而且，在某些方面，知识面还要比城里孩子宽泛。

我先指着打麦场上的一个顶尖下圆的庞然大物，问女儿那是什么东西。我女儿围着它转了几圈，想了半天说：它很像图画书里面的蘑菇小房子，但它没有窗子和房门。她的话，逗笑了在场的所有小朋友，一个比她个子还矮的小女孩告诉她，那是喂牛的麦秸垛，不是房子。我女儿才恍然大悟。

我又指着路边拴的两只羊，让女儿告诉我，它们哪只是公羊，哪只是母羊。女儿摇摇头，说不知道。我又问旁边一个满脸汗渍的小男孩，小男孩麻利地跑过去，拉起羊腿看了看，准确地做了回答。女儿脸上露出惊讶的表情。

过了一会儿，一个小朋友从旁边的地里面拽来红薯藤，两只小黑手麻利地折折拉拉，三下五除二就编成了一条手链和一条项链，很大方地戴在我女儿的手上和脖子上。女儿很快就和这一群乡下娃混熟了，跟在他们后边，一会去沟底捡酸枣，一会爬上山坡采野花，弄得头上脚上全是土和草叶，既玩得开心，又学到了知识，开阔了视野。

第五章　德育，学做人、成为人

"比"出的幸福

儿子小学毕业时，由于学习成绩优异，被师资力量和教学质量最好的洛阳市实验中学跨学区录取。洛阳市实验中学属于市委家属院和市政府家属院学区，在里面上学的多数是干部子弟。我儿子在那里上了一段学，他和同学们一比发现，他上学骑的自行车没有别的同学的漂亮，是姐姐骑过的锈迹斑斑的旧自行车；他穿的衣服没有别的同学的时髦；背的书包没有别的同学的功能齐全；用的文具没有别的同学的高级上档次；带的加餐没有别的同学的新颖香甜。同学们课间玩的四驱车、文曲星、电子字典，他连见都没有见过。儿子在家里和我们交谈时，逐渐表现出了羡慕和攀比的思想苗头。

特别是开家长会时，他看到别的同学家长穿的崭新笔挺，老师笑着称这个家长是什么科长，称那个家长是什么局长，热情地迎来送去。我们同为家长，其穿戴、做派和人家相比根本不是一个档次，孩子觉得在同学们面前很没有面子，在家里一度表现出消极悲观的情绪。作为家长，我们非常了解孩子在学校所处的特殊环境，也非常理解孩子此时此刻失落的心情。但同时我们心里也非常明白，要防微杜渐，"狗不嫌家贫，儿不嫌母丑"，他和富家子弟攀比的思想和做法，必须采取适当的措施给予及时纠正，以免小毛病发展成大问题。

儿子上初一的那年寒假，尽管当时我的老胃病复发，经常疼痛，饭量明显减少，可我们还是毅然决然带上他，到国家级贫困县宜阳县最北边的一个偏僻落后的山村里过寒假。我们刚到那里时，因为离过年时间还早，那里的学校还没有放寒假。第二天，我们就带儿子参观了村里的学校。不看不知道，一看吓一跳。儿子当时就被学校的情景震惊了，学生们用的桌子是石头和木板垒起来的，坐的凳子高低参差不齐，都是各自从家里带来的。教室的窗子有的有玻璃，有的用旧纸板钉着。教室没有安装取暖的蜂窝煤炉子，里面冰冷冰冷的冻手冻脚。一个教室里坐着两个不同年级的学生在听课。

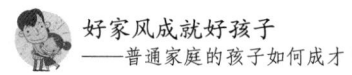
好家风成就好孩子
——普通家庭的孩子如何成才

由于学生都是翻山越岭来上学,中午回不了家,午饭大部分吃的都是蒸馍、咸菜,喝学校烧的白开水。当我儿子去学校的厕所解手时,吓得跑了出来。原来学校使用的是旱厕所,附近农户养的猪跑到厕所抢屎吃,我儿子刚蹲下就有两头黑猪跑了进来,儿子吓得提起裤子就跑。第二次他壮着胆子,捡起一根树枝赶跑了大猪,才又进了厕所。从学校返回的路上,孩子告诉我们,和这里的学生相比,自己的学习条件太优越了。

我们在老家生活了一个寒假,连春节也是在山村度过的,儿子亲眼看见和体验了宜阳县北部山区群众的真实生活。他看到这里群众过春节吃的东西,还不如他平时在家吃的东西好;这里孩子们过春节穿的衣服,还没有他平时穿的高级。特别是我带他去村里的井里打了几次水,深深触动了他的心灵。村里的水井有几十米深,井绳在辘轳上满满地盘了三圈。我和儿子在井上用劲地绞呀绞,绞了半天,等把水桶拉上来一看,水桶里只有半桶浑水。为了打满一担水,我们在井上绞了6次,我和儿子都累得满头是汗。

"比上不足,比下有余","眼见为实,耳听为虚",孩子的亲身经历使心灵受到了洗礼。我们离开宜阳县时,儿子的表情和来时大不一样。我们带儿子来时,儿子看着公交车外,一切都那么新奇,那么兴奋。回来时他把老乡给的花生、红薯扛上公交车后,坐在那里直视着前面,一路上没有作声。

从此后,在家里不管我做的饭好坏,儿子总是狼吞虎咽,吃得津津有味;不管我妻子给他拿出来的衣服新旧,他从来不讲究,高高兴兴地穿在身上,我的袜子前面穿破了,我妻子将前面的剪掉,而后纳好,儿子不嫌弃,穿上照样跑得欢。

儿子初一结业时的那次家长会,是我之前参加的所有家长会中最风光的一次。初一期末考试时,儿子的成绩在全年级四个班中名列第三,在全班排名中名列第二。班主任亲自将一张"三好学生证书"和一本盖有"奖品"二字的塑料皮笔记本发到我手里。班主任在总结班级一年情况时,多次表扬我儿子。

家长会结束时，班主任老师主动和我握手道别，好几个家长都围着我问这问那，一路交谈。有好几个家长都主动向我要了联系方式。还有家长希望，下学期他们的孩子能和我儿子坐同桌。回到家里，我把这次家长会的欢乐气氛同妻子和儿子分享。妻子听后说："人们常讲，前三十年看父爱子，后三十年看子敬父。还没有过三十年，你就享受到了孩子刻苦努力，父母跟着沾光荣耀的快乐了。"

儿子这时候也搂着他妈妈的脖子，非常懂事地说："原来你们讲，一个人生在帝王家还是贫民家，不可选择，但他走什么路，他完全可以自己做主，我现在初步理解了它的含义。"

"穷养"之意不在钱

人们常说："儿子要穷养，女儿要富养"，该穷养还是富养，要辩证地看。儿子穷养，不是单一的在物质上刻薄孩子；女儿富养，也不能娇生惯养。无论养儿还是育女都一样，一定要采取正确的方法，"穷"其"奢侈、依赖、骄横"意识，通过俭而养德，"富"其"独立、自立、努力"的精神，在"穷"的环境中，养"富"好习惯、好品格。家长养儿育女，该用理智的时候，千万别用了感情。不是让孩子生在金钱里，活在物质中就是富养，给孩子的钱越多，生活越奢侈，越容易在孩子心灵里植入"父母穷的只剩钱，父母的能耐只有物"的理念。孩子在这样的氛围里成长，将来有钱的时候挥霍，没钱的时候愤恨；当欲望被满足，就生活在盛气凌人的自大中；没有满足，就生活在报怨与不甘中。久而久之，最后缺乏对世界的善意，对生活的信心，对家庭的感恩。

孩子们小时候，我们从不在他们面前摆阔、显富、露能，尽管后来我们的生活富裕了，还是偶尔当着孩子"哭哭穷"。每次孩子们交学费前，我们都会事先准备得十分充足，但总谎称家里的钱不够，要出去借点才能凑够学费，要孩子懂得自己花的每一分钱都来之不易，不能挥霍，要用心珍惜。因为，当孩子们的需求轻易被满足，就会不知珍惜，更不会懂得怎样去争取。

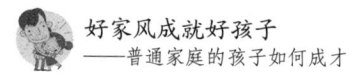
好家风成就好孩子
——普通家庭的孩子如何成才

孩子们得的压岁钱我们让他们自己保管，但每次妈妈有病住院，都要先把压岁钱用上，而后再还给他们。让他们知道，家里的东西不能随便据为私有，急用时必须无条件拿出来"舍己为公"。

我们的孩子上高中时，家庭经济情况已经得到改善，足已支持他们上学的一切费用。当他们想买课外书和辅导资料时，我们都热情支持，但必须由他们把家中的旧报、旧书、旧纸箱和废品拿去卖了，把钱填上。"醉翁之意不在酒"，我们主要想通过他们在家整破烂、在外边人多的地方卖废品的过程，收获无价的"精神食粮"。

这样，给孩子创造一些机会，让孩子能够亲身去体验生活的艰辛，孩子只有经历了一些事情之后，才能变得更加懂事，才能知道该如何去珍惜身边的一切，要比做父母不停地用大话说教作用大，效果好。

后来，我们家里冬天也安装了烧煤球的土暖气，夏天，也安装了一个壁挂空调。但是，冬天我控制着土暖气，尽量减少投放煤球的次数，故意不把屋内烧的太暖和；夏天，我轻易不开空调，宁愿用扇子驱暑。偶尔开开空调，也是开一会就停掉。当时，孩子们对我的做法很不理解，我告诉他们，不是我吝啬，不是我害怕烧煤球和耗电，而是我害怕家庭的"温室效应"——孩子们如果在家里过得太舒服，一旦他们离开家，遇到预想不到的艰苦环境，他们就无所适从，无法生活。

女儿上大学期间，给一家英国公司翻译资料，挣得一笔稿酬。当时，她在学校里担任学生会主席，考虑到工作的需要，经我们同意，她买了一部手机，为了不浪费电话费，我们规定，没有紧急事情不准给家里打电话。

女儿上大学后第二个月，就为高校几个老师子弟当家教，挣的钱她从来不乱花，连自己过生日也舍不得点一个小炒吃。她将钱积攒起来，放假带回家买菜买煤补贴家用。她从大二开始，周六周日都在一家杂志社兼职，每月有了固定的收入。这时候，她妈妈劝她说："你一个女孩子家长大了，又在那文化圈里打工，买几件像样的衣服和化妆品打扮一下自己，看人家瞧不起咱。"女儿爽快地告诉妈妈："我是凭本领和力气挣钱，不是

第五章 德育，学做人、成为人

凭外表挣钱。杂志社的编辑记者，一个个都是满腹经纶，而且都朴实无华，很少涂脂抹粉的，不会瞧不起我，你放心好了。"女儿硬是舍不得多花一分钱打扮一下自己。

常言说，穷人的孩子早当家。我们从小培养孩子艰苦朴素的好习惯，不但锻炼了他们的意志，使他们早早学会了珍惜，懂得了奋斗，还提高了他们生存发展的能力。

三年不回家的留学生

儿子到美国读研后的第一学期，就竞争到了勤工助学的岗位，到他们大学的医学院做网络管理员。同时，他还在当时非常著名的"黑莓"手机公司兼职，每月都有不菲的收入。尽管他有了些钱，但从来不舍得乱花一分钱，用他自己的话是这样说的："我不但学着会挣钱，而且要学着'会花钱'，让出力挣的每一分钱都花得物有所值。"

为了省钱，他从去美国的第一月开始，就照着镜子，学着自己为自己理发。刚开始，我们在家听他说自己为自己理发，很不接受，觉得孩子在异国他乡，自己太难为自己，太可怜，很心痛。聊天时我劝他："家里还不至于穷到这份上，找个理发店理理发吧。"而他总笑着用"自己高贵的头，还是自己'理解'更安心""不吃苦中苦，难熬人上人"之类的话来安慰我们。

儿子就业以后，有了固定的经济来源，我们就劝他不要再自己理发了。他妈妈有一次在视频里面对他说："看你自己给自己理的发，后面你自己看不见理的长，前面自己看得见理得短，长短不齐，高低不平。像你这形象，将来连女朋友也找不着，叫你打一辈子光棍。"儿子嬉皮笑脸地逗妈妈说："哎，道不同不为谋，说不定哪位伟大的小妹妹慧眼识珠，偏偏投资我这尚待挖掘的'垃圾股'。"他和妈妈在视频中经常这样开心地逗乐。至今，儿子还是自己为自己理发。

儿子为了节约钱，刚去美国的三年时间里，没有用手机给家里打过一个国际长途，没有回国探过一次家。在这几年时间里，父子母子不见面，

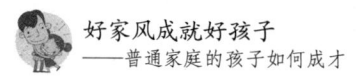

我们也很想见儿子,他妈妈夜里常常做梦泪湿枕巾;儿子也非常盼望回家乡看看,每次有同学回国探亲,他都眼巴巴地看着,羡慕的思绪半天不能平静。然而,懂事的孩子始终舍不得花父母的血汗钱买一张飞机票,同学们对他的做法不理解,他说:"我慎用家里的每一分钱,是对父母爱的另一种表达方式。"他一直强忍着思乡之情,直到自己积攒到了钱,怀揣着敬孝给爸妈的美金,离家3年10个月后才兴冲冲地第一次回国探亲。亲戚朋友每逢提起此事,无不啧啧称赞他这种勤俭节约的精神和自我约束的韧劲。

常言讲"自古磨难出英雄,从来纨绔少伟男"。有一次,长江商学院组织30多位内地企业家拜会李嘉诚,鼎天资产管理有限公司董事长王兵问李嘉诚:"您有两个儿子,我也有两个。您是怎么管理他们的?"李嘉诚直言不讳地回答说:"应该让孩子吃些苦,让他们知道穷人是怎么生活的。"有谁能想到,李嘉诚的儿子、现在人称"小巨人"的李泽楷当年去美国斯坦福读书期间,曾经在麦当劳卖过汉堡,在高尔夫球场做过球童,甚至背高尔夫球棒时曾弄伤了肩胛骨,直到现在伤患还时常发作疼痛。所以,尽管现在许多家庭经济条件都富裕了,但毕竟和李嘉诚的资产相比,那是不可同日而语。但我们的教子观念,教子方法,总可以和这个世界富翁比较比较,也从他那里学习一下儿女该穷养还是该富养的真谛。

一个合格的家长,不要忘记给孩子输送"精神营养",一定要刻意把孩子放到艰苦的环境中磨炼,让他们吃点苦,受点难。"穷则思奋,苦能励志"。家长不可能陪伴孩子一生,路还要他们自己走,事还要他们自己做。他们的人生总会遇到许许多多意想不到的挫折和失败,孩子们太养尊处优,欲望便与日俱增,"温水煮青蛙",慢慢身心丧失了"免疫力"和"抵抗力",无法自立自强,独当风雨,最终必定导致消沉、放纵和堕落。

☀ 不做四肢健全的"残疾人"

父母终究会走向衰老,这是不可抗拒的自然规律;孩子终究会长大,人生路要靠自己去走。子女将来要面对形形色色的人，会遇到错综复杂的事，要独立承担他生命里的责任和义务。所以，家长必须从小对孩子培养独立意识，锻炼生活能力，使孩子学会自我服务，自我管理，减少对成人的依赖。要学着按照教育家陶行知先生说得那样去做："解放孩子的头脑，使他能想；解放孩子的双手，使他能干；解放孩子的眼睛，使他能看；解放孩子的嘴，使他能谈；解放孩子的空间，使他能到大自然、大社会中取得更丰富的学问；解放孩子的时间，使他干一点自己高兴的事情。"

人的本领都是"学而知之，做而能之"的，可有的家长对孩子的学习非常重视，对孩子的饮食起居照顾得无微不至，却不重视孩子独立自主意识和生活能力的培养，只求孩子"两耳不闻窗外事，一心只读圣贤书"。特别有些家长在当下复杂的社会环境下，怕孩子购物上当，怕与人相处受骗，怕外出旅游出安全问题，因而处处关心备至，事事越俎代庖。父母的过度保护行为，亲手为孩子挖掘了"温柔的陷阱"，剥夺了孩子锻炼、提高的机会，无情扼杀了孩子的想象力、创造力。结果导致孩子长大后，有知识无能力——在生活上被动、消极，不会劳动、不能自立，既没有社会经验又没有生活本领；有知识缺素质——在工作上懒惰、不努力，不能自主，责任意识淡薄，稍有"风吹浪打"，便无所适从；有知识无品行——在与人相处中不谦让、包容，没有团队精神，自律性差，适应不了五彩缤纷的社会，一遇逆境，就怨天尤人。

被遣返的留美博士后

新华网"新华华人"专栏和中国青年网曾以"留美博士后找不到工作，流浪被遣返，称只会学习"为题，报道了这样一件事：一位来自祖国大西北的女孩儿是当地最有名的学霸，从初中起一路被保送，在北京最好的一所学府读到博士后，而后又去美国一所著名大学又拿了个博士后。最近，这位38岁的"双料博士后"被两个高壮的美国警察押解遣返了回来。中国边防警察接收她后发现，她头发只剩下稀疏的几缕，其间还有很多白发，脸色蜡黄，布满了皱纹，完全是一个老太太模样！她没有行李，只有

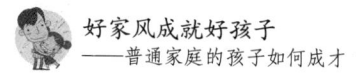
好家风成就好孩子
——普通家庭的孩子如何成才

一盒治疗精神分裂的药。

"你在美国做什么工作？为什么被遣返？"我国边防警察开始做例行调查。"我是北京XX大学和美国BF大学的双博士后，除了学习，我什么都不会，我找不到工作，没地儿住就被美国警方遣返回来了。"她回答说。

原来，这位双料博士的家在祖国西北的一个省会城市，是家里的独生女，家庭环境一般。她出生在国家恢复高考的1977年，自幼聪明好学，父母也以她优异的学习成绩为傲，竭尽全力给她创造一个良好的学习环境，从不让她干任何家务活，她的任务也只有一个——学习。

她没有让父母失望，从初中起就被一路保送，到北京念上了一所全国最好的学校——本科、研究生、博士、博士后。在国内已经读到头的她，又被推荐到了美国BF大学，申请到了一个类似于我国"希望工程"的奖学金，这样继续读到了双料博士后。她的事迹当地很多人都知道，当时曾经引起轰动，许多家长都拿她当楷模教育孩子。

她在美国学的专业是地质科学，跟着导师在美国黄石国家公园摸爬滚打搞研究，学业成绩突出，又被推荐到了企业。离开学校进入企业后，她没有生活自主能力和不擅与人打交道的劣势被彻底暴露了。在第一个企业，因为看不惯企业里有作假的行为，快人快语的她得罪人被辞退了；在第二个企业，同事聚会时，主管有意考察几个外籍新人的社交能力，在餐会中给了他们每人一大份肉，让他们吃完。其他几个新人要么与主管沟通，要么请别人一起分享，唯独她干脆地把盘子一推，"我吃不下！"很快，她就被礼貌地请出了公司。

她当时正在申请居留类签证，一直在排期，可她旧的签证已经过期，又没有就职的单位可以继续为她申请签证延期，随时面临着被遣返，而没了经济来源的她也没钱再继续租住公寓了。

"除了学习，我什么都不会。"她因为没有其他技能维持生活，困境之下不得不开始流浪，图书馆、走廊、公园，甚至厕所和桥洞都成为她栖身的场所。因为自己的遭遇悲惨，觉得"无脸再见江东父老"，两年时间也和她日夜盼望的父母失去了联系。后来有一天，无家可归的她终于被美国警察发现。先蹲了几个月的监狱,然后被送上回国的班机,随身只带着一份治疗精神分裂的药物。

一位学尖端科技的女博士后,从初中开始一路保送,直到中国排名前三位的某大学。她曾经是多么优秀啊!但再看看眼前这个没有几根头发、脸色惨白、灰头土脸,嘴里重复说着"除了学习,我什么都不会"的"被遣返者",如果她是你的孩子,你会是怎样的心情?——前车之覆,后车之鉴。天下父母,哪个不爱自己的孩子,但什么是真正的爱,怎么爱,父母心中一定要有一杆秤。孩子们的学习成绩很重要,但不是唯一。一个孩子只会学习,其他什么事都不会做,学习再牛也称不上是天才,更不是社会需求的人才,充其量只能算是一个四肢健全的、会做题的"残疾人"。就像前面所述那位留美博士后,她如父母所愿,从小到大是个"学霸",考上了名牌大学,攻取了很高的学位,但她没有学会适应繁杂的社会,最终被社会无情淘汰出局。

自我服务是必修课

真正关心孩子的父母,既要关心孩子的学业,还要适时帮助孩子在日常生活中学习和掌握生活技能。这里所谓"生活技能",不单指洗衣、做饭、整理内务等生存能力,还包括一个人的社会心理能力,与他人相处能力,在各种环境中的适应能力,在困难条件下承受压力和接受挑战的能力等。父母要用自己丰富的生活经验为孩子指引航向,把孩子培养成能适应社会的人,让他们去经风雨、见世面,在经历中积累人生的真谛。

我和妻子在培养孩子上有一个共同的看法:我们也许永远无能耐教育孩子将来一定挣大钱、发大财;也永远没有本事创造条件让孩子将来当大官、掌大权,但我们一定可以教孩子会生活、自食其力;一定可以教会孩子知书达理、敬老爱幼;一定可以教会孩子做个踏踏实实、本本分分的劳动者。

女儿4岁时,我们为了培养她的胆量和能力,让她提个小布兜下楼到街上买酱油,我们只远远地跟着。第一次需要她上街买的是酱油,她打回来的却是醋。第二次她一不小心摔倒在地上,打碎了酱油瓶子,磕破了膝盖，无功而返。第三次终于成功地打回了酱油，我们给孩子鼓掌、表扬。通过几次历练，女儿不但学会区分酱油和醋，胆子也变大了，经常下楼帮助我们买一些小东西。

为了锻炼儿子的胆量，在他7岁时的一天夜里，他妈妈在单位防汛值班不在家，后半夜我佯装突然胃疼，我让儿子到药店为我买药，凌晨1点多儿子在前面走，我在后面远远跟着，他跑过几道街，敲开药店门为我买回胃疼的药。

孩子们开始上学以后，趁他们小学阶段学业任务不重，课余时间充足，我们开始注重他们自主、自立能力的锻炼。首先，我们培养他们学会"自我服务"，自己力所能及的事情家长决不包办代替。吃完饭自己送碗筷；自己的手绢、袜子自己洗；自己的衣服自己叠自己放；自己的鞋子、书包自己学着擦。接着，我们逐步摆脱孩子们心中的"家庭保姆"的地位，让孩子们学会"自我管理"，要把自己的生活安排得有条理、有秩序、有规律。自己的零花钱自己管理，用了多少、花在哪里要心中有数；自己的牙具、毛巾、衣物等生活用品有固定的位置，不能急用时到处乱翻；自己的书包、文具盒、演草纸等学习用品自己保管、整理放好，不能随手乱丢；自己第二天上学要带的加餐、值日用具、学习用品自己准备妥当；晚上睡觉自己的鞋袜、衣服要摆放整齐……我们从点滴小事、持之以恒地培养他们的"自我服务""自我管理"的习惯和能力。

生活中，我们总是放手让孩子自己去实践、去体验，不会因为孩子做不好，或者怕出差错就一手包办，我们把真正锻炼的机会还给孩子。为提高孩子的自主、自立能力，我指导儿子拆装过自行车，修补过轮胎，安装过小马达，做过简易电风扇。每一次劳动之后，他看着自己的劳动成果都兴奋不已。女儿六年级毕业时参加同学们组织的郊游活动，要各自带点食物共同聚餐，我们让女儿自己动手做了几样凉拌小菜带去，结果她做的蒜茸凉拌土豆丝，比几个有钱人家孩子带的高级点心和饮料都受欢迎。后来她的几个同学再来我家做客，专门让女儿做蒜茸凉拌土豆丝给他们吃。

第五章 德育，学做人、成为人

劳其筋骨，炼其心志

经历是一笔财富。女儿10岁时，有幸被选为河南省"少代会"代表，要代表洛阳市的少先队员到省会郑州市参加河南省第二届少年先锋队代表大会。我们为了提高她的自主能力，让她独自乘火车到省人民大会堂报到。她在郑州参加了5天会议回来后，为了培养她的责任心、锻炼胆量、提高组织能力，我们鼓励她主动先后和7所小学联系，利用周六、周日去宣讲"少代会"的意义和传达会议精神。

她接受几个学校的宣讲任务后，自己非常认真负责的做了充分准备，一连几天放学后都抓紧时间写作业，而后赶写发言稿，写完后反复修改到深夜。有一天，我们半夜醒来，发现她趴在桌子上睡着了，她第二天照样早早起床，站在阳台上绘声绘色的反复练习。7场报告做完，孩子虽然很累，但综合办事能力和素质提高了

◎ 作者女儿当选"少代会"代表后教委组织游览长城留影

许多，受到了市教委带队老师的充分肯定和学校领导的表扬。

儿子15岁时，被学校推荐到江苏无锡参加江南大学举办的冬令营，当时正值春运高峰，往返火车票非常紧张，而且天气非常寒冷。在孩子犹豫不决的时候，我们积极鼓励他参加这次活动。我们认为，让他大冷天独自到江南大学一趟，可能要吃点苦，但却是一次不可多得的锻炼孩子自主能力和学习社会经验的好机会。我们当时不惜掏高价从"黄牛"手里为儿子买火车票，支持他去无锡参加活动。

孩子那次到江南大学参加冬令营，虽然很辛苦，但收获颇多。从他拿到报名表开始，他都自己填表、到邮局寄参会费，而后奔波多次，到学校

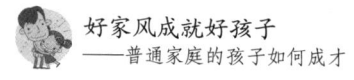

办公室和市教委办公室盖章,这是他第一次走进市教委办公大楼,第一次找领导们办事,锻炼了胆量,学习了和人打交道。而后,在火车上和许多形形色色的人共度了一天一夜。他到了无锡市这个完全陌生的地方后,面对一个全新的环境,要找吃的、查公交路线、花钱买车票。到江南大学后,又面对周围完全不知底细的老师和同龄人,和他们共同学习,共同参加活动,共同生活了20天。儿子的无锡之行,让他体会到了求学的不易和辛苦,跳出了自身所处的优越环境,了解到外面多彩的世界,给了孩子心灵的抚慰和滋养。同时,也锻炼了他的自我管理能力和心理承受能力。

孩子们上大学后,家里只供给他们学费,而不给生活费,他们的一切费用开支都靠打工、兼职去赚,包括回家和返校的车票,我们都不负担。如果自己实在挣不够这些费用,就随时向家里"借"。虽然这些"债"不需要还,但还是在他们心中留下了"我已经年满18岁,以后应该努力自食其力"的理念。

我一直认为,无论我们多么爱孩子,都没有能力陪他走完他们人生的下半程,家长一定要对孩子进行早期自主、自立能力训练,让他们将来能够靠智慧、靠双手养活自己,服务家庭,贡献社会;一定要创造必要的环境和较为艰苦的条件,使自己的孩子首先成为能奋力向前"蠕动"、能爬到"树上"求生、能钻进"地下"求存、能伸能屈的"毛毛虫",学会先做"虫",再去争取做"龙、凤"。否则,孩子随时都会有被繁杂的生活、被不断变化的社会环境吞噬的危险。

三、限制是为了自由

有人强调,孩子是独立的主体,应有独立的人格,应给予他们言行自由。这个观点我也同意,但必须加一句,在孩子18岁(未成年)之前,他们虽然是独立的主体,有独立的人格,但给予他们的自由必须有限度,一定要限制在家规家法,校规校纪,党纪国法允许的范围之内。既要保障孩子平平安安，不受伤害，还要保障孩子不去违纪犯法，伤害别人。这是家长义不容辞的责任和义务。

父母要做一个既"民主"又"独裁"的家长。家庭需要民主的气氛，但家长跟孩子之间不能事事都讲民主，因为有时候，涉世不深的孩子的一些想法是不成熟的、不合理的，有时是站在自私的角度考虑的。这种情况下如果你被孩子牵着鼻子走，不能做出果断的裁决，时间久了你在家里就失去了决定权，失去了在孩子们心中的威望，在关键的时候，你就左右不了局势。洛阳市曾发生的一起骇人听闻的青少年杀人命案就是家教不严、家法缺失而造成的。

一个星期六，洛阳市两个初二学生和一个小学五年级学生在学校操场踢球，其中一个初中孩子说："今天心里不得劲，想打人。"其他两个孩子马上响应。三个人便出校门寻找对象。他们看到市实验中学初一（9）班的郭正涛正在骑自行车，在无冤无仇互不相识的情况下，不由分说用木棍将其打倒在地，直到一位退休干部上前阻止，他们三人才罢手。郭正涛当即被路人送到第四人民医院，经抢救无效死亡。后来人们发现，这三个年龄最大14岁、最小11岁的凶手都是家法缺失、家规不严、娇生惯养的独子。

"学好千日不足，学坏一日有余。"孩子们好品德、好习惯的形成，需要点滴的日积月累，而沾染不良嗜好和恶习，往往易如反掌。所以，只有孩子们小的时候，就用严格的家规、家法约束他们，慢慢养成习惯，长大进入学校后他们才能够自觉地遵守校规校纪，将来跨入社会才能很好地用行政纪律和党纪国法约束自己。

☀ 孩子们的"金钟罩"

孩子们小的时候，为了保障他们的人身安全，我们要求子女外出玩耍，必须征得家长同意，必须把要去的地点如实告诉家长，家长不同意坚决不能去，如果编造谎话欺骗家长出去玩耍，一旦被我们发现，轻则惩罚，重则挨打。特别是没有家长陪同的情况下，如果他们胆敢和小伙伴们

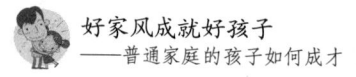

到河边、偏僻的山沟、高空等危险的地方玩,必罚无疑。

带着孩子进网吧

我的儿子上初中时,我们家楼下有3家网吧,他上学的路上还有4家规模很大的网吧。当时国家还没明文规定孩子们必须年龄满18岁、凭身份证登记后才能进网吧。我们严格规定孩子,不经家长同意,绝对不许私自进网吧。常言说"不看贼吃饭,专看贼挨打"。我多次故意带着儿子在我家门口附近玩耍,目的是让他见识见识不听话的孩子被家长从网吧揪出,而后遭家长拳打脚踢的场景,让他接受教育,吸取别人的教训,自觉约束自己的行为。

后来,学校开设网络知识课,当时我们家里没有网络和电脑,我们为了让孩子知道什么是网络,什么是电脑,了解计算机的强大功能,配合学校的学习进程,我们经常主动带着孩子进网吧学电脑。孩子在网吧的电脑上复习老师讲过的知识,做老师布置的作业,我和他妈妈就坐在网吧里面观看。每次他做完有关网络知识的作业,只要时间允许,我们就主动让他打一会儿游戏,让他初步了解、接触一些打游戏的规则和知识,而后,一局结束,儿子高高兴兴地跟着我们从网吧出来回家。

我们要求孩子放学后必须按时回家,有特殊情况必须提前通知家长。有一天,我儿子下午放学后本应6点以前到家,可是到了7点还没回家,我骑上车子找到了学校,教室大门紧锁空无一人,我找到班主任老师家里,老师讲今天学校没有课外活动,放学后她目送着全体同学离开学校的。当时我想是否和儿子走岔路了,我又返回家,发现儿子还没回家。我一家人当时慌了神,我和他妈妈、姐姐分头到附近的球场、网吧、水渠边去找,我们找得天昏地暗,个个火急火燎仍不见儿子的踪迹。晚上8点多我们正要到派出所报案,儿子骑着自行车匆匆进了家。

原来,儿子放学后顺路走到同班同学家门口,他同学邀请他到家里做作业,做完作业他们看天还早,两人下起了军棋,胜负难决竟然忘了时间,等他同学的家长邀请他在人家家里吃晚饭时,我儿子才慌了神,急急忙忙赶回了家。我问儿子:"今天你晚回来多长时间?"儿子低着头看了看手表回答:"2个多小时。""那好吧,你就在屋里跪相同的时间,给自己长点记性。"我不由分说命令道。从那以后,儿子的时间观念大大提高,再没有犯过类似错误。

孩子你要警惕,"软刀"也杀人

酒吧、夜店、歌舞厅等是容易接触黄赌毒的地方,对未成年人的身心健康十分不利,我们严禁孩子涉足;我们规定孩子们,即便是有大款子弟、官宦家的孩子愿意出钱请客,也绝对不能跟随他们进酒吧、按摩店等享乐消费场所。我曾经时不时地骑着自行车远远地在儿子放学路上跟踪、盯梢,防止他开小差,到他不该去的地方。我儿子上高中时,有一次快要期末考试,学习很紧张,可当时正值洛阳市公安局在周王城广场举办"防止青少年吸毒图片展"。在图片展览的最后一天,我还是强拉着儿子去看了展览,让他了解吸毒给人生、家庭、社会造成的危害。图片上展示的那些吸毒青少年毒瘾发作时,用头撞墙、割腕、弑父杀母、家破人亡等血淋淋的景象,给了孩子极大的震惊,上了一堂生动的"政治课"。

我们严格限制子女夜不归宿,无论情况再特殊,没有家长同意和陪同,都不许私自在外边过夜,这一条没有讨价还价的余地,必须不折不扣地执行。

我们为了保障孩子们的"身体健康"和"精神健康",限制孩子看电视、玩电脑、打游戏的时间和内容。

时间限制:为了保护孩子们的视力,我们规定,平时看电视,每天不能超过2个小时,周六周日不能超过3个小时,如果限制的时间到了电视剧一集没结束,或者一场电影没演完,时间可以延长。到了限定的时间,孩子们必须自觉守时守信,家长没有提醒的义务。如果违反规定超过半个小时以上,第二天看电视的时间就被没收。

内容限制:我们严格规定孩子们,可以看动画片、故事片、新闻联播、今日说法等积极向上的内容,而打斗、凶杀、黄色等有损心理健康和

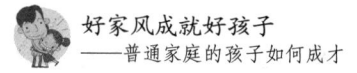

好家风成就好孩子
——普通家庭的孩子如何成才

精神健康的决不能沾。

琢玉成器，吃穿玩不能太随意

"玉不琢，不成器"。为了养成孩子们好的生活习惯，我们对孩子的吃东西、穿衣服、用东西都有限制。

孩子们吃东西时，在家里可以告诉爸妈自己想吃什么、爱吃什么，但不能说"我不吃什么"。每顿饭，家长做什么，孩子就吃什么，不能挑肥拣瘦。没有特殊情况，能赶回家里吃饭，就不准在外边下馆子、浪费钱财。家里面好吃的、水果、点心，每次吃的时候必须告诉家长，征得同意，不能不顾家庭其他成员，贪得无厌，只顾自己吃个痛快。

孩子们穿衣服时，可以告诉爸妈自己爱穿什么，喜欢什么式样、什么颜色，但不能说"我不穿什么"。家长买什么、做什么就要穿什么，不能论长道短、讲质量、挑牌子。妈妈的旧衬衣，女儿接着穿；爸爸的旧秋衣，儿子在里面套，这都是我们家里的常态。

孩子们的用具、文具，使用什么牌子、什么式样，他们只有建议权，没有挑选和决定权，家长买什么就用什么。他们使用的文具，以能服务学习为前提；他们背的书包只有在旧书包破的不能再缝补的时候才能买新的；他们上学骑的自行车，更新时以旧车车闸不能再修为标准。我们告诉孩子们，书包好坏，决定不了里面装的作业是一百分还是五十分，能从旧书包里掏出一百分的作业，才叫你的能耐；骑辆"除了铃不响，其余地方都响"的锈迹斑斑的旧自行车，驮出个高考"状元郎"，那才叫本事。

女儿小时候非常乖巧，我们非常爱她，关心她，但我们对她爱而不娇惯，不溺爱。有一次，她嫌家里做的饭不好吃，吃了几口就不吃了，我们劝了半天无济于事，于是我们狠着心一下饿了她两顿。有一次，家里已经做好饭准备吃了，她非要闹着吃她舅舅送来的火腿肠，我们让她先吃饭，而她闹着不让吃火腿肠就不吃饭。我一气之下，故意将一小段火腿肠摔在地上，并用脚踩碎。接着，我们吃饭，让她站在一边不准吃饭，对她进行惩罚。

第五章 德育，学做人、成为人

☀ "高压手段"为哪般

常言说：良言一句三冬暖，恶语伤人六月寒。我们规定孩子，对长者、老师、家长的言语必须尊重，要和颜悦色、文明礼貌，不能信口开河。对同学、朋友，言语上要以礼相待，不能盛气凌人。特别孩子在叛逆期、青春期，我们教育他们要树立正确的人生观、世界观，言语上要保持和民族、国家的利益绝对一致。

我儿子上大学二年级的时候，已经是中共预备党员了，已经有自己的思想了。有一段时间，他看到社会上一些有权有势者行为腐败，就忧国忧民，言语上愤愤不平。特别当他们学校的大学生正准备组织"抵制日货"的大游行时，学校领导为了"维稳"，采取多种方式阻止他们的游行活动，孩子当时觉得一腔爱国热情被扼杀，很想不通。

暑假回到家，他在家里多次赞扬西方的民主制度，抨击我国当下的时弊。我是一个有40多年党龄的老党员，生怕孩子在"青春期"的言论过激，行为失控，触犯纪律，受到处分，贻误前程。我就苦口婆心地劝说、解释，做孩子的思想工作，反反复复讲解"愤青"的利弊。结果孩子依仗文化高、知识面宽、口才好的优势，反倒辩得我理屈词穷。因我爱子心切，为了限制他的言语，无奈我拿皮带抽了他三下，打在儿子身上，痛在我的心里，气得我老泪纵横。儿子见状，痛定思痛，接受我的建议，答应谨言慎行。我用"高压手段"限制孩子的言语，虽然不是上策，但三皮带打得也算有效，一年后，儿子的预备党员期满，顺利地转成为正式党员。

我们都知道，一棵树如果不剪枝、不打杈，无限制地任其自由疯长，终究成不了参天大树。如果一个心智还不成熟的孩子，在过度自由的空间里生活、成长，没有受约束的经历，没有遵守纪律的概念，坏的生活习性得不到及时纠正，久而久之会养成任性、强势、放荡不羁的不良品行，将来走入社会，要么不适应各种环境的约束，丧失生活的勇气，要么违反纪律、反抗社会，铤而走险，成为社会的包袱。所以，给孩子过度的自由，无原则的迁就，百害而无一利，严管是爱，放纵是害。

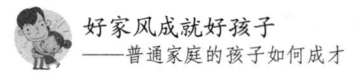

好家风成就好孩子
——普通家庭的孩子如何成才

四、我教孩子"会花钱"

沃尔玛是世界上最大的零售企业集团,它的创始人塞姆·瓦尔通可以说是富甲天下,但他严格要求子女不许乱花钱,他在自传《美国制造》一书中,这样警告他的后代:"子孙当中,要是有谁胆敢玩弄富家子弟的那类奢侈品,我到地狱里也要起诉他。"现在许多家庭生活一天天好起来,人们的腰包都慢慢鼓了起来,很多家长觉得孩子们花点钱不算什么大事,自己挣钱就是让孩子们花的。恰恰许多孩子的前程,正是毁在了花钱上,许多家庭的航船,也正是翻在了花钱上。教孩子"会花钱",在家庭中是个大课题,决不要掉以轻心——钱用得好是"宝",培养人才创造幸福;钱用得不好是"瘤",引起祸端家破人亡。

孩子"会花钱"和"能花钱"有质的不同,不能混为一谈。"会花钱"是把钱用得合理,物有所值,是对家长劳动的一种尊重;"能(乱)花钱"意指量大随意,至于是否合理则不在考虑范围内。家长一定要教育孩子懂得,家里的每一分钱上都沾着爸妈辛劳的汗水,要珍惜,要把爸妈用血汗换来的每一分钱用在刀刃上,养成"会花钱"的好习惯,戒除"能(乱)花钱"的不良习气。

我们为了培养孩子"会花钱"和节俭的品质,养成不铺张浪费的好习惯,采取了许多行之有效的措施。

☀ 给零花钱的"度"与"道"

做任何事情都有个"度",超过了"度",就会适得其反。爱孩子是人之常情,但作为家长不能盲目对孩子施爱,要给子女理智的爱,不仅要有爱的动机,更要注意爱的方法,把握好爱的"度",这既是教育子女的技巧,又是科学教子的秘诀,"度"把握好了,才会有好的教育结果。给孩子零花钱也一样,适度有益,过度伤害。

第五章 德育，学做人、成为人

现在人们发现，一些精明的经商者在学校附近开设商店趋之若鹜；一些五花八门的小商贩，被城管、交警赶来赶去，仍在学校门口流连忘返。原因很明了，他们知道现在最好挣的钱来自两个群体，首先是儿童，其次是妇女。如今，不少做父母的给孩子零花钱几乎是有求必应，没有一个"度"的限制，造成孩子的"钱欲"越来越高，形成了难以填充的"欲壑"，结果惯坏了孩子的脾气。孩子兜里的钱多了，往往身在课堂，心在校门口的商店里，手里捧着书本，脑里惦记着打游戏；钱来得容易，就不知道珍惜，挥霍浪费，比阔拼爹。兜里的钱挥霍完了，伸手再向老子要，不给就闹，吵闹无用就骗就偷，有的甚至铤而走险，在校门口抢夺低年级学生的钱，造成犯罪身陷囹圄。

我曾经抄录过一篇清代人写得《治家格言》，里面有一段这样写道："子孙手里钱也大，财也大，时间久了祸也大。借问此理是若何？子孙钱多胆也大，天样大事都不怕，不丧身家不肯罢。子孙手里钱也小，财也小，后来儿孙祸也小。借问此理是若何？子孙钱少胆也小，些微产业知自保，俭使省用也过了。"所以，家长若真爱自己的孩子，就不妨学学古人，控制他们的欲望，在金钱上对孩子吝啬一些，别用一把"金匕首"伤害了他们纯洁的心灵。

草根家庭，只要方法得当，小钱也能办大事。我们对孩子的零花钱，采取过许多的限制措施，例如："宽给严用""鼓励孩子做义工""引进奖励机制""做孩子们的代办员""延迟满足"等行之有效的方法。

宽给严用

孩子们小的时候，我们家还不富裕，但孩子身上从来不缺零用钱。孩子需用的零花钱，我们不等孩子向家长要，都是主动给。孩子们没上学以前，每天都有家长看护，家里有吃有喝的，我们几乎没给过他们零花钱。孩子们开始上学的第一天，我们就主动拿出五元钱放进他们的书包里（后来根据物价的不断上涨，我们放进孩子书包里的钱逐渐增加到10元、20元、50元）。

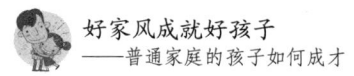

孩子们的钱是我们主动给的，但是，使用范围是有严格规定的。我们给钱的时候，明确地告诉孩子：这些零花钱，你可以随时支配，但我们给你的钱必须"专款专用"：上学的路上给自行车打气、看管自行车交费；作业本、铅笔用完买新的；晚自习突然停电购蜡烛；同学遇到困难借钱；看到中意的书籍要买；学校组织公益捐款；朋友过生日送礼；无意间将公物或者同学的东西损害赔偿；突然下暴雨、大雪路滑在学校买饭等。他们每次在规定范围内用了钱后，必须给家长报个账，我们核实无误后就主动将钱补足。这样，每天都保证孩子口袋里面有足够的零花钱，以备在学校发生突然情况后有钱应对，避免孩子措手不及。但使用这些钱原则上不能超出上述范围，绝对不允许私自拿这些零花钱买小吃、玩具、打游戏。如若违规，必定责罚。

我们的理念是，在当今充满诱惑的时代，孩子只有在家里面不缺爱，兜里面不缺钱，到外面走弯路的概率就会小很多。但孩子们兜里的钱，我们把握两点：一是他们拿了多少我们心中有数；二是他们花的用途我们要给予管控。

汗水可以"换钱花"

鼓励孩子做义工，我们模仿美国石油大王洛克菲勒的做法，让孩子用汗水和智慧换取零花钱。

洛克菲勒是当今世界首富比尔·盖茨最崇拜的人，也是世界上最早拥有10亿美元资产的巨富。他一生将自己大量的资金用来建立各种基金，捐赠给大学、医院、孤儿院等，但洛克菲勒对自己的儿女非常吝啬，他对子女的零花钱卡得很紧，他要求儿女们靠双手挣零花钱：逮到走廊上的苍蝇，每100只奖一角钱；捉住阁楼上的耗子每只5分，背柴火、劈柴火也有价钱。他的儿子劳伦斯和哥哥纳尔逊，分别在7岁和9岁时取得了擦全家皮鞋的特许权，擦一双皮鞋2分，擦一双长筒靴1角。就是这些靠捉苍蝇、背柴火、擦皮鞋挣零花钱的孩子们，后来一个个都大有作为，有的成了实业家，有的成了银行家，有的成了美国副总统。

第五章 德育，学做人、成为人

我们在家里给孩子们零花钱时，借鉴和改良了洛克菲勒的一些做法。我认为，"家务"有别于"社会义务"，它具有彼此体谅、无私奉献和共筑爱巢的无偿性质。而且，家庭不是市场，家长不是老板，亲情关系不能视为商业买卖关系，不能把市场法则引入家庭生活，把亲人之间的互助当成利益交换。所以，我们告诉孩子，你们干家务劳动，例如在家里洗碗、擦玻璃、扫地、整理房间、洗袜子、洗手绢、擦皮鞋都是自己的责任和义务，没有报酬，必须自觉地去干，它和爸妈上班挣钱养家糊口的性质一样，天经地义、责无旁贷，不可唯利是图，没有价钱可讲。

但有些不属于责任范围内的劳动，可以挣零花钱。例如，我们当时住在大杂院里，孩子们学习任务完成后，"出卖"自己"玩耍的时间"挣零花钱，可以冲刷大院的公用厕所、打扫大院的卫生，清理公用水管旁边的烂菜叶等。后来我们家搬进楼房，孩子们如果清扫楼梯、铲门口的小广告、整理楼道的杂物等我们都付少量的钱给孩子们当劳务费。再后来，街道居委会为了解决辖区内一些行动不便的孤寡老人的起居生活，开展了服务换服务的"时间银行"，即辖区健康人如果为行动不便的孤寡老人提供服务，居委会依据你服务的时间开给一张"服务收据"，存入"时间银行"，等你年龄大急需别人帮忙的时候，拿出你的"服务收据"去换取他人的帮助。我们楼下住着一个无儿无女的寇老奶奶，她身体健康的时候，靠着看公用自来水卖钱维持生活，后来年纪大了行动不便，居委会为了解决她的困难，就给她提供了一些每张一小时的"服务收据"，谁为她提供服务，她就按服务时间发给"服务收据"。我们就让女儿和儿子承包了寇奶奶家搬运蜂窝煤的任务，每次孩子们拿到寇奶奶发的"服务收据"后，回家卖给我们，换取零花钱。

你把证书"卖"给我

为了调动孩子们的学习积极性和上进心，我们引进"奖励机制"，对孩子在校期间获得的各种奖状、获奖证书都明码标价发给"奖金"。优秀少先队员、三好学生、优秀共青团员、各种竞赛一二三等奖等，都分校

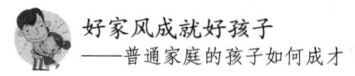

级、区级、市级、省级、国家级发给不同奖金，校级2元，区级3元，市级5元，省级10元，国家级50元。这些奖金统统纳入他们的零花钱范畴之中，可以自主支配，不限制使用范围。每当这时候，我们会告诉孩子，这是对你们超额劳动、多做贡献的"奖励"，希望以后更加努力地"多劳多得"。我们在高价"收购"孩子们的获奖证书的同时，还会带他们到洛阳名气较大的酒楼或购物中心消费，让孩子见识、体味一些高品质的生活，使他们享受辛苦奋斗后的美好，明白努力的真实内涵。

我是你的代办员

孩子们都有自己的收入"账本"，上述获得的零花钱，由自己分笔按时间、事由、钱数详细记入账内，个人共有多少零花钱可支配，账上一目了然。孩子们当"会计"，负责记账；家长当"出纳"，负责保管钱。如果孩子们在学校看到哪个同学买了新奇的吃的、玩具，而后自己想吃到、得到这些东西，想动用自己的零花钱，就回家告诉家长，家长就跑腿代办。这样做防止了没有生活经验、缺乏辨别能力的孩子们花零花钱的随意性，不使孩子们被黑心商贩欺诈，花大钱购小物，又防止孩子们在马路边买不卫生、质量没保证的食品吃了得病，买到有危险性的玩具伤身，防患于未然。

延迟满足

有时孩子们想要一件玩具的时候，我们会先考虑这件礼物有没有买的必要和可不可以推迟买。如果可以买，我们就会告诉孩子可以满足你的要求，但家里的钱暂不宽裕，等周转开了，就会买回这件礼物。等过一段时间后，如果孩子还是非常渴望，我们会找个合适的时间把礼物送给孩子。这样做的目的是，让孩子懂得钱不是说来就来那么容易的，是不能随时任意乱花的。另外，过一段时间再买，有可能随着时间的推移，孩子对礼物兴趣大减，或者有了新的兴趣对象；也有可能仍然心仪，这时再购买，渴望达到了极点时才得到的礼物就会特别珍惜。这种延迟满足的快乐会比立

第五章 德育，学做人、成为人

刻满足的"浓度"更高，同时也会收获更多物质之外更珍贵的东西。

☀ 理财，从今天开始

对孩子进行社会财富的认知教育，也是家庭教育不可缺少的重要一课，让他们能够选择物超所值的东西和打理钱财，是必备的一种生存本领。孩子们懂事后，我们经常带孩子到市场购物，实地教学，将挑选物品的经验和诀窍，以及持家、省钱、理财的要领传授给孩子。

授之以鱼，不如授之以渔

我们经常把生活中积累的购物诀窍讲给孩子。①我们告诉孩子购物要有主见，不要被广告绑架，很多商品质量很一般，但厂家却舍得花大价钱请明星代言，最后都由消费者买单。②每个商场都有特价区，有些换季商品物美价廉，可以多光顾。购物要货比三家，很多相同的东西，不同的商家标的价格各异，比较着挑便宜的买。③购物讲实用，物品的功能是服务，不要傍大牌、傍名牌，图虚荣，只要能达到使用的目的即可。④摆地摊的大都是下岗的职工和创业的学生，资金少成本低，讲究薄利多销，那里卖的水果、蔬菜和日用品比超市卖得便宜许多，可以优先考虑。⑤有钱不买半年闲。用得着的东西就买，可买可不买的东西就不要花钱，犹豫不决的东西宁可不买，不要买了后悔；更不要"图贱买闲牛"，今天花钱买，明天费钱养，留着无用，弃之可惜……我们言传身教，使孩子们在用钱购物的过程中知道了比较、计算、选择，掌握了一些生活中俭省节约、使每一分钱的功能尽可能最大化的有效方法。

我儿子过 12 岁生日时，他的 5 个"铁哥们"集资给他买了一套价值 9 元钱的文具当生日礼物，在当时已经属于大礼品了。"有来无往非礼也"，我们给儿子发了 20 元钱，让他回请几个好朋友。我儿子中午放学后到肯德基、麦当劳和附近几家稍微像样的饭店考察了一番后，回家告诉我们，要想请 5 个朋友吃顿很一般的饭，最少也需要 40 元。当时我们不同意"追加投资"，让他想办法在限定的 20 元范围内自己来解决。

星期六，孩子吃了早饭，提上菜篮子在超市观察了一圈看了看价格后，出来跑到了农贸市场，又在熙熙攘攘的农贸市场转了两圈后，依据手中的20元钱做了大概计算。而后他买了半斤猪肉花了3元钱，买了半只鸡花了7元钱，在一个推着三轮车卖自家养的鱼的老农那里花5元钱买了一条将近1斤半的鲤鱼，剩余的钱买了6种新鲜蔬菜，满载而归。下午儿子洗菜，我和他妈帮着杀鱼切肉，一家人说说笑笑，其乐融融地做了一番准备。星期日中午，我们不但做了一桌丰盛的大餐，还准备了一箱饮料，请他的五个好伙伴和一些亲戚朋友来家，大家欢聚一堂吃着、喝着、说着、笑着，为儿子过了一个节俭而又快乐的生日。我们处处营造节俭的家庭生活氛围，通过耳濡目染来引导、培养孩子朴素、务实的消费观和理财意识。

废物巧用

我的孩子们非常喜欢购买课外读物、辅导书籍和练习试卷，这对家庭来说是一笔很大的支出，我们就教孩子以旧书理财：凡是孩子自己购买的辅导书籍、练习试卷，在做上面的试题时，他们从来不用水笔写，只用铅笔做。当辅导书和试卷利用完后，期末将上面铅笔写的字用橡皮擦干净，等新学年开学后，孩子们利用课间到低年级教室里推销，以五折或者更低的价格卖给有需求或者家庭贫困的学生。这样，处理旧试题得到的钱，要比论斤卖到收破烂那里多得三到五倍，家长只要给他们再加不多的钱，孩子就可以买到新的辅导书看和试卷做。

孩子们从上小学、念大学、读硕士、攻博士，一直沿袭这种做法，将用过的旧书低价卖给学弟学妹，再从学长学姐那里淘便宜实用的旧专业书看。我们这样教育孩子，他们理到的财、省的钱是有数的、有限的，但他们得到的理念是无价的，终身受益的。

钻进"钱眼"里的娃

一说到"教孩子趋利、赚钱"，也许有人认为它充满了贬义和"铜臭"，其实不然。家长要教育孩子从小懂得人生是背负着责任而来的，任何人都不能当寄生虫，不能不劳而获，坐吃山空。世界上没有免费的午餐，必须学会用自己的双手、汗水和智慧去"趋正当的利、挣该得的钱"，要能养活自己，还要能为家庭、为社会创造财富，积累财富。这是人生不可推卸的责任。

抓小得大

在孩子们开始上学懂得了一些事理后，我们就刻意培养他们健康的赚钱意识。

一个星期天，我看到家里积攒了一些旧纸箱、旧报纸和废塑料瓶子，就把儿子叫到跟前，我告诉儿子，旧纸箱卖给楼下收废品的人，每斤可以卖6分钱，旧塑料瓶子每个可以卖3分钱，如果将这些东西运到废品收购站，旧纸箱每斤可以卖到1毛2分钱，旧塑料瓶子可以卖到6分钱，这中间有一倍的差价可以赚，你如果肯卖点力费点劲，将这些废品用自行车运到废品收购站，这多赚的一倍差价就由你自主支配——可以买一个你心仪很久的四驱车。儿子一听有钱赚，立马答应了，他姐姐也挽起袖子主动为弟弟当帮手，姐弟俩齐心协力忙活了一上午，挣了三元一角钱。儿子拿着新买的四驱车高兴得屁颠屁颠的，还讨好姐姐说："等我将来挣大钱了，给你买一辆'宝马'啊。"儿子不经意的一句许诺，后来成为姐姐鼓励弟弟刻苦学习、奋力打拼的口头禅——"老弟加油啊，老姐等着坐你买的'宝马车'呢！"

鼓励孩子们卖废品得的"物质利益"很少，但他们拉下面子、舍得身份，赚的"精神利益"不可小觑。

爱财有道

中国有一句古话："君子爱财，取之有道"。我们不单单教育孩子处处节约省钱，还不失时机培养孩子赚钱的意识，会省能赚才能早点自食其力。

儿子在小学阶段英语学得特别好，六年级时在他姐姐的辅导下，参加小学组英语比赛，获得了市级特等奖。这一消息被我妻子单位的几个女同事知道后，她们和我妻子商议，希望暑假里让我儿子为她们的孩子辅导英语，并许诺给予一定报酬。恰逢当时我儿子正要求我利用暑假的时间教他学习游泳，我趁机告诉儿子，进游泳池每人每次要 2 元钱，我们两人每进游泳池一次需要 4 元钱，如果去 20 次我能教会你游泳的话，我们两人买门票共需 80 元。现在去为妈妈同事的孩子当家教，恰好是一个挣游泳费的良机。

儿子当时有点不自信地问我："我一个六年级的学生，去当四年级学生的老师，能行吗？"我鼓励孩子："既然大家都觉得你行，你就大胆试试。不试一下怎么知道行不行？"当时儿子接受了任务后，还像模像样地准备了几天。讲课的时候正值暑天，我家住顶楼，当时家里买不起空调，室内温度达到 30 多度，几个孩子在我家热的汗流浃背，但最终几个家长一致反映我儿子教得认真负责，她们的孩子收获很多。虽然当时我妻子坚决拒收了几个同事给的 100 元报酬，可我照样买断人情，兑现承诺，暑假结束前教儿子学会了游泳。

洛阳市小百花文学社每年寒暑假都要举办多期针对中小学生的提高写作知识的培训班。我女儿当选洛阳市小百花文学社小社长后，每期培训班她不但积极参与后勤服务，还当起小教员，将自己的写作经验现身说法地介绍给学员们。每一期培训班结束，她都能挣一点劳务费。凡是她自己赚的钱，使用时我们就放宽自由度，自己可以大胆地使用。为了鼓励孩子们多写文章多投稿，我们采取激励机制，只要孩子们发表文章得了稿费，编辑部寄给他们多少钱，家长就加一倍付钱给他们作为奖励，大大调动了孩子们写作、投稿、赚钱的积极性。

我们刻意培养孩子们赚钱的意识，完全不在于想让孩子们发大财，主要在于让孩子们懂得三点：①让孩子从小知道付出，懂得只有靠劳动与努力才能赚到更多的钱，才能得到自己想要的东西，才能过上自己想过的日子，从而提高孩子在经济社会中的生存能力。②让孩子亲身体验劳动的艰辛和赚钱的不易，知道珍惜家长的劳动成果，长大俭省节约，既会赚钱，更会花钱。③不要把赚钱的过程分等级，赚钱只有合法与否，没有贵贱之分，只要是自己凭能力赚来的钱，这钱的价值都是平等的，用起来都是理直气壮的。

总之，要教育培养孩子懂得，千万不能生活在财富充盈的世界里，看着别人大把赚钱，自己却落个食不果腹的境地。

☀ 家庭银行

人生中的精神财富、知识财富、物质财富三者缺一不可，教孩子们从小懂得善于积累和管理物质财富，同样应纳入家庭教育的范畴之内。因为，没有远虑必有近忧，人生难免遇到许多难以预料的大事、急事，一个人和一个国家一样，只要"手中有粮"，遇事必然底气十足"心中不慌"。一个家庭、一个人，如若不知道积蓄，挣一个花两个，没有雄厚的物质储备做后盾，遇到天灾人祸，无力挽救弥补，会造成严重后果。

人生需要规划，花钱需要计划

有一句俗话说：吃不穷，穿不穷，不会计划终生穷。我们教孩子计划用钱，更深层的目的，是让孩子养成做事不盲目、善于谋划的习性。

每年春节和孩子们过生日，他们都会收到奶奶、姑姑以及几个舅舅的压岁钱和贺礼，特别是我的几个战友平时每次来我家，都掏给孩子们一些钱，这些钱的保管和支配权都在孩子们手里。但他们使用必须要有计划，要将收的钱建账造册，上年使用后结余多少，本年收入累计多少，收支相抵后剩下多少，以及每次支出的时间、数量、用途必须有明细记录，清晰明了。年终账目必须接受家长的"审计"，对每笔不合理的支出，我们都在后面批注看法，并从中抽走等量的资金以示惩罚。

孩子们在使用有"自主权"的钱的时候，除了参加公益活动用钱（例如学校组织给灾区捐款、到偏僻落后的山区学校同那里的学生开展"手拉手"等活动）以外，如果使用大额（10元以上）、超大额（30元以上）

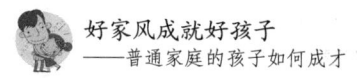

必须事前向家里通报用途（例如，为同学过生日购礼，去医院探望生病的老师，同朋友到公园、郊外春游、聚餐等），事后必须主动将事情办理的经过、结果汇报给家长。这样，事先请示，事后汇报，家长对孩子们的资金使用情况有清晰的了解，避免了孩子随意、无计划、不合理的支出和消费。

积沙成塔，集腋成裘

孩子们上学后，我们就为他们开办了"家庭银行"，"家庭银行"的运作模式简单明了：我们首先向孩子们的"小花狗"储蓄罐里面投入了20元零钱，作为原始资本和启动基金，以后只要孩子们将压岁钱、竞赛得的奖金、稿费、家庭劳动中挣的劳务费等个人收入投进储蓄罐里面，家长就向储蓄罐里面投入等量的钱，作为孩子们储蓄的利息。本息都累积记录在"存折"里面（每个孩子都有一个记录本），自己有多少"资产"心中都清楚有数。例如：孩子们存进"小花狗"里面一个一分硬币做本金，我们就投进一个一分硬币给他们做利息，他们投进一个五分硬币，我们也投进一个五分硬币。

我们的"家庭银行"还制定的规则："储户"想买喜爱的东西，例如女儿想买头花、画片，儿子想买玩具、小吃等，只能使用所得的利息，不能动用本金（孩子们喜爱的课外读物、学习用书和文具的支出全由家长承担）。如果孩子的利息花完后动用自己的本金，我们就加倍抽逃原始启动资金。假如孩子使用一毛钱自己的本金，我们便从中取出两毛钱原始启动资金。这样奖罚分明，孩子们不但一般不敢动用自己的本金，还激发了存钱的积极性，有一次我妻子特意将孩子们的储蓄罐称了一下，里面的硬币竟然有6斤3两重。虽然孩子们进入大学后"家庭银行"自然解体了，"小花狗"肚里满满的一分、二分、五分硬币，现在流通领域也很少使用了，成了"鸡肋"，但我们从小培养孩子的财商，使他们逐渐养成积累财富的意识和习惯，受益匪浅。

女儿大一期间为一家法国公司打工赚了1200元欧元，这是她读大学挣的第一桶金,她马上到银行开立了外汇储蓄账户,当时欧元币值坚挺,兑换人民币汇率是1∶13,她将欧元存入银行,获得了客观的外汇利息。后来她翻译了一本英文著作,对方付给她的报酬是英镑,她照样将英镑存进银行,不但使外币增值,从此还关心起了外汇走势。我儿子在美国工作后发现,美国银行延续了近7年的零利率(0~0.25%)(注:2015年12月17日美联储才宣布加息),他就将工资汇到家里,兑换成人民币,再存入银行购买保本理财产品,几年下来本息滚动增值,为家里改善住房条件做了很大贡献。

五、交友交心不交财

世界著名科学家爱因斯坦说:"世界最美好的东西,莫过于有几个头脑和心地都很正直的严正的朋友。"我国民间也有类似的交友名言:一个篱笆三个桩,一个好汉三个帮。这些都说明了人生交友的重要性。

我总结自己几十年的成长经历,悟出了一条人生道理:一个人的未来有多么美好,看他与谁为伍、与谁结伴同行。小时候,我结识了五个好朋友,其中有两个农民子弟,两个军人子弟,一个干部子弟。50多年来,我们几个朋友在交往中童心无猜,相互学习,取长补短。我们几个谁有了进步就相互鼓励和赞美;谁有了困难,就相互安慰和帮助;谁有了成就,就相互祝贺和分享;谁有了烦恼,就相互倾诉和分担;谁有了缺点,就坦诚相见,提出批评和建议。特别有两个朋友和我有福同享,有难同当,亲如兄弟,在人生的几个关键处,他们和他们的家长都慷慨出手相助,使我受益匪浅,没齿难忘。

因而,我深深体会到了孩子从小交朋友的必要性和选择朋友的重要性。孩子交朋友可以让他们在家庭之外有更广泛的、属于自己的活动范围,在与朋友的互动中能提高和人打交道、与人和平相处的本领,收获个性的成长。很多时候,孩子不愿意和父母交谈的事情,往往愿意对朋友倾

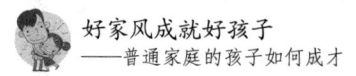

诉，从而化解孩子成长中遇到的不愉快。有了可以分享秘密的朋友，他们的童年就不那么孤单，这是孩子们无可替代的心灵营养。同时，孩子在帮助朋友和被朋友帮助的过程中，能够逐渐学会以更加全面、客观的眼光来审视、定位自己，不再以自我为中心，学会关心和付出。

☀ 朋友可以这样交

我国著名的教育家谢觉哉曾经说过："和好人交朋友，受到朋友的帮助，自己就随着好了，所谓'与善人居，如入芝兰之室，久而不闻其香'；与坏人交朋友，受到侵蚀，自己就随着坏了，所谓'与不善人居，如入鲍鱼之肆，久而不闻其臭，所以我们要学会择友。"孩子们的中小学阶段是教育难度最大的一个阶段，也是交友最多的一个阶段。这时候的孩子心智还不成熟，对如何择友、交友还模糊不清，很多孩子之所以小小年龄偷盗、抢劫、吸毒、杀人，大多都与交友不慎，误入歧途有关。所以，孩子选择朋友可以说是在选择老师和榜样，直接影响着孩子习惯的养成和品德的培养，家长切莫把它当成一件小事而疏忽。

交友三原则

从孩子涉世不深的童年时代到18岁成人，孩子在交友的时候，我们经常给他们灌输交友三原则。

原则一，不管对方家里是穷是富，社会地位是高是低，长相是丑是美，但只要他们道德品质端正就可结为朋友；不管他们智商是高是低，学习是好是坏，只要生活习惯良好，知道勤奋努力，做事吃苦耐劳，就可以放心大胆地结为朋友。因为优质的人是一缕阳光，和勤奋的人交往，不会懒惰；和积极的人交往，不会消沉；与智慧的人交往，不会犯蠢。要让孩子们和那些人格、品行、学问、道德胜于自己的人交往，吸取他们的经验，接受他们的感染，分享他们的智慧，用有益的东西弥补自己的缺陷。

原则二，"物以类聚，人以群分"，尽可能选择有知识、有文化和劳动人民家的孩子交朋友。要与家长有素养的孩子做朋友，学习这些孩子有家教、知书达理的好习惯；要与工人家的孩子交朋友，学习工人子弟做事爱动手、质朴、勤奋的好习惯；要与穷人家的孩子交朋友，学习穷人家的孩子爱劳动、勤俭、吃苦的好习惯。这样家庭的孩子，大多平时在学校穿得不漂亮、不时髦，但朴素整洁干净；平时在学校吃得不高档、不昂贵，但实惠家常营养；平时在学校用得不新奇、不时尚，但实用耐用价廉；平时在学校说话不高调、不强势，但有礼有节自信，他们的许多好行为可以仿效。

原则三，常言说："跟着好人学好人，跟着巫婆跳大神"。我们草根家庭的孩子，一定不要和大手大脚、乱花钱的孩子交朋友；不要和语言粗鲁、做事强势无礼的孩子交朋友；不要和爱占小便宜、有偷摸行为的孩子交朋友。尽可能不接触那些大款子弟、位高权重及在野蛮、好斗、犯罪家庭长大的孩子。一则我们害怕这些孩子花钱大手大脚，说话盛气凌人，做事势利霸道的习惯影响我们的孩子，染上不良习气；二则我们担心孩子和他们攀比，最终产生自鄙心理，影响孩子们的成长。

交友三方法

我们不但给孩子们结交朋友制定原则，同时还教给他们结交朋友的方法。①我们教育孩子，在交朋友的时候态度和出发点一定要端正。对朋友要以诚相待，"爱人者，人恒爱之；敬人者，人恒敬之"，要想交到真心的朋友，首先要对朋友真心，千万不能"用时是朋友，不用时视路人"。②自己希望得到的，必须先让朋友得到，只有帮助了别人，才能收获友谊。孩子们小的时候，我们教育他们，要能够将自己的新玩具、新书、好吃的与朋友分享；长大了进入学校、踏入社会，我们提醒他们，遇到学习的信息、提高的机会、赚钱的机遇，要能够与朋友携手共赢。③与朋友共事要学会包容、团结。我们启发他们，古往今来，孤掌难鸣，凡创大业、成大器者，无不是几个贴心朋友患难与共、齐心协力。凡是那些事业中途夭亡造成悲剧的，大部分是因为朋友之间互相猜忌、同床异梦、各怀心机，可

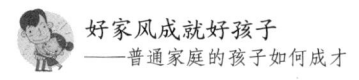

好家风成就好孩子
——普通家庭的孩子如何成才

以共苦不能同甘,只索取不分享而引发的。

我们鼓励孩子们和朋友进行经常性的互动,主动邀请朋友来我们家里玩,每逢他们的朋友来到我家,我们家长非常"给面子",当作自己的朋友一样以礼相待,尽可能腾出空间和时间让他们玩耍和学习。每当孩子们有自己相互之间的"秘密"交谈的时候,我们就自觉回避,让他们畅所欲言,给他们以信赖和支持。孩子与不同的朋友互动中,获取了多方位的、丰富的信息,扩宽了视野,并携手共进,收获了友谊。

☀ 女儿的"脏"伙伴

女儿在洛阳师范一附小上一年级时,她们班里有一个叫燕燕的小女孩,每天穿的衣服很旧,头发蓬乱,有时脸上手上脏兮兮的,大家都不喜欢和她坐同桌。同学们跳皮筋,没人和她搭班,大伙踢毽子,都不与她玩,有的调皮孩子还常常欺负她。我女儿回到家里,把这一情况告诉了我们,我们觉得这个小女孩家里一定有特殊的原因。我们就教育女儿,在学校不要嫌弃这个同学,主动邀她一块玩,经常接近她,慢慢了解她的家庭情况。女儿当时很不理解,担心自己和这个"脏"孩子玩,自己的几个好伙伴会远离自己。我们告诉女儿,不用担心,真正的好朋友会永远相互理解、相互支持的。

于是,女儿就开始按照我们讲的去做,上学时带的零食经常分一些给燕燕吃,下课时几个好伙伴玩耍时,也主动叫上她。起初,我女儿放学后想和燕燕一块到她家写作业,可燕燕怎么都不答应。两个人相处久了,燕燕才带我女儿去了她家。原来,燕燕家住在老城城墙角下的一间旧公房里,她的妈妈是智障,生活不能自理。她爸爸没有工作,每天靠捡废品卖钱维持生活。房子里又暗又脏,到处堆得都是她爸爸捡的废品。

然而,穷人家的孩子有她的可贵之处,有她的可学之处。我女儿去了燕燕家几次后,回来告诉我们:燕燕虽然学习没她们好,但特别能干。她小小年龄,会给妈妈铺床、叠被,会带妈妈上厕所,会给妈妈系裤带。她写完作业,一边和我女儿玩,一边还操心打开蜂窝煤炉子,煮好稀饭,等捡破烂的爸爸回来。

我们知道了燕燕的家庭情况后,就鼓励女儿和她交朋友,帮助她提高学习成绩。在学校里把自己的橡皮、自动笔借给她使用。多次把自己的头花、发卡送给燕燕,还在换季的时候将自己多余的半旧衣服送给她穿。"六一儿童节"班里演节目,我们动员女儿和燕燕组合出节目,燕燕第一次表演节目,非常高兴,排练得很认真。

女儿的做法被班主任贺志华老师发现,多次在家长会上提出表扬并鼓励她,并且让她第一批加入了少先队。当我女儿第一次戴上红领巾,兴高采烈地跑回家里后,我下厨为她炒了四个菜,一家人举杯庆贺。我女儿被老师表扬后,她的几个好朋友受带动也跟着模仿,在过家家、跳皮筋时也接纳了燕燕,燕燕也逐渐融入了她们的朋友群。

我们教育女儿和穷人家的孩子交朋友,不但让女儿懂得了助人为乐、关爱别人,而且从燕燕身上学到了许多长处和优点:第一,她懂得了满足。原来女儿常去她的几个朋友家玩,回来后总觉得我家生活条件差。她去了几次燕燕家后,明显有了满足感,再也没有和有钱人家的孩子攀比。第二,她更加热爱劳动。原来她也帮我们干些简单的家务活,从燕燕家回来,开始学习洗衣服、拖地板、煮稀饭。第三,她学会了孝顺。她看到燕燕给妈妈端尿盆、系裤子带以后,每当我们家里有了好吃的,她反复催促我们多吃些,每天晚上都主动替我们倒洗脚水。第四,学会了忍耐。她和燕燕玩时,看到一些调皮的孩子故意逗燕燕、欺负燕燕,燕燕总是不当回事地避开,一副无所谓的姿态,避免了许多不必要的麻烦和纷争。她也学着燕燕,在和同学发生摩擦时,不去斤斤计较,显得很懂事和大度。

☀ 制造仇人,还是化敌为友

常言说"六月的天,孩子的脸,说变就变"。孩子的情绪是多元的,我们在告诉孩子与朋友分享快乐的同时,也不忘记告诉孩子要学会与朋友分担消极的情绪。当与朋友产生分歧与矛盾时,要学会谦让、包容和自我批评,引导孩子学会化解朋友间的不愉快。懂得谦让伙伴、包容朋友不仅

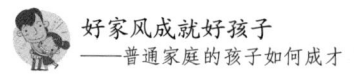
好家风成就好孩子
——普通家庭的孩子如何成才

是一种态度,更是一种能力。

有一次,我女儿上课时,雪白的新衬衣无故被座位后边一个经常同她一块玩的大个子女孩用水笔画了几个黑黑的笔痕。下课后,女儿要去告老师,大个子女孩威胁说,敢去告老师就打你。孩子吓得跑回了家,哭着非要我们到学校找老师,教训那个恶作剧的女孩子,并要求我们找她家长赔衬衣,讨回公道。

当时我们看着孩子雪白的衬衣被无辜画脏,觉得她的同学确实有点过分,心里也很生气。但转念一想,不懂事的小孩子们在学校多少产生点矛盾,相互恶搞一下,行为过火一点也是常见现象,不足为怪。如果小是小非都去告老师、找家长,显得家长太不包容、没修养,况且她们也是经常在一块玩的好朋友。所以,我们就没有把女儿的诉说太放在心里。可我女儿咽不下这口气,不依不饶,非要去找表哥表姐来为她撑腰壮胆,教训那个女孩子不可。

这时我们意识到,孩子与他人发生冲突摩擦,这是人生中必会遇到的一道坎,家长必须当个"和事佬",帮助孩子学会在遇到欺负时,冷静地找到最合理的解决办法,消除玩伴和朋友之间的矛盾和冲突。

我看孩子激愤不已,劝女儿说:"你千万不能去找表哥表姐来打那个女孩了。"

"为什么?"女儿问。

"因为,一个人挥舞胳膊的自由,应止于别人鼻尖的地方,每个人的言行都是有边界的,不能随意越界。如果那个女孩当时动手打了你,我们支持你毫不留情地坚决还手,如果你打不过她时,再求助外援'打回去'也无可非议。但是,在那个女孩只是做错了事,却没有动手的情况下,你组织人动手打了人家,就超出了自卫的范畴,我们就输理了。你说呢?"我问女儿。

女儿听了我们的话,觉得有道理,点了点头。

"那我们这一次就这样忍气吞声,不给她点颜色瞧瞧,她还以为我好欺负,再胡来怎么办?"女儿反问。

第五章 德育，学做人、成为人

"有一句话说得好：结交朋友胜于制造敌人。最好的办法是化干戈为玉帛，主动去和你的这个朋友加深友谊，感化她。"我答。

女儿听了我的话，头摇得像拨浪鼓说："不可能，我决不低三下四地去和一个欺负过自己的人再继续做朋友，这不是别人打了你左脸，你又伸着右脸让他打吗？"

这时候，我看孩子情绪暂时不能平静，一时转不过弯来，就说："你的意见咱们暂时保留着先不谈，我先给你讲一个很古老的故事好吗？"

"好，你讲吧。"女儿最爱听我讲故事，答应道。

我接着给她讲了发生在美国总统林肯身上的一件事：林肯当选为第十六任美国总统后，带领美国人民苦战四年，击败了南方分裂势力，废除了奴隶制度，统一了国家。在如何对待叛乱分子的问题上，林肯不但没有提出相应的惩罚措施，反而说要像对待朋友一样宽恕他们，并规定叛乱分子从此之后都是不受限制的自由人。他的做法立即得到了一些议员的强烈反对。

有一个议员当面质问林肯："你为什么要试图跟他们做朋友？你应该试图去消灭他们才对！"

林肯听后回答："当我使他们变成朋友的时候，难道不是在消灭我的敌人吗？"接着，林肯又温和地说："对敌人严肃处理，只会让仇恨一代一代传下去。若把敌人变成朋友，既能降低内战带来的伤痛，又有利于国家的复兴。孰轻孰重，难道还不清楚吗？"

众议员听后，纷纷为林肯化敌为友的广阔胸怀而感动，表决通过了林肯处理叛乱分子的方案。

我讲完故事后，继续启发女儿："林肯能同向自己开过枪的敌人交朋友，我们为什么不能与一个偶尔犯了点小错误的同学继续做朋友。"

女儿眨着眼睛疑惑地问："你说得方法行吗？"

我鼓励她说："你明天到校按照这个方法试试看，如果真的不行，咱们俩人再商量新对策好吗？"一贯听话的女儿半信半疑地点了点头。

第二天到了学校，那个大个子女孩以为我女儿还会找她算账，或者会

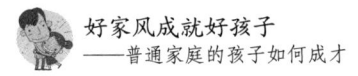
好家风成就好孩子
——普通家庭的孩子如何成才

告老师，不时用怯生生的眼光瞅我女儿。可她完全没想到，下课后我女儿不但不翻旧账，不告老师，还主动接近她，并送给她一块糖。大个子女孩惊喜地瞪大眼睛，脱口连声说："对不起，对不起，昨天我一时糊涂，事情做后我就后悔了。"而后，凑过来和我女儿一块玩了起来。

后来，我女儿还借给她演草纸，还把我家的气筒借给她，帮她给自行车打气。有几次我女儿辅导她修改作文，使她的作文连着几次得了"甲"，她高兴地请我女儿吃冰糕。慢慢地，她们俩的友谊进一步加深，她不但不再欺负我女儿，还成了我女儿的"保镖"，经常护着我女儿。

就这样，我们在帮助孩子交朋友的过程中，教他们学会采取不同的方法，去处理生活中遇到的各种不同的矛盾和困难，慢慢提高他们自身的素质和修养。女儿高中时曾在日记中写道：在和同学、朋友交往的过程中，使我学到了一些做人的道理：首先，在与人发生矛盾的时候，可以红脸，但不要因一些非原则问题翻脸；其次，第一个主动退出的往往是勇者，而能设法化解矛盾，使对立者成为朋友的更是智者。

☀ 球迷也是好朋友

家长引导孩子交朋友，要有较为宽泛的范畴，广交益友，而且把交友的过程，当成价值观形成的一个重要过程。

我儿子在小学阶段交的朋友，大多都是一些稳当、斯文、性格温和的孩子。后来，我们发现他们班有几个爱疯玩的孩子有许多优点，他们乐观、愉快、朝气蓬勃，乐于与人交往，富于幻想，具有强烈的自我发展倾向。我们就让他主动和那几个爱疯玩的同学交朋友，我儿子帮助他们学习，那几个同学带动他玩耍，这样既完善了他的个性，又发展了他的社交能力。

他上初中后，我们鼓励他多和性格刚强、做事果断和爱好体育的同学交朋友，经常动员他跟着爱打篮球和踢足球的同学到操场上"闯荡闯荡"。刚开始，他很不习惯，不愿意和那些"四肢发达、办事粗鲁的球迷"颠来跑去。我们提醒孩子说：尺有所短，寸有所长。这些爱好体育的同学有他们的可贵之处。他们虽然不拘小节，但办事豪爽刚毅；他们虽然不那么文静，但冲劲闯劲十足；他们虽然在学习上比你弱一些，但他们一个个在赛场上奋力拼搏，为的是给班里争得荣誉；另外，他们有很强的团队精神，特别是他们尊重规则的意识非常强。你和他们交友，经常和他们为伍，不但能把身体锻炼得棒棒的，还可以取长补短，能在他们身上学到许多你不具备的好特质。

在我们的反复动员下，我儿子慢慢试着和几个爱好体育的同学交往。班里有一个爱好体育的同学打球伤了脚，住进医院，我们买了水果，让他提着去医院看望。那个同学出院后，脚上打有绷带行动不便，我儿子天天搀扶他去厕所，帮助他上下楼梯。每当队员们去打比赛耽误了功课，他就主动将学习笔记借给球队的同学看。这样一来，那几位爱体育的同学和他交上了朋友。每当课间和放学后，都热情地叫上他，不厌其烦地教他练球技，给他讲解比赛规则。一来二去，我儿子不但交了朋友，增强了体质，还学会了一些基本体育常识，更重要的是，提高了他的团队精神和尊重规则的意识。

后来，儿子和我谈起他结识的那些"球迷"朋友，深有体会地说："不同性格、不同爱好的同学，只要相处得好，还是可以达到共赢的，你帮助他们成功，也使自己更加成熟。"

六、能吃亏，敢维权

古今中外很多事例证明，一个人的成功不是因为他聪明、手腕高，而是因为他肯吃亏，会做人。

在我们孟津县有这样一个传说：从前，有一个精明的商人在当地生意做得很大，赚钱很多。后来人们发现，他之所以能把一个小本买卖做成一个大富商，诀窍是他经商时肯"吃亏"。

原来，他做了一段时间小本生意，多少赚了点钱后，就把店里过去卖东西的标准十两称和卖布的标准尺子封存起来，偷偷请人"特制"了几杆称和卖布尺子。这些称和尺子的特殊之处就是，在他的店里凡卖出一斤油、盐，就多送人三钱；凡卖出一尺布料，就多给人半寸。后来人们发现，每次来这里买东西都沾光。就这样，一传十，十传百，来这里买东西的人越来越多，生意越来越好，而且越做越大，最后他成了远近闻名的大富商。常言说，人心是秤。这个生意人表面上吃了亏，可赢得了人心，赢得了信誉，得到了多数人的回馈。结果，不但美名远扬，而且生意红火，"亏着"赚了大钱。

这个故事，给了我很大启发，我后来在做人做事中也有过不少感触和体会。所以，当我们有了孩子后，我们就教育孩子与人相处时要大度一些，与人共事时不要斤斤计较，要肯吃亏，不怕吃亏。

☀ 常吃亏者不吃亏

孩子们刚上幼儿园时，我们到幼儿园接他们，他们会经常向我们告状。有时指着这个小朋友说他骂了我一句，有时指着那个小朋友说他推了我一下。听孩子说在外边受了气，有时我们也会产生怜悯心。但我们表面上不护短，脸上总是故意装出若无其事、无所谓的表情。孩子说的次数多了，我们就充当"和事佬"，劝孩子说："小朋友们在幼儿园互相之间随便骂一句，轻轻地推一下是常发生的事情，没有什么关系，不值得说，相互谦让一下就过去了。"我们每次都尽量平息孩子一时的"火气"，缓解孩子们吃亏受委屈的感觉，打消孩子要求家长为他们出气撑腰的念头。

这点"疼"算什么

孩子们有时在幼儿园受了委屈，经常问我们："我可以骂他、推他吗？"

我们总是肯定的回答："不可以！"

"为什么？"孩子问。

"骂人、推人是好孩子吗?"我们反问。

"不是好孩子。"孩子不假思索地答。

"对呀,你是好孩子,不能骂人推人的,你如果骂人推人被老师发现了,下次奖励小红花就没你的份了。"我们给孩子解释说。

我们接着告诉孩子:"遇到第一次骂你、推你的小朋友,你不要理他;他第二次骂你、推你,你就走开,远离他;第三次他再欺负你,你一定要告老师,让老师批评教育他。但你不要随便还嘴骂人,还手打人。"我觉得,孩子偶尔吃一点小亏就报复,你骂我,我骂他,互相乱骂、乱打,就破坏了幼儿园的正常秩序,幼儿园就乱套了——有时候自己吃了点亏,保证了大家的正常活动不乱,就让孩子学着能承受点委屈,也许是件好事。

有一次女儿从幼儿园回家后告状说:"我正在吃着老师发给我的小点心,旁边的小清吃完自己的后,把我的也抢走吃掉了。"她妈妈笑着给她出主意说:"下次你吃快点,不等他抢,你就吃完了,小清就没办法了。等明天我到街上多买点你爱吃的点心,补偿你被小清抢吃的那一点。"

一次女儿回来告诉我们:"在幼儿园滑滑梯时,我刚刚滑下来还没站稳,就被后面滑下来的明明砸倒,重重摔倒在地上,摔得可疼了。"她妈妈把她搂在怀里,掀起衣服上下看了看,告诉她说:"你要吃一堑长一智。以后不论在什么地方遇到紧急情况时,你要学会躲,善于避。当上面的小朋友下来快要砸到你时,你要快速躲闪,站不起来就先爬到一边。这样就避免再砸到你的事情发生了——善于躲避是一种本领,也是一种智慧。"

被抢坏的小汽车

有一次,儿子放学回到家愤愤地对我说:他课间正在玩自己的塑料小汽车,胖子赵力上来抢过去要玩,他上手去夺,两个人夺来争去,塑料小汽车被夺坏了。他让赵力赔,赵力就是不赔,两个人发生争执,他的脸上还被赵力的手抓了一道伤痕。那天,我母亲正好在我家,看到孙子受了委屈,非要去找赵力的家人评理。我首先极力劝母亲冷静下来,我告诉母亲,不懂事的孩子们之间闹一点矛盾,再正常不过了,我们吃了一点小

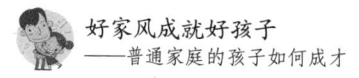

亏,家长只能设法"劝和",千万不能跟着掺和起哄,否则,显得咱们家长没一点修养和理性,或许会进一步把事情闹大,造成意想不到的后果,孩子们结仇,家长结怨。要教育孩子得理饶人,善于退让,学会通过适当妥协来平息事态。

接着,我心平气和地教育儿子说:"今天赵力做得不对,老师应该批评他。"孩子认可地点了点头。我又接着说:"但你也有不可推卸的责任。"孩子委屈的双眼瞅着我,很不理解我的话。我解释说"你今天显得太小气,不大度,赵力既然喜欢玩这个小汽车,你为什么不友好地给他玩呢!他玩你的小汽车,能玩坏吗,一定不会。今天的小汽车实际上是被你夺坏的。"我继续告诉他:"今天这事情你如果处理得好,可以一举三得。首先,你让他玩,显得你度量大,同学们会称赞你友好和善,心胸宽广,会有更多的人喜欢你;其次,汽车不至于被夺坏;最后,说不定赵力会跟你成朋友,下次他有了你稀罕的东西,一定会让你也玩的。你错失了一次交人心结朋友的机会。"孩子听了我的解释,服气地点了点头。

后来,他又问我:"你经常教育我说,男子汉做事要勇敢、要大胆,可是遇事你要求我们肯吃亏、多忍让。怎么能区分什么时候该勇敢,什么事该吃亏?"听了他的问话,我喜出望外,觉得孩子有了思想,提出了一个很好的问题。

我当时想了想,告诉儿子说:"大道理我一时也讲不出多少来,但我将我的一些经验交给你们:第一,如果你们在外边,遇到大多数人的利益(原则问题)受到损害时,在别人恶意欺负你时,坚决不要退让,要据理力争,要勇敢自卫。第二,如果在外边遇到一些可进可退的事,或者听到一句没有实质意义、无伤大雅的闲言碎语,一定要学着'伸伸脖子咽下去',最好息事宁人,不要与人争高下,退一步海阔天空。第三,如果遇到的事情自己受点损失,却能有益大家,有利于团结,你们一定要肯于吃亏,勇于吃亏,不要斤斤计较。"儿子听后点了点头,表示一定记住我的话。

第五章 德育，学做人、成为人

独自值日的劳动委员

女儿上六年级的时候，在班里担任劳动委员，由于她上学早，年龄小，个子矮，很多同学都敢"不服从领导"，每天值日打扫卫生分配任务，都是先由组员"挑肥拣瘦"，而后累事脏活往往自己承担。这样一来，她遇事经常谦让、包容其他同学。有一个周末下午放学后，轮到她们小组值日，那天正好操场排练节目，有几个同学不值日，偷跑到操场看排练节目去了，后来大家不顾我女儿阻拦，一个学一个相继都跑去看节目了。我女儿无奈，把自己应干的事情干完后，背上书包气呼呼地跑回了家。

妻子看女儿今天放学后情绪不对，问了孩子。当妻子听了女儿的诉说后，马上动员女儿返回学校继续打扫卫生，不然的话下星期一早上教室脏乱不堪，影响大家学习。女儿撅嘴说："我的活干完了，我不去替他们打扫卫生，星期一让老师批评他们，与我无关。"我妻子看天色不早，没时间再慢慢解释，就加重语气命令她，必须回学校继续打扫卫生。无奈，女儿噙着两眼泪向学校跑去。她一人又是上下凳子，又是端水抹桌子，擦黑板、扫地，正干得起劲，学校少先大队辅导员带着各班的干部进来检查评比卫生，她了解情况后，就号召来检查卫生的班干部们一齐动手，很快帮助我女儿把卫生打扫的一干二净。

星期一早上学校升旗仪式后，学校少先大队辅导员在全校师生大会上讲评上周大扫除情况时，专门表扬了我女儿。接着，班主任又把她的名字写在了教室黑板旁边的好人好事"表扬栏"里面。我女儿受到了很大鼓舞，放学后兴高采烈地跑回家，一边感谢妈妈的指教，一边表示："爸妈放心，以后再遇到类似的情况，不论分内分外，我都会积极主动地去干。"听着女儿的话，看着女儿的进步，我们心里乐开了花。

善马自有善马福

有一次女儿和我交谈时，告诉我这样几件事，她们班里有几个力气大

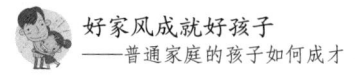

的孩子,每次体育课总是先抢占那几件新体育器材;还有几个势强的孩子不守规矩,集体活动总是加塞。女儿生气地说:"马善被人骑,人善被人欺。我们这些老实、软弱的孩子总是吃亏。"我听到孩子用了一个好谚语,夸奖了她好半天。

接着,我又针对她说的事情劝解道:"上体育课的初衷是锻炼身体,体育器材无论新旧只要不坏,都能达到锻炼的目的。如果谁能用旧篮球照样投进球篮,那才是一种能耐,谁能用旧乒乓球拍战胜对手,那才是一种本事。体育课上你只要多想想办法,用旧器材照样锻炼身体,一样有乐趣。以后在学校参加集体娱乐活动,有的同学早玩一会,你晚玩一会,他们多玩一会,你少玩一会,损失不了什么实质性的东西。吃亏沾光无所谓,不很重要,让他一下又何妨。"

我看女儿听得认真,又笑着告诉她一个道理:"什么事情都不是绝对的,要一分为二看问题。马被骑的次数多了,看似吃亏,但身体会锻炼得更强壮,跑起来会更快,说不定赛马场上能得个'武状元';人被欺负的次数多了,看似吃亏,但能长见识、心理更健康,说不定还能落个强势人想落而落不到的好人缘、好名声。"

后来孩子们的成长经历,也验证了我们教育他们的"吃亏是福"这句话有一定的道理:因为我的孩子们腼腆,为人和善懂礼貌,遇事包容谦让不强势,所以,同学和家长都知道他们实诚,人缘非常好。他们无论在幼儿园、上小学,还是后来上大学、读博士,总有很多同学围在他们周围,他们走到哪里,总有几个好朋友跟在身边,喜欢与他们玩和共事。节假日,他们经常相约,热热闹闹地玩个天昏地暗,一点不感到孤单和寂寞。班里每次评选"三好学生""优秀班干部",他们的选票都遥遥领先。2003年7月,我女儿作为校学生会主席,带领团队参加第二届"挑战杯"大学生课外学术科技大赛,由于她吃苦耐劳,精心组织,成绩突出,受到省教育厅、省科学技术厅、省科学技术协会、团省委的表彰。孩子们从上小学开始到博士毕业,共获得各种奖励证书70多本,其中市级以上奖励32次,省级以上奖励19次,国家级奖励6次。我的两

第五章 德育，学做人、成为人

个孩子由于品学兼优，都获得过"省级优秀大学毕业生"和"省级优秀学生干部"的光荣称号。他们俩大学毕业时，全部获得了学校免试保送攻读硕士研究生的资格。

特别是女儿上五年级时，收到了一个梦寐以求的"大礼包"——1991年6月河南省召开第二届少年先锋队代表大会，这是全省少年儿童瞩目的大事。由于省教委分配给洛阳市九县六区的学生代表名额只有12名，每个县、区几十所小学、初中还分不到1个代表名额，所以，无论哪个学校都想得到这个荣誉，竞争很激烈。因此，代表资格只能给那些各方面表现非常突出的学生。最终，在各个学校评选出的几百名候选人中，因我女儿事迹突出，她光荣地当选为河南省"少代会"代表，有幸代表全市少年儿童，到省人民大会堂参加了这次盛会，并和时任省委书记的李长春合影留念。这件事给了她很大的鼓舞，激励着她不断努力向前。她在大学任教期间，对教书育人全身心投入，吃苦肯干，受到了领导认可和同事们的好评，在上海市宝山区人大换届选举中，高票当选宝山区第八届人民代表大会代表，光荣地代表全区选民行使了民主权利。

所以，很多事实证明，人生中吃亏是福，会吃亏是一种能力，敢于吃亏是一种素养，一定要及早给孩子们灌输这种思想，会使孩子终身受益。

☀ 别人打过来，你如何打回去

为了防止孩子遇事胆小、无原则地退让，从而形成懦弱、没有正义感的性格，在孩子们开始上学后，我们除了有意识地给他们灌输"小事要吃亏包容"理念的同时，还给他们补习"维权课"，培养他们遇事果断、勇敢、担当的意识，鼓励他们勇于争取自己的应得利益，采取正当的方法去维护自己的合法权益。

弱女子战胜小霸王

女儿升入六年级后，班里来了一个留级生，该男同学仗着自己年龄

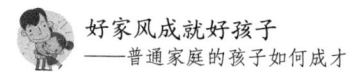

大，力气大，在班里非常强势。刚开始，他照抄我女儿的作业，女儿没有说什么，他就拿去抄了。他照抄的次数多了，我女儿开始不让他抄，他就强夺，竟把作业本拽破了。我女儿本想去告老师，可又担心给老师留下不团结同学、不帮助同学的坏印象，她走到老师办公室门口，又拐了回来。我女儿放学后，非常生气地把这件事情告诉了我们。

我听了女儿的诉说，问她："那个男同学照抄别人的作业吗？"

我女儿回答："抄，他专拣学习优秀的女孩子要作业抄，前几天，他为了夺一个女生的作业抄，还拽断了人家的书包带。那个同学告了老师，老师把他叫到办公室狠狠批评了一顿。结果，他威胁这个女同学，说等在放学路上打人家，放学后，这个女同学吓得绕了很远的路跑回了家。"

我接着又问女儿："他除了抢你们的作业抄，没有其他毛病吧？"

女儿马上说："有。昨天小红买作业本剩下5毛钱，不小心掉在桌子下边，大家都看到是他捡走了，他就是不还给人家，结果小红去他口袋里面强掏，他还把小红打哭了。"

听了女儿的一番话，我意识到这一群文弱的小女孩，突然遇到了一个强势的"对手"，现在已经束手无策了。家长应该想办法，引导他们正确应对这件事。

我劝慰女儿说："你消消气，先写作业吧，等你写完作业，咱们再讨论这件事。"

女儿写完作业后，我开始引导她。我首先问她："那个男孩为什么专门欺负你们几个女孩子？"

女儿不假思索地回答："我们力气小，好欺负！"

"对的很，现在的情况是，你们几个同学个人的力量都不足够强大，凭借你们每个人单独的力量，没能力去制止和纠正这个男孩的错误举动。"我告诉女儿。

"那你们家长去学校教训教训他，为我们几个出出气！"女儿想出了一个主意。

我不同意她的想法。"家长直接参与孩子们之间产生的矛盾，不是上

第五章 德育，学做人、成为人

策，非万不得已，不能这样做。"

"那怎么办呢？"女儿问我。

"我先给你讲一个很古老的故事，听完故事后，你自己想办法！"我说。"从前，有一个老人在病入膏肓时，把几个儿子叫到跟前，给他们每人分了一根筷子让他们折，几个儿子都轻松地折断了筷子。而后，老人又让儿子们折断十根捆在一起的筷子，儿子们个个用尽全力，谁也没能把这捆筷子折断。这个故事说明了一个什么道理？"我讲完故事后问女儿。

女儿回答："团结就是力量！"

"太对了！"我说。

"哦，我好像明白了，我们几个小女孩要想不受这个男同学欺负，要么我们每个人的力量都足够强大，要么我们就团结起来，形成合力，共同去阻止他的错误行为。现在只有后面这一条可以选择。"女儿边说边点头。"从明天开始，如果这个男同学再敢无故欺负别的同学，我就大胆站在被欺负同学的一边，挑头跟那个男同学对着干。他吵，我们几个人合伙跟他吵，他敢动手的话，我们大家一齐参仗。"

我马上说："对的，这次你主动帮助了她们，下次她会积极替你参仗。你这次做了榜样，其他同学会跟着效仿，参与的同学多了，正必压邪。但应以制止纠正他的错误行为为原则。"女儿非常同意我的建议。

自从我们父女两人这次谈话以后，女儿再没有回家诉说她们受欺负的事情。过了好长一段时间，我实在按捺不住，就主动问起此事。"问题解决了！这个常闹事的同学现在老实多了。"女儿告诉我。

原来，女儿到学校后，联合了几个弱势的同学组成了"联盟"，只要那个男同学闹事，她们几个就齐心协力，一哄而上，在气势上镇住了那个男同学。有一次，那个男同学的老毛病又犯，我女儿号召几个同学一起奋力抵抗，迫使他承认了错误，并保证再不欺负人后，才放过他。我女儿每次提起这件事，就深有体会地说："通过这件事，我懂得了，遇到外来无故的欺负时，不能一味退让，要敢于抗争，还要会借助外力善斗、巧斗。"

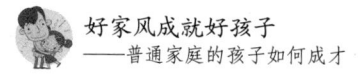

是我的就要争回来

儿子上初中时,市教委每年都分配给他们学校两个"市级三好学生"的名额,奖励那些品学兼优的毕业生。被评为"市级三好学生"的同学不但能得到200元奖学金,更重要的是在升高中时可以得到5分的加分。这5分对一个学生能否升入"省示范性高中"和"市级重点高中"有着重要的帮助,有时少0.5分就会被划在好学校录取线之外。所以,很多同学都想得到这个名额。我儿子初三毕业时,由于品学兼优,根据市教委评选"市级三好学生"的条件规定,可以顺理成章地得到这一名额。

可是,有一天放学后,班主任老师把他叫到办公室告诉他,考虑到班里的整体利益,为了提高学校的声誉,学校研究决定,让我儿子放弃这个"市级三好学生"的名额。我儿子当时不解地质问为什么,班主任解释说:学校领导查看了你每次的考试成绩,经过综合考虑,认为凭你的实力,可以很有把握地、顺利地考入重点高中。而把这个"市三好学生"的名额给予那些学习成绩比你差一点的同学,他们可以在升学考试的总成绩中加5分,有助于他们也能升上重点高中。这样的话,我们学校升入重点高中的学生多了,就可以进一步提高我们学校的声誉和在全市的排名。班主任最后说:"学校领导考虑到你爸妈单位的经济效益不好,你家生活比较困难,'市三好学生'的200元奖金,还照样发给你。"我儿子听后,闷闷不乐地回到家里。

我听了孩子的诉说,当时感到非常意外。我们俩人低着头,闷坐了半天后,我问儿子:"这事情怎么办?"

从来没遇到过这种事情的儿子想了半天说:"我很想争回这个名额。"

"我支持你的想法。"我马上表态说。

"可是,咱们不一定能扭转这个乾坤,我们同学的家长有的有钱,有的有权,有的有关系,我怕咱们努力半天白费劲,胳膊扭不过大腿。还是加劲复习,凭咱的实力考吧!"儿子说出了他的想法。

"你刻苦努力地复习是对的,但我们去争取自己应得的权益没有错。"

我鼓动儿子。"常言讲，机遇只垂青那些有准备的人。在'市三好学生'名额面前，你们全体毕业生机会是均等的，但只有付出最多、成绩最优的那个人有资格去摘取。如果第一名得不到它，却被人为地戴在了后面人的头上，这个游戏规则就被彻底打乱了，也背离了市教委文件的规定和上级领导激励先进的初衷。我们应得的东西，决不能旁落他人。"我把想法告诉孩子。

"好，我明天到校，首先把我的意见明确告诉班主任老师，让她将咱们的意见转告学校领导，而后给我一个答复。"孩子听了我的解释，立马来了劲头。

"嗯！我支持你的做法。"我附和孩子说。

孩子等了几天后，一直不见班主任给予答复。有一天儿子回家告诉我说："我今天壮着胆子去找校长了。"

"是吗？你怎么说的？校长怎么答复的？"我迫不及待地问。

"我今天明确告诉校长，如果学校领导违背上级精神，我让家长向上级教委和《洛阳日报》反映我们的看法和意见。校长安慰我说，让我安心等研究结果。"儿子告诉我。

听了儿子的话，我又惊又喜，暗自称赞儿子有胆量，像个爷们。

最终，学校领导还是按照洛阳市教委的文件规定，将"洛阳市三好学生证书"发到了我儿子手里。尽管我儿子中考时的成绩远远超过了重点高中录取分数线，奖励的5分没有起到作用，但通过这件事，我儿子明显胆大了许多，而且在自己的正当权益受到损害时，不再是逆来顺受，学会了说"不"。

锤子砸不回来的正义

儿子上高中二年级时，一天下晚自习回到家后，我们看他脸色不大对劲。后来我还发现，他找来家里修自行车的锤子，并用报纸包上。我以为是他自行车坏了，说要帮助他修修，他回答说自行车没坏，说完将锤子塞进了书包里。这时候，我感觉情况异常，连忙追问他发生了什么事情，可

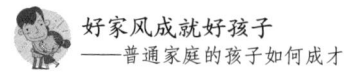

他闷不作声。在我的反复追问下，他才告诉我，他在学校被同班一个个子高大、性格粗鲁的同学打了。

原来，那天上午上物理课时，那个大个子男生趴在桌子上睡着了，还打起了呼噜。物理老师发现后，教训了他一顿，罚他站在教室后面，免得他再趴在桌子上睡觉。可这个学生的个子比物理老师高，身体比物理老师壮，根本不把物理老师的话放在心里，认为老师奈何不了他，仍坐着纹丝不动。

物理老师拉不动他，就让班干部上来帮忙。那天正好我儿子是值日班长，就用力帮助物理老师把那个男同学推到了教室后边，罚站了一节课。我儿子万万没想到，那天晚上下晚自习后，当他骑上自行车出了学校大门不远，被这个男生从后面猛然推倒，重重地从自行车上摔在了地上，而后他又狠狠踢了我儿子几脚，嘴里不停地骂骂咧咧，说我儿子是老师的"走狗、帮凶"。我儿子爬起来反抗，因实力悬殊，又被他打倒在地上。后来被路过的同学们拉开，我儿子才推着自行车一瘸一拐地回到了家里。

"我明天非用锤子把他脑浆打出来不可。"我儿子一边掀起腿来，让我们看他被打得青紫的几处伤痕，一边愤愤地说。

我和他妈妈看着孩子身上的伤，心疼极了，立即找来药棉、酒精，为儿子擦拭包扎。他妈妈一边包一边掉眼泪，我也气得满脸涨得通红。

为孩子包扎好伤，我坐在他床边表扬孩子说："今天在老师遇到困难时，你能及时出手相助，勇敢站出来帮老师维护班里秩序，做得非常对。尽管今天挨了打，咱也不后悔。但今天这件事情，咱决不能就此罢休，一定要讨个公道。"我稍微停顿了一下继续说："但是，你已经16岁了，遇到事情千万不能一时冲动，不能鲁莽，如果明天你拿锤子把那个打你的同学砸伤了，本来我们是有理的、正义的，却变成了输理的违法者。"我说着，强行把锤子从他书包里掏了出来。

"这把锤子放在咱们家里是修车工具，如果明天你把它带到了学校，它就成了凶器。"我指着锤子告诫孩子说。

"我是被迫自卫，不犯法！"孩子辩解说。

我用自己知道的法律知识告诉儿子："你勇敢自卫是正当的，但一定

第五章 德育，学做人、成为人

要在法律规定的范围之内，不能防卫过当。你如果用锤子砸了他，就超过了防卫的界限。"我看孩子心里的气难以消除，安慰他说："这件事情的'理'，咱们必争无疑；这个事情的'冤'，咱们伸定了。但是我们必须利用合理的方法，采取正当的途径来报这'一箭之仇'，在这心浮气躁时，一定要理性地处理问题。"

孩子非常认可我的意见，他紧接着又问我："我们采取什么样的办法去摆平这件事？"

"今天时间不早了，你也很累了，你先休息。等明天早上我带你先到派出所，而后再找班主任和校领导。"我答。

第二天，我们早早地到派出所报了案，民警验了伤，做了笔录。临走时，我告诉派出所的民警说："这件事，希望你们暂时不要到学校去调查处理，我们先让学校领导来解决，学校领导无能为力或者解决不公时，我们再申请公安机关介入。"派出所的民警很爽快地答应了。

当学校领导听了我们的反映，非常重视，立即找到物理老师了解情况。物理老师来到校长办公室，不但证实了这件事，而且紧紧地将我儿子拉在怀里，连声说："谢谢你，谢谢你。让你受委屈了。"听了物理老师的话，我儿子脸上的表情一下释然了好多。校长当即表示，一定要在全校师生大会上表扬我儿子的勇敢行为，一定要严肃处理那个违反纪律的孩子，以正校风。他马上要求校政教处的老师和班主任，立即通知那个男孩子的家长到学校来。

那个男孩子的妈妈接到通知，很快来到学校。她了解了事情的缘由后，知道自己的孩子又闯了祸，非常生气，不停地道歉："对不起，对不起，请多多担待，多多原谅，我们愿意承担你家孩子的一切损失。"并扑上去狠狠打了自己儿子两下，强迫他向我们家孩子赔礼道歉。当那个打人的男孩子知道学校要给他处分，而且知道我们已经向派出所报了案，流着泪承认了错误，并诚恳地向我儿子道了歉。

当班主任老师送我们离开学校时，低声告诉我们，打人的男孩子是单亲家庭，父母很早就离异了，他一直跟着母亲生活，母子俩的生活也很不

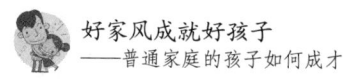

易。得知后,我和儿子在学校门口斟酌商量了好大一会,而后,我和儿子扭头又回到了校长办公室。我儿子将我们的想法告诉了校长:"希望校领导在全体师生大会上,不要点名批评那个打人的男孩子,更不要给那个男孩子处分,以免误其终身。我们同意偃旗息鼓,不再追究这件事。"校长听了我儿子的话,连连点头,称赞我们做事争志气、争骨气而不斗脾气,考虑问题周全,深明大义。

从此,那个打人的男孩子每次遇到我儿子,要么低头而过,要么提前绕道而行。他们虽然没能成为好朋友,但我儿子"得饶人处且饶人"的做法,也没有使同学成为仇人,再没发生过任何冲突。后来,我儿子在去美国读研和工作期间,经历过许多事情,甚至和美国人发生过车祸,但每次他都够用正确的方法维权,保证了自己的正当利益不受侵犯。

七、爱的传递

☀ 父亲也可以很"温柔"

无数活生生的事例表明,"家庭亲情"是人生的第一精神渴求;"父母之爱"对于子女的成才起着不可估量的伟大作用。我们夫妻俩因为小时候家庭的不幸遭遇,童年和少年时期没有享受过多少亲情和关爱。特别是我,曾经度过贫困的幼年、忧患的童年、劳苦的少年,经受了常人没有经受过的艰难困苦,给心灵留下了难以磨平的伤痕。所以,尽管我们两个是白手起家,有孩子后家里生活十分困难,可我们达成一个共识,再苦不能苦孩子,决不能在生活上亏欠孩子,不给他们留下心理阴影和终生精神憾事。

"物"缺"情"多

大爱无言,父母之爱的真诚之处,是默默做了许多而不声张,忍辱负重而毫无怨言。孩子们从小到大，许多物质需求我们没能及时地、充分地满足他们，但我们始终没有给他们留下"情"的遗憾。对他们道德品质、习惯修养的培养，我们是"刚直不阿"，从严要求；对孩子日常生活和心理素质的关心却是柔情似水，用心体贴，无微不至。我们这几十年曾经搬过四次家，但每到一处，左邻右舍都有一个共同的评价：这个家庭真和睦，这个家里的孩子真有福。

我们因条件所限，不能给孩子们丰厚的物质享受，但对孩子们的爱，自始至终贯穿在家庭平时的一句问候、一个眼神、一个动作、一次鼓励的细节之中。每当孩子们过生日，我们虽然没能力到酒店包桌请客，但在家里总要多炒几个菜，一家人聚在一起庆祝一番。

有一年我生病住院，单位领导到医院看望时，给我带了两个水果罐头，我舍不得吃，一直保存到女儿过生日，我才把它拿到一家熟人开的商店里，换了两瓶可口可乐易拉罐饮料，举杯为她庆贺。孩子第一次见到那么高级的饮料，高兴地将它倒在杯子里，每次只喝一小口，一直到第二天才喝完。到学校后，她还骄傲的将那幸福的情景向同学们炫耀。

当时大家吃的鸡蛋，每月都由国家凭票供应，凭票供应的鸡蛋价钱便宜一些。我们俩平常舍不得吃鸡蛋，经常把凭票供应的鸡蛋买出来后，再加价到农贸市场卖掉，用多挣的差价钱为孩子买麦乳精、奶宝等补充营养。

有一次，女儿说在幼儿园看到别的小朋友吃肉松，不知道肉松好不好吃。第二天，我让妻子将我们结婚时亲戚朋友送的床单、被面从箱底翻出来，我利用中午休息的时间，骑自行车跑到郊区供销社，将这些东西便宜卖了，回来就给孩子买了几袋肉松吃。

我替孩子"抄作业"

从孩子们开始上学的第一天到他们高中毕业，无论盛夏还是严冬，早上为了让孩子们多睡一会，我都提前起床，为他们做好可口的早餐后，才叫醒他们。等他们吃完早餐，我已经将他们的书包放在了自行车篓子里

第五章 德育，学做人、成为人

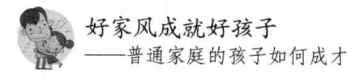
好家风成就好孩子
——普通家庭的孩子如何成才

面，再将自行车推到院外，捏捏车胎的气是否足，试试自行车的闸是否管用，而后目送着孩子们的背影远远地离去，我才匆忙吃饭上班，几十年成了定式。

每天夜里，只要孩子们写作业，我都没有提前睡过觉。特别在寒冷的冬天，他们夜里写完作业睡觉前，我都提前给他们铺好被窝，将热水袋塞进去暖着。而后，一边给他们倒上一盆热腾腾的洗脚水泡脚，一边在炉子上烤个焦脆的热蒸馍递在他们手里。这时候，尽管家里天寒地冻，但我们用关爱和体贴温暖了孩子们的心灵，让他们感悟到了无私的父母之爱，伟大的人间真情。

有时候学校布置的作业太多，孩子做到夜里 11 点还做不完，为了防止第二天孩子上课打瞌睡，我就给老师写张证明："家长同意孩子今天不完成作业，请老师不要批评孩子"。很多次，孩子写完日记、作文草稿时已经是深夜，我就催促孩子赶快睡觉。等孩子睡觉后，我代替孩子将作文或日记抄写在本子上，然后写上"家长代替抄写"并签下名字。父爱是寓于无形之中的一种感情，在不露声色中陪伴着孩子们成长。

女儿上初中时，她读书的学校离家较远，每天上晚自习经过的一段路崎岖不平，而且灯光微弱，我白天工作一天无论多累，夜里总要提前等在学校门口，三年时间坚持不懈地接孩子回家。女儿每天下晚自习走出校门，远远看到一个熟悉的身影，就撒欢似地向我奔过来。她坐在我的自行车后座上，用手拽着我的衣襟，将脸紧紧贴着我的后背，我在前面努力蹬着自行车，她在后面讲述着学校发生的趣事。一路上，昏暗的路灯下总留下我们父女长长的背影和欢快的说笑声。

亲情是家人的凝结剂，是家庭生活中的必需品和奢侈品。作为父母，给孩子真诚的爱是培养孩子自信、自爱的一种手段，当一个人被无条件地爱着的时候，他会感觉到在家庭中的自我价值，他的自信心就会大增，开始会重视自己、爱自己，进而重视别人、爱别人。

☀ 我的爱需要"回报"

我们在生活上、学习上对孩子关心体贴得无微不至，但对孩子们的

第五章 德育，学做人、成为人

爱，不是无原则的娇惯和溺爱，在让他们享受无限亲情的同时，也让他们学着关心自己的父母和身边的亲人。

我们觉得，尊重长辈是一切美好情感和良好道德品质的基础，让孩子在家里学会"感恩"，懂得关心亲人，这是他们最终爱他人、爱社会、爱祖国的先决条件。如果让一个连自己的爸爸妈妈、爷爷奶奶都不会关心的人，去捐助爱心图书、玩具等，一定是徒劳的。有一首《孝敬父母歌》我曾经教孩子们背过："父母恩情似海深，人生莫忘父母恩。生儿育女循环理，谁人不做父母亲。乌鸦反哺答亲恩，为人子女要孝顺。父母原是骨肉亲，爹娘不敬敬何人？养育之恩不回报，望子成龙白费心。"

第一口苹果该谁吃

儿子小时候，每天晚上都和我在一起睡觉，到了冬天，家里没暖气、没空调，我把他冰凉的小脚夹在我的腋窝下或者搂在怀里，暖呀暖，直到他酣然入睡为止。

儿子稍微懂事以后，我故意问他："爸爸的脚凉吗？"

儿子摸了摸说："也很凉。"

我又问："那怎么办？"

儿子说："不知道。"

"你搂住我的脚，我抱住你的脚，咱们两个都暖和了。"我说。

儿子把我冰凉的大脚搂在他的小怀里后，我又告诉他说："这叫'抱团取暖'，在双方都困难的时候，这样做对自己有好处，对别人也有好处。"

"好的，我记住了。"儿子搂着我的脚进入了梦乡。

父子深情在这一搂一抱中得到了诠释。

儿子从小到大，每次洗澡都是我带他到澡堂里面去洗，我们父子俩从来没有让搓背工为我们服务过。从他7岁开始，我每次给他洗完澡，就必须让他给我搓背，尽管他的小手搓得不干净，而且又费时间，但我觉得这不但是一种快乐和享受，也是为他上的一堂"服务"课。在澡堂里面，经

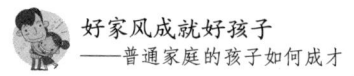
好家风成就好孩子
——普通家庭的孩子如何成才

常看见有儿子搀扶着年迈的父母，或者用车推着行动不便的老人来洗澡，我就趁机教育儿子说："你看那个老爷爷多有福，摊上了这样一个孝顺的好儿子。将来我老了，得了半身不遂，能有这个福分吗？"赤裸裸的儿子把满脸的水珠一抹，小手拍着胸脯说："我向我自己保证，一定能。"这时候，我心里觉得暖烘烘的。

孩子们小的时候，我们经常买一些他们喜欢吃的东西。但是，每次只要奶奶爷爷或者外公外婆在我们家，买回来的稀罕东西总是先让他们拿一些给老人吃，有时老人看着眼巴巴瞅着他们的孙辈，不舍得吃，我们就假装生气地逼迫老人们吃。我们把"第一口苹果该谁吃"的小道理，当成"影响孩子人生"的大道理来认真对待。

他们在农村劳动的外婆，由于每天在地里面辛苦劳作，风吹日晒，加上农村卫生条件差，经常不洗澡，看着又黑又脏。她每次来我家居住，我们不但为老人洗澡、梳头、买衣服、端吃端喝，改善生活，而且让稍微懂事的孩子们用小手为外婆捶背、倒洗脚水，安排他们天天为外婆送夜里用的尿盆。他们的外婆走时，我们每次都要给她钱。这时候，我们就故意让孩子们用小手将钱塞进老人的衣袋里面；我们每次给老人带营养品，都叫孩子们帮忙装包捆箱。这样，不但让他们从小知道什么叫敬老，什么是孝亲，而且告诉他们哪些人是外表脏，而心灵美，可以敬仰；哪些东西是外表光鲜，而里面是糟糠，一定要摈弃。

我们家里每次吃鱼、吃鸡，鱼尾巴和鸡头都是我吃，好的部位都留给孩子们多吃几次。有一天，孩子的大姨妈来我家，她问我女儿："你爱吃什么？"女儿回答："我爱吃大白兔奶糖，还爱吃爸爸卤的鸡大腿。"她大姨妈接着又问："你爸爱吃什么？"女儿马上回答："我爸爱吃鱼尾，爱吃鸡头。"我当时听了，就引起了警觉。

第二天中午，我特意买了鸡回来，炖后首先将鸡头拽给女儿吃。女儿啃了半天，没啃下多少肉来，就去夹鸡腿。这时候我妻子抢先将鸡腿塞进我碗里。我妻子趁势告诉女儿："爸爸不是爱吃鱼尾和鸡头，而是处处关心体贴你们，自己拣刺多的和肉少的吃。等我们老了，你们就要把这种吃法颠倒过来,尊老爱幼是咱家的传统,你们要把这一美德传承到永远。"孩子们把妈妈的话一直记在心里,现在孩子们每次到饭店请我们吃饭,总是挑我们老俩口爱吃的点;在家里清蒸了鱼,或者红烧了鸡,总是将好的夹到我们碗里。

我们夫妻两个结婚至今,没有互相庆贺过生日,但是,我们每次生日之前,都会为老娘买件新衣服,带些好吃的。然而,当我们的孩子们过生日的时候,我们都会为他们庆贺一番。但是,在他们吹生日蜡烛之前,必须拱手拜谢妈妈生育之恩,让他们记住"儿女生日之时,正是妈妈遭罪之日"。我们就这样,在日常生活的细微之处,熏陶孩子们的付出意识和敬老感恩的理念。

积善之家必有余庆

润物无声,孩子们在我们的引导和家庭环境的影响下慢慢长大,渐渐懂事。我儿子三年级的时候,被省教委评为"优秀少先队员"。当时由洛阳市教委小教科的徐慧君老师带领我市7个获奖中小学生,到北京参观游览,以示鼓励。儿子离家出远门,我们给了他10元钱,让他到首都北京后,买点自己喜欢吃的东西。我儿子和其他几位同学在徐慧君老师的带领下,在北京愉快地度过了五天时间。临离开北京的那个下午,徐老师带他们到王府井大街玩,我儿子在街边小贩那里用2元钱为他妈妈买了一条"金项链",用5角钱为他姐姐买了一个"银戒指",剩余的7元5角钱分文不少地带回了家。徐慧君老师回到洛阳后,专程跑到我家,对我儿子大加赞赏。她告诉我们,那天她观察到,几个同去的学生,他们带的钱有的买吃的,有的买玩的,而只有我儿子没有买吃的和玩的,而是和小贩讨价还价,为他妈妈和姐姐买了礼物。

徐慧君老师在我家一再交代我妻子说:尽管孩子买的"金"首饰是铁皮镀铜的,"银"首饰是铝皮做的,但一个不满10岁的孩子远出旅游,在北京不忘给妈妈、姐姐带件礼物,这是孩子的一片心意,这份孝心千金难买,你一定要戴上到单位同事面前炫耀炫耀,露露你家儿子这块"财富"。

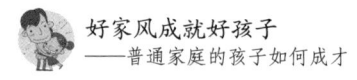

从那以后，徐慧君老师一直和我们家保持着密切的联系，她想系统地观察一下我儿子的成长轨迹。现在，儿子当年买的"金"首饰已经锈迹斑斑，但他妈妈和姐姐一直都当宝贝珍藏着，因为它深含着儿子一颗感恩之心。

古人云："积善之家，必有余庆；积不善之家，必有余殃。"现在我们的孩子们处处关心体贴老人、照顾老人，尽着做子女的责任和义务，也为第三代人做着榜样。我女儿结婚后孝敬公婆，逢年过节必给公婆买衣服寄钱，她老公的奶奶经常坐在家门口，只要有熟人路过，就会指着身上里外的新衣服夸耀说："这些都是我孙媳妇从上海给我买的高档衣服。"赢得路人啧啧称赞。

我们的女婿每次从荷兰回国探亲，国外的好奶粉、鱼肝油、钙片等补品，不等我们吃完就带回新的。他临走的时候，总是买许多大虾、排骨、牛肉，将冰箱装满才放心离开。我儿子在美国自己省吃俭用，连理发都是照着镜子自己理，但每月节省下来的美元，都寄回家中；就连我们那3岁多的小外孙，每次吃橘子，总是先掰两瓣塞到外公外婆嘴里面……儿孙们尽着孝道，我们老俩口享受着天伦之乐。

☀ 天堂与地狱

二十多年前，我参加过一次公益培训班，当时讲课的老师给我们讲过一个寓言故事，给我留下了深刻的印象，而且启发很大。

有一天，一个人问上帝"什么是天堂，什么是地狱？"

上帝说："好，我带你去现场看看吧。"

上帝首先带他来到地狱，只见许多人围在一口正在煮着美食的大锅旁边坐着，他们一个个面黄肌瘦，无精打采的。只见他们每个人手里都有一只汤勺，但因为勺子柄太长，自己根本不能将食物送到自己口里。所以，盯着一锅热气腾腾的美食，一个个抱着汤勺，又饿又渴，束手无策。

"来，我再带你去天堂看看。"上帝又带他来到另一个地方。这个地方跟上个地方的情景一模一样，也有一大群人围着一口正在煮着美食的大锅坐着。但这里的人一个个看起来满面红光，又快乐又满足。而他们每个人手里的汤勺,跟地狱里的人拿的一样长,所不同的是,这里的人都知道分享,他们都在用长柄勺子不停地喂对方,也都从别人那里不停地获得佳肴。

"哦,我懂了:人不能只为自己活着,为别人就是为自己。"他参观完地狱和天堂后,得出了这样一个结论。

这个故事有着深刻的教育意义:人生不吃亏是一种聪明,而懂得分享更是一种智慧。

大爱须从小处养

分享作为一种利他行为,是孩子与同伴、亲人相处的优秀品质和基本规则。如果趁孩子年龄尚幼,心性依然纯净,性格没有定型之前,父母加以引导教育,让他们学会与他人共同分享利益,舍得让出部分利益,把自己的好吃的、好玩的、好看的分给同伴,这将有助于孩子与同伴建立良好的关系,有助于孩子集体主义、奉献意识的形成,对他们未来的生活、工作也将产生重大的影响。如果孩子从小养成"我的也是我的,别人的也是我的"的独占意识,将来走向社会,就很难找到合作伙伴,纵使他聪明过人,终将一事无成。富豪李嘉诚先生教育儿子的十条箴言里面,其中一句非常精辟:"做任何生意,都要时刻考虑合作伙伴的利益,要把百分之六十的利益让给对方。"可见,有了好处懂得与人分享,是他成功的真谛之一,也充分体现了一个人的领袖素质和大家风范。

在孩子们刚刚懂事的时候,我们就有意识地给孩子们创造与他人分享劳动成果的机会,培养和提高他们关心同伴、关心他人的能力。只要有同伴来找他们玩耍,我们就告诉孩子们拿出自己喜爱的小吃、新买的玩具、有趣的故事书和小朋友一起分享;另外,我们还引导孩子和朋友共同完成某个趣味任务,例如共同垒积木、拼彩图、下跳棋等,让孩子在分享快乐的过程中体验团队精神和合作的力量。

每当"六一"儿童节,只要孩子们邀请小伙伴到公园玩,我们就鼓励他们将压岁钱或者将平时积攒的零花钱拿出来,买一些糕点、水果带上,

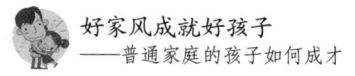

到公园和同伴们一起分享。如果小伙伴们事先约好都带小食品，我们就交代他们一定要比别人带的多一些、好一点，不要计较吃亏与占便宜。在公园里，如果享受了同伴付费的游乐项目，自己必须掏钱请同伴玩不同的游乐项目，我们事先就把"有来无往非礼也"这句话的内涵详细讲给他们听，让他们知道，谁比谁也不傻多少，当你"精"的次数多了，周围的朋友就少了。

女儿在五年级寒假期间参加了学校组织的"和农村小朋友手拉手、结对子共成长"活动，我们不但支持她将自己节省的压岁钱和零花钱为农村的儿童买了许多文具和书籍，妻子也将家里的旧衣服整理了一捆，我还骑自行车跑到几家亲戚家搜寻较新的衣帽鞋子，让女儿带到山区支援农村的贫困儿童。这次活动结束后，女儿被评为"爱心小使者"，得到了学校的表彰，心里非常激动和兴奋。

敢舍才能获"德"

女儿上大学期间，当她从新闻上得知当地血库血源告急的消息后，毫不犹豫地两次义务献血。这对于一个从小在家打针都害怕的女孩子来说，是需要很大勇气的。特别是她第二次义务献血，那时正值大三年终考试，那次考试成绩的优劣，直接关系到下一年保送研究生的资格，至关重要。如果她当时去献血，一段时间内身体虚弱，势必影响考试成绩，不利于保送研究生。可是，当时需要救助的那位患"再生障碍性贫血"的儿童病情危急，输血刻不容缓。当她第二次收到市中心血库和患儿家长的求助电话后，马上赶去无偿献了200cc鲜血。献血后，她带着虚弱的身体，坚持上课复习，最终以优异的成绩获得了保送研究生的资格。现在家里保存着她的两本"献血证"，记录下了女儿青春时期浓浓的、光荣的为社会"奉献"之情。

儿子上大学后，学习很努力，并积极参加学校组织的公益活动，大二时，他综合成绩排名全班第一，获得了5000元的"国家励志奖学金"。当时，班里许多同学都有了电脑，他也非常想用这笔钱买一台电脑。但当他看到班里几位来自贫困地区的同学贷款交学费,特别是有一个家在光山县偏僻山村的男同学,家里非常贫穷,上大学两年,为了节省路费仅回家过一次,寒暑假打工挣点钱还要寄一部分给家里供弟弟上学。这位同学每天下课后都要到学生食堂洗刷碗筷,为的是食堂提供的免费三餐。我儿子见状,就将其中的3000元奖金分给了几个经济条件困难的同班同学。

  儿子大四时综合成绩全专业排名第一,又获得了8000元的"国家奖学金"。这时候,他已经利用晚上和周六周日的时间,同时在两家英语培训机构兼职做培训师,自己每月挣的钱不但足以维持日常生活开销,还为自己买了电脑、手机。他拿到8000元奖学金后,毫不犹豫地将6000元捐给了班里,用作班里集体活动的经费和为家庭困难的同学到外地面试购买火车票。他的举动得到了同学和老师的一致好评,毕业时,他以最高票当选省级"优秀大学毕业生"和省级"优秀共产党员"。

好妈妈跟我学·全球教子智慧
日本家教畅销系列

- 金盛浦子　日本心理教育研究专家、精神神经科专家，三个孩子的妈妈
- 小松易　　日本第一位专业"整理师"，"小松式整理法"创立者
- 山崎房一　日本著名教育专家，风靡日本的"妈妈心理学培训讲座"创始人和主讲人，畅销书作家
- 远藤拓郎　日本广受赞誉的睡眠医学世家远藤家族第三代传人
- 和田秀树　日本著名考试辅导专家、学习类畅销书作者

**日本各科研领域专家，凝聚亲身育儿实践
与丰富咨询经验，倾其毕生研究撰写**

新手爸妈最喜爱的伴手礼

二孩时代，要敢生，更要会养！

学霸培养从娃娃抓起，让"学霸"从此不再是"别人家的小孩"！

能整理好自己的玩具，才能管理好自己的人生！

像日本妈妈那样温柔地批评，孩子不再犯错了，妈妈的心也宽慰了。

妈妈不唠叨，孩子也听话。每一个妈妈都能成为孩子最亲密的伙伴。

睡眠是一种科学，睡得好，才能身体好、心情好、学习好！

**中国经济出版社
日本PHP研究所**（松下幸之助先生创办）
联合推出

中华家风家教书系

一位资深教育专家40年教学与教子经验精粹，110个学习问题深度答疑解惑。

一个家族要长久兴旺，靠权力、财富都难，但依靠良好的家风是可以的。

全球教子智慧系列·即将出版

《日本祖父母的隔代育儿经》

《日本妈妈的学霸小孩养成课2》

《日本妈妈的温柔批评课2》

《新加坡妈妈的财商启蒙课》

《新加坡妈妈的女儿留美家书》

《美国爸爸的家庭职场双赢课》